2024乡村振兴理论、政策与实践报告

全国乡村振兴宣传教育中心　编著

中国农业出版社

北　京

编委会

编 写 说 明

实施乡村振兴战略，是以习近平同志为核心的党中央从党和国家事业发展全局出发作出的重大决策。农业强不强、农村美不美、农民富不富，决定着亿万农民的获得感和幸福感，决定着我国社会主义现代化的质量。推进中国式现代化，必须坚持不懈夯实农业基础，推进乡村全面振兴。必须立足国情农情，切实增强责任感使命感紧迫感，举全党全国全社会之力，以更大的决心、更明确的目标、更有力的举措推进乡村振兴，推动农业全面升级、农村全面进步、农民全面发展，谱写新时代乡村全面振兴新篇章。

乡村振兴战略是国家层面的重大战略，推进乡村全面振兴是全国范围自上而下统一部署的全面行动。在推进乡村振兴的工作实践中，必须准确理解乡村振兴战略的理论原理和政策涵义，把握好推进乡村全面振兴的总体部署和政策要求。

本报告共包含四章。第一章是"理论原理和政策涵义"，主要从理论层面阐释实施乡村振兴战略的基本原理及其政策涵义。第二章是"战略部署和政策框架"，集中展示乡村振兴战略的实施背景、战略布局和主要政策举措。第三章是"进展成效和实施机制"，主要介绍乡村振兴战略实施以来取得的进展和产生的成效。第四章是"发展趋势和政策建议"，重点讨论现阶段推进乡村全面振兴所具备的优势机遇和未来实践中面临的困难挑战。

推进乡村全面振兴的号角已经吹响，方向已经明确，蓝图已经绘就，任务已经确定，行动已经展开。让我们在以习近平同志为核心的党中央坚强领导下，锚定建设农业强国目标，以学习运用"千万工程"经验为引领，团结一心，奋力拼搏，为推进乡村全面振兴、加快农业农村现代化而不懈奋斗，持续谱写乡村全面振兴新篇章。

目录

第一章

理论原理和政策涵义

纵观历史，在以工业化、城镇化为主要特征的现代化进程中，农业生产要素不断非农化导致的农业萎缩、乡村衰退是一个世界性的普遍现象[①]，跨越现代化陷阱是全球共同面临的挑战。这一现象并非孤立存在，它贯穿了人类社会发展的多个阶段，深刻地影响着经济、社会和生态等多个层面。在现代化进程中，农业农村必然会经历一场深刻的转型过程。

无论是发达国家还是较为发达的发展中国家，当经济社会发展到一定水平时，都通过乡村重构与振兴来推动乡村经济社会发展。20 世纪 80 年代乡村重构理论的提出，推动国外乡村发展进入一个新的历史时期，乡村经济、社会、文化、生态、政治等持续经历转型重构，乡村发展重点从早期农业生产转向农业农村可持续发展[②③]。新中国成立以来，我国乡村地区的社会经济形态、空间组织结构、产业发展模式、土地利用等不断转变[④]，在此过程中，乡村发展目标和策略适时调整完善。从全球视角来看，乡村发展是对早期现代化范式日益挤压农业农村的一系列响应，是一

---

① Liu Yansui，Li Yuheng：《Revitalize the world's countryside》，《Nature》2017 年第 33 期，第 275 页。

② T. K. Marsden，S. J. Whatmore，R. J. C. Munton：《Uneven development and the restructuring process in British agriculture：A preliminary exploration》，《Journal of Rural Studies》1987 年第 4 期，第 297 页。

③ Hu Shuling，Yu Bin，Wang Mingjie：《Rural restructuring and transformation：Western experience and its enlightenment to China》，《Geographical Research》2019 年第 12 期，第 2833 页。

④ Long Hualou，Tu Shuangshuang，Ge Dazhuang，et al.：《The allocation and management of critical resources in rural China under restructuring：Problems and prospects》．《Journal of Rural Studies》2016 年第 5 期，第 392 页。

个根植于历史传统的多层次、多行动者的进程，涵盖乡村经济、社会、文化、生态、政治等多方面[①]。

在新一轮全球现代化浪潮中，乡村必然会经历一场深刻的蜕变过程。作为一个发展中大国，中国将广大乡村、亿万农民同步纳入现代化国家建设进程，必将面临前所未有的挑战。党的十九大准确把握我国"三农"事业发展新的历史方位，从国家现代化建设全局的战略高度出发，提出实施乡村振兴战略，为建设什么样的乡村、如何建设好乡村指明了战略方向，给农业农村发展带来重大而深远的影响。

乡村振兴战略的实施对于推动农村经济发展、优化乡村公共服务、加强乡村生态建设和提升社区治理水平具有重大意义。鉴于此，本章从理论层面重点探究经济增长、公共服务、生态建设、社区治理这四个方面分别与乡村振兴的关系机理，阐释我国实施乡村振兴战略所遵循的基本理论原理，在此基础上进一步探讨相关理论所揭示的政策涵义。

一、经济增长与乡村振兴

农业不仅满足了人们对食物的需求，同时也对经济增长起到了积极的推动作用。从农产品对人的重要性来看，农业是人类的衣食之源，生存之本。从人类社会的发展历史看，农业是国民经济其他部门得以独立和进一步发展的基础。农业对国民经济发展的贡献主要表现在产品、市场、要素、外汇等几个方面。除此以外，农业与农村在社会稳定、生态保护、观光休闲和文化传承等方面也发挥着重要作用。

作为国民经济的重要组成部分，农业的经济增长同样也遵循经济发展的一般规律，同时受到土地、劳动、资本、技术、制度等多个方面因素的影响。美国经济学家西蒙·库兹涅茨（Simon Kuznets）将经济增长定义

---

① Van der Ploeg，JD Renting，H Brunori，et al.：《Rural development：From practices and policies towards theory》，《Sociologia Ruralis》2000 年第 4 期，第 391 页。

为：给居民提供种类日益繁多的经济产品能力的长期上升，这种不断增长的能力是建立在先进技术以及所需要的制度和思想意识之间相应调整的基础之上的[①]。这个定义包含了三个含义：一是经济增长集中表现在经济实力的增长上；二是技术进步是实现经济增长的必要条件；三是经济增长的充分条件是制度与意识形态的相应调整。按照现代经济增长理论，经济增长的决定因素主要有资本、劳动力、技术进步和制度安排（在农业经济增长中还包括土地及各种基础设施）。此外，在农业与农村发展的不同阶段，各因素之间的关系和产生结果也会发生变化，农业产业及其内部结构的变化对农业增长和农村发展亦产生重要影响。经济增长通常可以通过要素投入扩张和要素效率提高这两种不同的要素配置方式获得。前者受要素稀缺性制约，是不可持续的，也缺乏效率；后者则通过技术进步和制度变革提升要素质量与要素生产率，是可持续的。简而言之，增长、配置与效率的逻辑联系可以概括为：经济增长是通过优化要素配置方式得以实现，其直接表现就是以生产率为代表的配置效率的提高。

综上而言，在农业生产过程中，自然资源、劳动力等要素投入数量是在特定条件下保障农业产出和经济增长的基本因素。然而，要素投入往往只具有短期促进效应，而非要素投入因素具备长期增长效应[②]。所谓的非要素投入因素（全要素生产率）是指除要素投入以外其他影响经济增长的一切因素，包括要素配置、技术进步、制度变迁、结构调整等。因此，为探寻驱动农业经济持续增长和乡村发展的源泉动力，从要素配置、技术进步、制度变迁、结构调整等维度展开剖析。

（一）要素配置

农业经济作为国民经济的重要组成部分，在任何历史阶段，其发展方式均受制于国民经济整体要素配置情况的制约。农业生产要素配置是指对

---

① 西蒙·库兹涅茨：《现代经济增长：发现与反思》，商务印书馆，1981年版，第21页。

② Robert Merton Solow：《A contribution to the theory of economic development》，《Quarterly Journal of Economics》1956年第1期，第65页。

相对稀缺的农业生产要素在各种可能性的用途上进行选择、安排和搭配的过程，体现微观经济活动和宏观经济活动的有机结合。

改造传统农业的本质就是要以现代生产要素替代传统生产要素，充分发挥新的生产要素在农业生产中的作用，从而全面提高农业生产力。要素配置日趋合理化是传统农业向现代农业转型的一个典型特征，转型过程的一个重要标志就是通过人力资本、机械装备等新要素的投入，大幅提高农业生产效率[①]。长期来看，农业增长取决于两点：一是农业生产要素投入的增加；二是农业生产要素生产率的提高。经济资源的稀缺性决定了农业长期增长不可能依赖于要素投入的无限扩张，而应以要素生产率的不断提高为源泉。

1. 农业生产要素配置的基本内涵

农业生产要素是在农业生产过程中，为了获得人们需要的各种农产品所必须投入的各种基本要素的总称，主要包括人力资源要素、以土地为代表的自然资源要素和资本要素。

一是人力资源要素。人力资本提升与劳动力转移是现代农业生产过程中至关重要的变量。"新增长理论"把新古典增长模型中"劳动力"的定义扩大为人力资本投资，即人力不仅包括绝对的劳动力数量和该国所处的平均技术水平，而且还包括劳动力的教育水平、生产技能训练和相互协作能力的培养等。

二是自然资源要素。土地等自然资源作为农业生产基础要素，其禀赋和空间分布对于一个国家或地区的农业发展乃至整个国民经济发展有着多方面的重要影响。受制度性城乡二元结构和农村要素市场不完善等因素的影响，农业生产要素错配现象普遍存在。土地等资源要素的价格受到各种政策制度的扭曲，导致过量资源被相对低效率的部门或个人配置和使用[②]。生产要素的错配不仅会直接造成农业产出损失，而且还会扭曲微观

---

① 毛飞，孔祥智：《中国农业现代化总体态势和未来取向》，《改革》2012年第10期，第9页。

② 朱喜，史清华，盖庆恩：《要素配置扭曲与农业全要素生产率》，《经济研究》2011年第5期，第86页。

主体的决策行为，降低农业的总效率①。

三是资本要素。一个国家或地区资本存量的高低、资本形成能力的强弱是影响经济增长的基本因素。在农业现代化的过程中，资本要素的积累和集中有着不可替代的作用。在市场调节和政府引导下，城市工商资本加速向农村流动，并深刻地促进了农民生产和生活方式的改变。工商资本向农村流动客观上为农业生产提供了社会化服务，带来了资本和技术，尤其是在劳动力成本不断上升的情况下，为资本替代劳动力、土地流转经营提供了契机。

在古典经济增长理论中，经济增长决定于投入要素的数量和质量。市场经济条件下，经济活动的实质是以最小的生产要素消耗获得最大的收益。传统农业增长方式的基本特征是主要依靠土地、劳动和资本要素投入的增加来实现农业增长。这种数量型增长方式片面地追求农产品产出量的增加，不惜以牺牲资源和环境为代价，其结果必然导致自然资源退化和生态环境恶化，农业技术进步缓慢，可持续发展的基础脆弱。面对人口增长和资源约束，传统农业增长方式的维系日趋艰难。作为发展经济学的经典范式，要素结构变迁关注的重点是现代化进程中要素在城乡之间的重新配置。按照这一理论，经济发展就是要素从传统农业部门向现代工业部门转移的过程。

2. 农业生产要素配置优化的原理与路径

传统农业向现代农业转型的过程，本质上是现代农业生产要素不断引入和重新组合配置的过程。"二元经济理论"认为，在发展中国家存在着生产率较低的农业部门和生产率较高的非农业部门②③，因而两个部门存在明显的跨部门要素配置扭曲，农村劳动力与资本有向生产率更高的非农

---

① 宏运，李谷成，周晓时：《要素错配与中国农业产出损失》，《南京农业大学学报（社会科学版）》2019年第5期，第143页。

② W. Arthur Lewis：《Economic development with unlimited supply of labor》，《The Manchester School of Economic and Social Studies》1954年第2期，第139页。

③ Gustav Ranis，John C. H. Fei：《A theory of economic development》，《American Economic Review》1961年第4期，第533页。

业部门转移的内在动力①。传统农业部门存在劳动力的无限供给，因此只要工业化过程中提供一个略高于维持生计水平的工资，劳动力就会源源不断地从农业部门流向工业部门。当劳动力达到从无限供给到有限供给的拐点时，城乡整合的单一劳动力市场便可形成②。舒尔茨（Schultz）认为，传统要素结构下生产可能性边界受到压制，对传统要素投资的边际收益很低，农民既没有能力也没有动力增加投资，即便对传统要素追加投资也难以带来高增长。实现农业现代化必须引入现代农业要素，这既包括现代的物质资本又包括现代的人力资本③。

发展农业市场经济是改造传统农业、实现农业现代化和农业增长方式转变的必由之路。舒尔茨（Schultz）认为，改造传统农业必须引入市场机制，因为市场机制能给农民足够的刺激，由于政府干预是农民缺乏最大刺激的主要原因，所以发展中国家除了加强农业研究和人力资本投资外，中心问题是在农业中引入市场机制，一旦引入市场机制，农业中的技术扩张与应用情况就有可能发生。现代农业的发展要求按照市场经济的原则，使农业生产要素直接参与农业的生产、流通、分配，在社会化生产的基础上对农业生产要素进行优化组合配置，使有限的生产要素投入取得尽可能大的产出效果。效果具体反映在这样几个方面：农业劳动生产率大幅度提高、农业生产中的社会分工日益深化、农业产业结构日趋合理、农业产业的组织方式发生根本变化。

因此，生产要素优化配置的目的就是让有限的资源要素能够获得最大的经济效益。要提高农业经济效益，必须从只重视数量和发展速度的粗放型增长方式转变为既重视农业增长的速度又注重增长质量的集约型增长方式；从只注重产出的数量转变为投入产出并重和生产要素的高效利用。

3. 我国现代化进程中农业生产要素配置优化的现实要求

改革开放 40 多年来，我国农村持续推进市场化改革，要素市场化配

---

① 陈训波：《资源配置、全要素生产率与农业经济增长愿景》，《改革》2012 年第 8 期，第 82 页。
② 蔡昉：《人口转变、人口红利与刘易斯转折点》，《经济研究》2010 年第 4 期，第 4 页。
③ 西奥多·W. 舒尔茨：《改造传统农业》，商务印书馆，1999 年版，第 8 页。

置改革取得了长足进步。农民获得了土地，劳动力拥有了自主配置的权力，要素流动更加自由。然而，由于40多年来农业农村市场化改革主要侧重于产品市场领域，相较之下，要素市场化配置改革进程相对滞后，要素市场化配置范围相对有限，要素流动存在体制机制障碍，存在着资源配置扭曲现象，具体表现在两个方面：一是"二元经济"导致的农业部门和非农业部门间存在跨部门资源配置扭曲，二是农业结构失衡导致的农业内部资源要素配置扭曲。农村要素资源盘活不够、区域部门要素流动不畅以及产权收益保障和激励机制不健全的现象依然存在，严重阻碍了我国农村要素市场化配置改革的进程。而农村要素配置效率得不到提高，必然会成为制约我国农业农村现代化进程的关键阻碍。在此背景下，加快完善社会主义市场经济体制，充分发挥市场配置资源功能，必须加快补齐农村要素市场化配置短板。

步入新发展阶段，要推动我国农业农村经济高质量增长，重点是要提高资源要素配置效率。必须加快完善农业农村要素市场机制，深化要素市场化配置改革，促进城乡之间生产要素的双向流动。通过农村要素市场化配置改革，优化要素配置方式，消除束缚市场主体活力、阻碍市场和价值规律充分发挥作用的阻碍，使人、财、物等生产要素流动起来，其重点是持续做好各类要素的盘活、流动与保护。特别是要引导和鼓励人力资本向乡村流动和配置，深化农村劳动力市场制度改革，提高人力资本配置效率，提升农业劳动生产率，为乡村高质量发展提供人才支撑[1]。

（二）技术进步

技术进步是指给以同样的投入可以有更多的产出，或用较少的一种或多种投入量得到同样的产出，或者现有产品质量的改进，或者生产出全新的产品。在农业经济领域，农业技术进步推动了农业生产方式从传统向现代的转变，是实现农业现代化的关键因素。

---

① 赖德胜，陈建伟：《人力资本与乡村振兴》，《中国高校社会科学》2018第6期，第21页。

1. 农业技术进步的理论与内涵

技术进步是经济增长的重要源泉和主要推动因素，不同的技术决定了各种要素在经济活动中的结合方式。技术进步通过改变劳动手段和劳动对象，促进劳动质量的提高和产业结构的变化。

（1）技术进步的理论基础

从亚当·斯密开始，经济增长理论主要经历了古典增长理论、新古典增长理论和内生增长理论三个发展阶段。古典增长理论提出了技术进步促进经济增长的思想。20世纪50年代，新古典增长理论通过引入外生技术进步因素修正总量生产函数解释经济持续增长的动力，强调技术进步对一个国家长期保持经济持续增长的决定性作用。由于技术进步的存在，即使资本—劳动比率不变，资本的边际收益也会不断提高。由此，技术进步可以抵消资本边际收益随人均收入增加而递减的倾向，保证人均资本积累在长期内不会停下脚步，从而促使人均收入保持持续增长的势头。到了20世纪80年代中期，现代经济增长理论（内生增长理论）又将技术进步内生化，并且认为通过教育和培训获得特殊知识与专业化的人力资本也是经济增长的主要因素，从而把技术和人力资本内生化处理[1]。新增长理论强调劳动分工和专业化在促进经济增长中的重大作用，由此提出要重视制度安排和制度变迁对经济增长的影响。例如，合理的产权制度能够保护创新成果，激励人们投入更多的资源进行研发和生产，推动经济持续增长。

技术进步的实现一般要经过发明、创新和扩散三个步骤，其主要获取途径主要有三种方式：一是政府部门提供支持的研究与开发活动，基础性科学技术知识的创造大都是采用这种方式进行的。二是私人部门为了经济利益而进行的研究与开发活动，应用性的技术知识主要来自此类研究与开发活动。三是实践经验积累，阿罗（Arrow）最早将技术进步内生化，并将这种知识积累方式称为"干中学"。Furman等（2002）认为，构

---

① 龚斌磊，张书睿，王硕，等：《新中国成立70年农业技术进步研究综述》，《农业经济问题》2020年第6期，第11页。

建国家创新驱动体系，有组织地进行集群创新活动、共享公共创新基础设施、维系协同创新关联能够有效促进创新驱动水平的提升[①]。Furman 和 Hayes（2004）指出，投入创新活动的经费及人力资本是创新能力的决定性因素[②]。

（2）农业技术进步的内涵

农业技术进步是指在农业经济发展中，不断创造、掌握和应用生产效率更高的科学技术，替代生产效率较低的技术的过程。从概念上看，农业技术进步有"狭义"与"广义"之分。一般而言，狭义的农业技术进步是指农业硬技术的进步，即农业生产中机械技术、栽培技术、生物化学技术等实体化技术的进步。广义的农业技术进步把农业总产出变动中不能由实物生产要素数量变动所解释的产出变动归因于技术进步。因此，广义农业技术进步不仅包括生产前沿面的移动，还包括农业生产效率、农业经营管理技术、资源合理配置等非实体的软技术进步[③]。根据各种农业技术在经济活动中所发挥的主要作用不同，可以把农业技术分为劳动节约型技术、资源节约型技术和中性技术三种类型。

农业技术进步通常表现为两种形式：一种是以代替劳动为主的机械技术进步，另一种是以代替土地为主的生物化学技术进步。根据各国资源禀赋状况的差异，技术进步是在"诱导型创新"的机制下实现的。通常而言，劳动力短缺的经济体，技术进步的方向主要是发展机械技术；土地资源短缺的经济体，则主要是发展生物和化学技术。技术开发和传播的方向取决于生产要素禀赋状态和要素相对价格水平，但是价格环境只是农业技术变革的必要条件，而非充分条件。在传统农业实现改造的初期，农民并不具有能力和知识来承受风险，如果没有辅助性的措施，新技术将无法得

---

① Furman J. L. , Porter M. E. , Stern S. : 《The determinants of national innovative capacity》，《Research Policy》2002 年第 6 期，第 899 页。

② Furman J. L. , Hayes R. : 《Catching up or standing still? : National innovative productivity among 'Follower' countries，1978 - 1999》，《Research Policy》2004 年第 9 期，第 1329 页。

③ 龚斌磊，张书睿，王硕，等：《新中国成立 70 年农业技术进步研究综述》，《农业经济问题》2020 年第 6 期，第 11 页。

到推广和应用。

2. 技术进步对农业增长的影响

技术进步是推动农业经济增长的关键力量，它的变化将会对农业经济增长产生重要影响。农业科技水平是划分农业发展阶段的重要标志。美国农业发展经济学家约翰·梅勒（John W. Mellor）按照农业技术的性质把农业发展分为三个阶段：第一阶段是技术停滞阶段。在这个阶段，尽管偶尔也出现一些技术创新，但从总体上说，农业基本上是静态的，农业生产的增长取决于传统生产要素的增加，农业生产率不可能出现持续的变化。第二阶段是劳动密集型技术进步阶段，即低资本技术动态农业发展阶段。这个阶段是传统农业向现代农业的过渡阶段，技术创新呈现一个连续不断的过程，但技术创新偏重于提高土地生产率。第三个阶段是资本密集型技术进步阶段。该阶段是现代农业阶段，技术创新朝着节约劳动从而提高农业劳动生产率的方向发展[1]。

在20世纪70年代初，速水佑次郎（Hayami Yujiro）和弗农·拉坦（Vernon Rutton）根据发达国家农业发展的历史经验，提出了诱致性技术变迁理论，将技术与制度的创新互动视为农业增长的内生动力[2]。他们认为，现代农业的发展依赖于农业生产率的持续增长，而农业生产率的增长又取决于现代农业技术的不断进步。技术进步是由市场力量引导的，是对资源禀赋变化和需求增长的动态反应。国家或地区的农业增长受不同资源禀赋制约，可通过非农业部门诱致性技术创新来突破，通常表现为两种形式：一种是以代替劳动力为主的机械技术进步，另一种是以代替土地为主的生物化学技术进步[3]。

根据诱致性技术变迁理论，农业要素禀赋的变化将会引起农业技术进

---

① 约翰·梅勒：《农业发展经济学》，北京农业大学出版社，1990年版，第34页。

② 速水佑次郎，弗农·拉坦：《农业发展的国际分析》，中国社会科学出版社，2000年版，第57页。

③ 贺立龙：《乡村振兴的学术脉络与时代逻辑：一个经济学视角》，《四川大学学报（哲学社会科学版）》2019年第5期，第136页。

步发生改变。通过技术手段来突破稀缺要素的限制，解决稀缺要素对农业发展的制约。随着农业的发展，某些特定资源相对于其他资源变得稀缺，使用成本随之上升。根据土地面积、人口密度、人口增长，以及整个经济体系中经济增长的性质，各个地区变得稀缺的资源是不同的。在劳动稀缺、土地充裕的经济中，农民寻求创新，在节约劳动的同时提高产量，对这类创新的潜在需求引致制造业设计和生产劳动节约型的农业机械；而在劳动充裕、土地稀缺的经济中，农民试图通过创新以提高土地生产率，这又引致公共部门和私人部门发明增加产量的工艺。

3. 我国农业技术进步的路径选择

农业技术进步在农业现代化过程中被赋予了非常重要的地位。早期学者认为技术停滞是制约传统农业的根本所在，改造传统农业也必须从技术进步入手。舒尔茨提出改造传统农业，不能停留在原有技术水平的生产要素的累加和组合上，而必须向农业投入新的生产要素[1]。但仅仅来自农业部门内部供应能力的改变，还不足以引起农业的根本性变革。整个经济结构的改变和需求曲线的扩展，对于农业的根本性变革来说，也是必不可少的。张培刚也提出，就农业的改造而言，存在一个资本化的过程，为此，需要推动农业机械化和农业的结构性变化[2]。这些分析都深刻揭示了从传统农业向现代农业转型的关键条件。

改革开放以来，我国经济建设取得了巨大成就，技术进步在经济增长中发挥的作用越来越突出。但是，中国经济增长具有明显的粗放型增长的特点，主要表现在技术进步对经济增长的贡献率低，远低于资本投入的贡献。维持粗放型的经济增长需要较丰富的劳动力资源、物质资源和资金供给，要求投入要素的数量、规模不断增加。

进入新发展阶段，要实现经济增长方式由粗放型向集约型转变，推动农业农村现代化，必须加快科技创新的发展步伐，以科技进步和知识积累

① 西奥多·W. 舒尔茨：《改造传统农业》，商务印书馆，1987年版，第36页。
② 张培刚：《农业与工业化》，华中工学院出版社，1984年版，第55页。

为依托促进农业经济增长方式转型。纵观世界发展史，推动经济发展的主要力量越来越依赖于科学技术进步与创新，以及劳动者素质的提高。相比于发达国家，我国的农业科技进步贡献率还有很大差距。因此，今后的发展要坚定不移地推进技术进步，积极鼓励农业科技发展，加强科技创新和农业经济的结合，推动现代农业高质量集约化发展。

（三）制度变迁

制度和经济增长方式之间存在深层的内在联系，推进传统制度变迁是实现传统经济增长方式转变的客观要求。制度作为普遍存在的合约选择，对于经济效率具有决定性的作用。其对农业发展的决定性作用主要体现在三个方面：一是形成农业生产经营者长期而稳定的理性预期；二是建立适应市场经济发展要求的农业产业组织形式；三是创建农产品市场流通体制和政策保护体系。

1. 制度变迁与农业经济增长的内在关系

关于制度变迁的内涵，新制度经济学认为制度变迁是一个从制度均衡到不均衡，再到均衡的不断演变的历史过程，各种制度的交错变迁构成了一定时期的历史延绵。制度均衡是在特定条件下的制度供求力量相对平衡的初始状态，制度创新、制度变迁是制度均衡不能维持的情况下发生的。诺斯（North）等指出，制度变迁是响应由市场规模、技术进步和人口变动等引起的产品和要素相对价格变化的产物[①]。拉坦将制度变迁或制度创新概括为三方面：一是特定组织行为的改变；二是组织与环境间相互关系的变化；三是组织环境中支配行为的规则的改变。

经济增长方式的转变与制度变迁二者之间存在着相互联系、相互制约、相互促进的辩证关系。一般来说，制度模式是由经济增长方式决定的，经济增长方式作为发展目标、发展途径和发展方式的统一，反映了社

---

① Douglass C. North，Robert Paul Thomas：《An economic theory of the growth of the western world》，《Economic History Review》1970 年第 1 期，第 1 页。

会经济的战略指导思想和方针，这是制度选择的基础，不同的经济增长方式会影响到不同的制度选择。经济增长离不开原有的基础，即已达到的经济发展水平，已形成的经济结构和规模，这是历史给予的既定的条件，依据这个既定的条件来确定发展目标、发展途径、发展方式。当经济发展水平较低时，首先要满足人们的消费数量需要，所以发展的目标必然要选择数量型增长，发展的途径也自然是粗放型经济增长方式。随着经济的发展，经济发展目标从追求数量转变为追求经济质量和效益的提高，以促使环境污染程度小、通货膨胀率低和满足人民多样化的需求，发展的途径必然是集约型经济增长方式，发展方式必然转向开放型。

隐含在快速农业工业化进程背后的是一系列农业制度安排的演化。当有了相应的技术条件和农业要素禀赋结构的基础时，要顺利实现农业工业化还需要政府部门通过合理的农业制度设计或改革来加以引导。科学技术本身只是经济增长的必要和先决条件，要把它转变为充分条件和现实源泉，使技术进步促进经济增长的作用得到有效的发挥，还需要对相关的正式的制度安排作出适应生产力发展的相应调整，同时也需要对作为非正式的制度安排的意识形态作出相应的改变。

2. 我国农业农村发展中的制度变迁

中国农业发展与农村现代化不仅被看作是要素转移、技术进步与政策引导的结果，也被视为制度变革的成就[①]。中国农村经济制度变迁过程正体现出了制度对经济发展的重要作用。有学者认为，中国农业增长与农村土地产权制度、价格制度、财税制度的变迁有关，并且这几项制度相互支持，成为影响农业增长的主要因素[②]。

改革开放揭开了中国农村经济体制改革的序幕。家庭联产承包责任制改革把农村土地产权划分为所有权和经营权，所有权仍归集体所有，经营权则由集体经济组织按户均分包给农户自主经营，集体经济组织负责承包

---

① 高波，张志鹏：《发展经济学》，南京大学出版社，2008 年版，第 277 页。
② 乔榛，焦方义，李楠：《中国农村经济制度变迁与农业增长——对 1978—2004 年中国农业增长的分析》，《经济研究》2006 年第 7 期，第 73 页。

合同履行的监督，公共设施的统一安排、使用和调度，土地调整和分配，进而形成一套有统有分、统分结合的双层经营体制。保持土地承包关系稳定并长久不变，不仅给农民土地承包经营权提供了更加切实有力的制度保障，而通过完善土地承包权，使土地承包经营权的用益物权性质更加充分、更加完善，为农业发展、农村繁荣、农民增收奠定了制度性基础。

与改革农村基本经营制度相配合，从1979年开始，中国对长期固定且由国家控制的农产品价格形成机制进行了渐进式调整。2004年，粮食市场和价格放开，政府订购价全面取消。进入21世纪初，推行了农村税费制度改革，全面免除了农业税。这种不断深化的农村税费改革为增加农民收入提供了更大的空间，为调动农民的生产积极性提供了有力的制度保障。除农村税费制度改革之外，农村财税制度变迁还包括国家对农业的财政预算支出的改革。为改变国家财政对农业投入不足甚至比重下降的情形，国家提出坚持"多予、少取、放活"的方针，扭转了对农业财政投入不足的趋势，这成为促进农业增长的又一有效的制度变迁因素。

改革开放40多年来的制度变迁是推动中国经济增长的重要动力。换言之，中国"生产力"是依靠连续的体制改革"解放"出来的，而不是单纯增加要素投入的结果。同样地，农业增长除了受到基本投入要素的影响，也受到了制度变迁因素的影响。正是由于不同阶段农村土地制度、价格制度、财政制度和税费制度等的变革，诱发了农业生产总值增长的周期性起伏。由此判断，制度变迁是改革开放后中国农业经济增长的内在决定性因素[①]。

3. 我国农业农村制度变革的现实选择

自改革开放以来，我国在农业农村领域持续推进改革，取得了历史性

---

① 席利卿，彭可茂：《中国农村经济制度变迁与农业周期性增长分析》，《中国人口·资源与环境》2010年第4期，第123页。

突破。但是在新的历史发展条件下，要实现生产力的不断提高，农业农村领域的制度创新依然任重而道远。进入新的历史发展阶段，必须持续深化改革，不断通过制度创新手段，为农业增长和农村发展提供持续动力。

一是巩固完善农村基本经营制度。具体而言，就是要在坚持农村土地农民集体所有、家庭经营基础性地位以及稳定土地承包关系的基础上，适应农业生产力进一步发展要求，不断调整生产关系，释放改革动能，发挥双层经营体制优势，为农业农村现代化提供不竭动力。

二是深化农村土地制度改革。在"三农"政策体系中，农地制度是最基础性的制度。新形势下，深化农村改革的主线仍然是处理好农民和土地的关系。正确处理农民与土地关系，关键是回归农村土地制度的初始目标，促进土地要素与农业生产经营者的有效结合。

三是推进农村集体产权制度改革。农村集体产权制度改革是深化农村改革的重要内容，对于保障农民财产权益、壮大农村集体经济、促进乡村发展具有重大而深远的意义。无论从保护的角度，还是从发展的角度，推进农村集体产权制度改革都是历史的必然要求。

四是构建城乡一体化的市场体制机制。根据刘易斯的定义，在第一个转折点的基础上，对二元经济的进一步转换，终将产生的一个结果就是，现代部门与农业部门的劳动边际生产力达到相等水平，二元经济结构被单一经济结构所取代。实现第二个刘易斯转折的最关键条件，就是产品市场和生产要素市场的充分发育，包括农产品市场价格决定机制的完善，农业农村生产要素在城乡之间的自由流动。因此，要加快完善宏观调控体系，建立健全城乡融合发展体制机制，形成城乡互促发展的格局。

（四）结构调整

经济增长既是一国经济体量和能力的增长与扩张过程，同时又是一国经济结构的转换过程。现代经济增长过程本质上就是一个结构转换过程。钱纳里结构转换增长理论认为，在经济结构转换过程中，随着人均收入水平的提高，工业和服务业的产值比重和就业比重呈不断上升的趋势，而农业的产值比重和就业比重则显著的下降①。传统农业向现代农业的转变只能在国民经济结构转变与升级的框架内完成，没有经济结构的成功转变，就不会有农业的成功发展。

更进一步而言，伴随着结构转换和农业份额下降这一过程的是农业资源要素及其配置状态的变迁和农业生产率的提高。也就是说，结构转换对农业发展的影响，是相辅相成的两个方面：第一，由于农业资源要素的流出导致农业份额逐步下降；第二，农业资源要素得以替换带来农业质态的改善和农业现代化程度的提高。根据钱纳里的理论，结构转换对农业质态的影响表现在如下三个方面：第一，经济结构转换、升级的过程是农业中高效率资源对低效率资源的替代过程；第二，在经济结构转换过程中，农业生产率特别是农业劳动生产率明显提高；第三，在经济结构实现成功转变的过程中，农业产出也在不断增长②。

1. 农业结构调整的内涵与逻辑

农业结构调整是指通过产业结构调整来实现各产业的协调发展，满足社会不断增长的物质需求，并推动农业产业结构向合理化、高级化和低碳化方向演进的过程。农业产业结构调整不仅要求一、二、三产业之间的协调发展，而且要求农业内部的协调发展，满足产品品种之间的协调、区域之间的协调以及农业产业链之间的协调。

决定每个国家农业生产结构的关键因素是市场需求的转变。农业现代化不仅要通过技术进步等途径提升农业产量，还要积极适应市场需求，在供给端转变生产结构，合理配置农业生产要素。随着工业化带来的对农产品需求数量和结构的改变，以及农业本身商品化程度的不断提高，农业的生产结构会发生重大改变，总的趋势是：林、牧、渔业在农业中的比重将上升，而种植业的比重将会下降；经济作物的比重将上升，而粮食作物的比重将下降；直接生产部门的比重将下降，间接服务部门的比重将上升。

① 钱纳里：《结构变化与发展政策》，经济科学出版社，1991年版，第86页。
② 郭剑雄、曹昭义：《钱纳里结构转变理论中的农业发展观》，《山东工程学院学报》2000年第1期，第59页。

农业生产结构的改变，也会带来生产要素在农业部门中的重新配置。虽然劳动力流向非农业部门是总的趋势，但农业内部的劳动力，也存在由粮食生产部门向经济作物生产部门，以及向畜牧业、渔业、林业和服务业流动的趋势，特别是由直接生产部门向产前和产后服务部门流动的趋势。

农业结构调整的过程，也是农业逐步商品化和产业化的过程，在这个过程中，农民的收入水平将不断提高。在工业化的中后期，如果没有制度性障碍，农业的国内贸易条件将会改善，在农业生产要素流出农业的同时，非农产业的技术、信息、资本和人才也会大量流向农业。这些资源都是依托农业企业进入农业，它们在推动农业商品化和农业经济效益进一步提高的同时，也将带来传统农业模式下农业生产组织方式的深刻变革①。

2. 我国农业结构优化调整的需求与路径

改革开放四十年来，伴随着工业化、城镇化进程，中国农业转型的特征十分明显：农业部门在国民经济中所占份额大幅下降；农业投入结构和发展方式已经发生了巨大的变化。20 世纪 80 年代以来，随着改革开放的不断深入、经济结构的加快调整，农业生产效率显著提高，农村剩余劳动力大量流向城市与非农产业，农业产业结构、农村就业结构、农民收入结构以及城乡空间关系发生了深刻变化②。

进入 21 世纪以后，国家一系列强农惠农政策的实施和农业科技进步，推动了主要农产品产量的持续稳步增长，结构性矛盾上升为农业主要矛盾。面对农业发展阶段性变化和农产品供求新形势，中央政府提出推进农业供给侧结构性改革的重要战略部署，对提高农业综合效益和竞争力意义重大。深化农业供给侧结构性改革，旨在破解农业长期存在的结构性、体制性矛盾，推动实现农产品由低水平供需平衡向高水平供需平衡的跃升。

总体而言，在改革开放以来的农产品供求矛盾转化过程中，我国先后进行过两次农业结构战略性调整，改革虽取得了一些积极成效，但仍存在

---

① 高波，张志鹏：《发展经济学》，南京大学出版社，2008 年版，第 270 页。
② 陈秧分，王国刚，孙炜琳：《乡村振兴战略中的农业地位与农业发展》，《农业经济问题》2018 年第 1 期，第 20 页。

一些突出的矛盾和问题，对新发展阶段深化农业供给侧结构性改革仍具有一定的警示和启发意义①。现阶段，我国在农业农村发展过程中主要面临的问题就是农业经济结构的不合理以及城乡二元结构尚未破除。我国部分农业地区还没有从根本上摆脱经济和产业结构不合理的问题，劳动密集型和低附加值产业大量存在，低水平和同质化竞争现象严重，发展潜力严重不足。

为使我国农业保持良性持续增长，除了进一步深化改革，加快技术进步步伐外，还必须提高结构优化效益，要进一步推动种植业内部、种植业与其他产业分支之间、农村各产业之间的结构逐步优化，以综合提高农业增长的效率。要在宏观层面实现经济结构的逐步优化，城乡、区域、部门之间的协调发展，以及社会事业与经济发展均衡进步。

二、基础设施、公共服务与乡村振兴

基础设施和公共服务是健全乡村市场经济体制的重要组成部分，是促进农业增长和乡村发展的重要因素。广义上的农村公共服务通常指由政府提供，旨在满足农村地区公共需要的各类服务，包括教育、医疗、养老、科技推广、社会保障等。作为公共产品的各类基础设施和公共服务，其供给的有效性对于促进乡村经济发展、提升农村居民生活质量、促进农村社会和谐稳定起着至关重要的作用。

在市场经济条件下，市场与公共部门（政府）是资源配置的两种机制和两个系统。在完全竞争的市场中，市场机制在资源配置中起着决定性作用，是配置社会资源的最佳方式和基本途径。现代经济学研究得出的结论是：一种具有效率的经济制度，应使全社会的资源配置满足这样一个条件，即每一种物品或服务的社会边际效益均等于其社会边际成本。现实中的市场经济很难实现"帕累托效率"和达到"帕累托最优"，因为

---

① 涂圣伟：《中国乡村振兴的制度创新之路》，社会科学文献出版社，2019页，第63页。

现实中的市场不能严格符合完全竞争市场的假定条件，因此存在着种种市场低效和市场无效的状况，需要公共部门（政府）凭借其优势加以干预。

公共产品与外部效应有着密切的联系，它们都属于典型的市场失灵的领域。市场经济条件下政府职能所涉及的许多问题，都与公共产品和外部效应有关。市场失灵理论强调信息不对称和市场力量不均等是导致市场失灵的主要原因。市场经济中客观存在的市场失灵，引出了公共部门干预经济社会生活的"理由"，这就要求公共部门和政府组织的介入，并且必须承担起它们应尽的职责。因此，公共部门的职能是市场失灵的逻辑延伸，是客观经济规律的必然要求。

外部效应既是市场失灵的主要表现之一，也是政府运用公共支出等手段对其进行干预的重要原因和理由。当外部效应存在时，实际上是社会边际效益或社会边际成本，与私人边际效益或私人边际成本之间存在着非一致性。无论是正外部效应，还是负外部效应，都意味着资源配置不合理和效率损失，因此，需要对外部效应加以矫正。对于外部效应的矫正必须着眼于对私人边际效益或私人边际成本的调整即外部效应内在化。矫正外部效应的主要责任落在政府身上，其措施包括行政管制、法律手段、财政与金融支持等。

（一）基础设施

基础设施被经济学界视为经济增长的先行资本和前提条件，是国民经济运行的基础，直接制约着经济各领域资源配置的效率水平。同样地，乡村基础设施建设是乡村发展的基础，与农民的生产生活紧密相连，不仅构成了农村各项事业发展的基础，同时也是提升民生福祉、增强人民获得感、保障社会公平与稳定发展的关键途径[①]。

---

① 汪为，万广华：《乡村建设促进农村共同富裕的理论逻辑、现实基础与政策保障》，《世界农业》2024第4期，第94页。

1. 乡村基础设施建设的特征与作用

基础设施是乡村生产生活不可或缺的公共产品，具有非排他性和非竞争性特征。在乡村基础设施领域，受投资回报率影响，市场在乡村基础设施投资方面往往存在供给不足问题，导致农村地区长期以来在基础设施方面存在明显短板。因此，政府通常主张加大对乡村基础设施建设的投入力度，来改善乡村的交通、通信、供水、供电等基础设施条件。同时，鼓励社会资本参与乡村基础设施建设，形成多元化的投入机制。在市场经济条件下，基础设施建设是政府投资的一个基本领域，这与该领域中存在的市场缺陷有着密切的关系。

第一，基础设施存在明显的外部效益。基础设施普遍具有外部效益，且这种外部效益具有非排他性，因而不可能完全由市场来提供。要弥补资源配置的不足，就必须使外部效益内化，使基础设施产品的价格得以反映产品的全部效益。

第二，基础设施的生产与消费具有特殊性。其一，基础设施建设普遍具有投资大、周期长、回收慢、风险高的特征，因而决定了理性假设下的私人资本不愿意进行相关投资，或投资很少。其二，基础设施作为"先行资本"，对整个国民经济的发展具有很强的促进作用。在私人资本无意愿或无力投资的情况下，政府应有充足的投入，否则会直接影响各类经济活动的有效进行，形成国民经济发展的瓶颈。

第三，基础设施配置存在着地区公平问题。政府介入基础设施，有时也是出于社会财富再分配的考虑。例如，政府帮助欠发达地区修建公路、铁路等基础设施，一个重要原因就是吸引私人资本流入这些地区，促进这些地区与其他地区尤其是经济发达地区的交流，以带动落后地区的经济发展，从而既提高了资源在地区之间的配置效率，又改善了地区之间的经济效益分配状况。

此外，农村各类基础设施建设对农村经济发展具有积极的促进作用。一般而言，农村基础设施可大体分为生产和生活两大类。其中，生产类基础设施通过自身建设和配套服务直接参与农业生产，突破自然资源的时间和空间限制，实现对资源的优化配置，提高农业生产效率；而生活类基础设施能够全面增加农村人力资本，增强乡村经济发展的可持续性。饮水、教育、卫生、环境等方面基础设施能够改善农村居民生活条件，促进农民知识和生产技能的积累，提高农民身体素质和科学文化素质，进而增加农村人力资本。此外，各类农村基础设施相互配合，能够推动农业经济体系内部分工的进一步精细化，协同推动农业经济增长。

2. 优化乡村基础设施建设的思路与路径

长期以来，我国农村基础设施建设存在较大缺口，城乡基础设施建设存在严重差距，一定程度上导致了城乡总体发展水平的差距。21世纪以来，我国致力于构建以城带乡、以城促乡、城乡互动的城乡一体化发展格局，致力于缩小城乡差距、改善农民生活条件，其中，加强和完善农村地区基础设施建设，是我国推动乡村现代化建设的必要条件。

乡村基础设施的建设与完善是一项长期性、系统性任务。完善乡村基础设施要遵循乡村发展建设规律，聚焦阶段性任务，面向不同地区、人群，针对性补齐基础设施建设短板。新发展阶段，加快推进乡村基础设施建设既要立足农村人口流动的历史趋势，又要科学把握村庄差异性和分化趋势。同时，要吸引社会各界力量共同参与建设，形成符合实际、各具特色的建设路径。

（二）公共服务

乡村教育文化、医疗卫生等公共服务作为乡村全面发展的重要组成部分，关系农村居民切身利益，其供给水平的提高对于满足农民多样化需求、提升农村居民生活质量具有重要意义。教育文化、医疗卫生等服务从性质上看属于准公共产品，在消费中具有一定的"外部性"，使得对它们的供给往往与"公共财政"联系在一起，成为政府活动的重要组成部分。

1. 公共部门介入社会事业的理论依据

在现代市场经济社会里，几乎所有国家的教育、医疗事业都主要是由公共部门参与并且主导的，由公共财政为这类公共服务提供基本的经费来源，所有这些都与这类公共服务本身的特性有关。

第一，教育具有较强效益外溢性。一方面，教育具有私人产品的性质，个人或家庭可以通过学习知识和技能，在职业生涯获得更多教育利益；但另一方面，公民受教育水平的提高具有外溢效应，如提高全社会劳动生产率、促进经济发展和社会和谐，因而又具有公共产品的性质。教育产品消费中产生的社会效益大于个人收益的简单加总，这就使得市场对该产品的资源配置往往不足，因此教育不能完全依靠市场来配置，需要公共部门承担教育支出，并应根据不同层次教育的边际社会效益与边际社会成本的对比关系来决定投入的份额和数量。

第二，教育支出是重要的人力资本投资。从宏观角度看，当今社会已进入知识经济时代，科技进步成为经济增长的主要动力，而科技进步又以教育为源泉。从家庭角度来说，用于教育的支出是一种人力资本投资，如果低收入家庭暂时无力支付学费，照理可以向金融部门申请贷款。问题是人力资本市场是一个不完全的资本市场，在这个市场中，金融部门与借款者之间的信息不对称，人力资本投资究竟有没有回报或者回报率有多高，事先是难以确定的，因而金融部门不愿轻易发放贷款，由政府为主兴办教育并为教育贷款提供担保，则有助于弥补教育资本市场的不足。

第三，医疗卫生领域存在信息不对称性和效益外部性。医疗卫生领域的信息不对称问题集中体现为作为医疗卫生产品需求方的患者，对其所购产品的有关信息了解有限。在接受医疗卫生服务之前，患者无法全面地比较有关医院和医生的信息，在接受医疗卫生服务过程中，患者无法准确地知道医生的服务质量，以及其应支付的价格。另外，医疗卫生领域还存在效益外部性，医疗卫生是一种混合产品，其服务在性质上接近或等同于纯公共产品。个人在接受医疗卫生服务的过程中，预防和减少了疾病，提高了健康水平，为增强获取收入能力和提高生活质量奠定了基础。医疗卫生产品消费过程中的效益外溢决定了这种产品的边际个人效益必定小于边际社会效益，若是完全由市场来提供，必然会导致这些外部效益较大的产品配置不足。因此，基础性的医疗卫生服务供给，应该由公共部门承担起主要的责任。

2. 城乡基本公共服务均等化的基本逻辑

基本公共服务具有基础性、广泛性、迫切性、可行性等主要特征，主要包括教育文化、医疗卫生、公共就业服务等内容。随着居民对教育、医疗等基本公共服务需求的不断增长，区域或城乡间供给不均等现象逐渐显现。因此，提升乡村教育、医疗等基本公共服务供给水平是满足农民多样化需求的必然要求，同时，优质的公共服务是吸引人才、资金等要素向乡村流动的重要因素，能够增强乡村的吸引力和竞争力，推动乡村经济社会的持续健康发展。

随着经济社会的发展，公众对公共服务的需求层次不断提高，表现出从满足基本生存需求向自我实现的更高层次发展。需求增长与供给不足已经成为日益突出的社会矛盾。这种矛盾表现在供给总量不足、分布不均，制度建设不完善和缺乏统一管理等方面。从需求内容上看，义务教育、医疗卫生和就业培训成为城乡居民最迫切需要的基本公共服务。在需求影响因素上，影响基本公共服务需求的因素主要有公共服务意识、收入水平、人口规模与结构[1]。应该增加基本公共服务的范围领域和内容项目，并提高服务标准[2]。

推进城乡基本公共服务均等化，其目的在于让城乡居民能够享受同等水平的基本公共服务，即让农村居民能够享受到与城镇居民同等待遇的公共服务。在我国城乡二元公共服务提供机制下，城市和农村在教育、医疗等基本公共服务供给方面存在较大差异，政府有效满足农村居民对基本公共服务的需求，优化配置城乡公共服务资源，着力解决基本公共服务的城乡非均衡发展问题，既是实现社会公平正义的基本要求，也是实现城乡均

---

① 张晓杰，王桂新：《基本公共服务供给的有限性与有效性研究》，《上海行政学院学报》2014年第1期，第96页。

② 邢伟：《"十三五"时期健全基本公共服务体系的总体思路》，《宏观经济管理》2015年第2期，第25页。

衡发展的重要路径，更是全面建成小康社会的必然要求。

3. 推动我国乡村社会事业发展的路径选择

改革开放 40 多年来，我国农业农村经济持续快速发展，始终朝着市场化方向前进，而农村基本公共服务政策则经历了较为曲折的变迁。由于所谓的"路径依赖"，在农村改革启动之后的相当长时期内，农村基本公共服务政策的实质仍然是人民公社时期政策的延续。这一状况直到 2003 年"公共财政覆盖农村"战略实施之后，才发生了一定程度的变化。从 2003 年起，之后的 10 年左右时间，中国基本构筑起了包括义务教育"两免一补"、新型农村合作医疗、新型养老保险等重要制度在内的，以公共财政支持为主的农村基本公共服务体系。这无疑是一个巨大的进步，但仍然留存了显著的城乡二元痕迹。2014 年以来，以城乡基本养老保险制度并轨为标志，城乡基本公共服务政策体系的一体化工作开始启动，城乡基本公共服务均等化的政策体系开始构建[①]。

在此之后，虽然农村基本公共服务供给水平在显著提升，供给政策在逐步完善，但城乡基本公共服务供给水平的相对差距却仍然较大。我国乡村数量多、分布广，农村教育、医疗等社会事业供给水平低、供给模式单一以及供需关系失调等问题依然较为普遍，在提升农村基本公共服务水平、实现城乡基本公共服务均等化方面，仍然任重道远。

在此背景下，必须进一步优化公共服务供给，合理配置公共服务资源，加大对乡村地区教育、医疗等社会事业的投入力度，提高公共服务可及性。同时，推动城乡公共服务资源的均衡配置，缩小城乡差距。此外，还应加强公共服务资源的共享和协作，提高资源利用效率。传统公共服务供给方式已经无法适应社会发展的新要求，迫切需要实现三个转变：从"供给导向"向"需求导向"转变；从"粗放供给"向"精准供给"转变；从"单一主体"向"协同供给"转变。

---

① 林万龙：《从城乡分割到城乡一体：中国农村基本公共服务政策变迁 40 年》，《中国农业大学学报（社会科学版）》2018 年第 6 期，第 24 页。

（三）科技推广

农业技术推广，是指通过试验、示范、培训、指导以及咨询服务等，把农业技术普及应用于农业产前、产中、产后全过程的活动，是农业科技有效转化为现实生产力的重要支撑。

1. 农业科技推广的概念与内涵

农业技术推广的概念产生于19世纪初，于19世纪60年代蓬勃发展。克拉伦顿最早从科学的角度研究农业技术推广，他认为农业技术推广是推广主体以非强制的方式引导农户采纳新技术，改造并发展农业生产力的过程。由于农户采纳农业技术后，技术外溢所形成的技术扩散会产生正外部性，所以技术推广服务主要由政府承担。政府农业技术推广服务是指政府农技推广部门通过适当的方式向农业从业者介绍农业科技成果、教授其将新知识和新技术运用到农业生产中的过程。

基层农技推广方式主要包括科技示范、农技培训和财政补贴等。科技示范主要通过建立农业科技示范园的方式实现，农业科技示范园是指在有一定产业优势和科技优势的区域，由政府投资建设的以推广和示范农业新技术、新品种为目的，兼顾科普教育功能的现代科技试验与应用的基地。农技培训主要是政府农技推广部门围绕农业生产的各个环节为农户提供知识和技术的一种教育形式，目的是通过提高农户综合素质水平以实现农业现代化。基层农技推广中的财政补贴是指基层政府对农户采纳农业新技术而给予的转移支付，具有种类繁多、覆盖面小、实施期间短、直接补贴与间接补贴并存的特点。

2. 农业科技推广的理论机理

科技推广本质上是推动技术扩散的一个过程。一般认为，农业技术扩散是指某项农业技术由最初少数人采用到后来大多数人普遍采用的过程[①]。农业技术扩散是农业科技成果转化为现实生产力的关键环节，一项

---

① 张伟，朱玉春：《农业技术扩散研究综述》，《科技与经济》2012年第5期，第52页。

农业科技成果本身对提高农业生产力的作用是有限的,只有被广泛纳入农业生产过程中,才能发挥其经济效益。

理论上,关于农业技术扩散的内涵,主要有以下三种角度的阐释:第一种是以罗杰斯(Rogers)为代表的传播论,该理论认为技术创新扩散是在一定的时间内,技术创新通过某种渠道,在社会系统成员中进行传播的过程①;第二种是以斯通曼(Stoneman)和曼斯菲尔德(Mansfield)所代表的学习论,他们认为,农业技术不像信息传播那样简单,采用者并非在获得了技术信息之后立即采用,而是要经过一个学习的过程;第三种是替代论,该理论认为扩散过程实际上就是新技术替代老技术的过程。其他比较有代表性的理论有选择论、生命周期论、需求资源关系论和博弈论等。

阿尔布列希(Albrecht)于 1987 年提出了农业推广框架理论②。根据该理论,农业技术推广工作是一个完整的系统,它包括两个基本的子系统,即推广服务系统和目标群体系统。推广服务系统由推广组织、推广人员和推广环境组成,其作用是确定农技推广政策与方式,推动目标农户完成技术采纳。目标农户系统由传统农户、家庭农场、农业合作社等农业从业者及其所处的农业生产经营环境组成。推广服务系统和目标农户系统通过沟通交流相互联系,沟通交流的内容与方式是农业技术推广的关键要素,优化技术沟通过程是提高农业技术推广效果的重要途径。另外,农业技术推广扩散工作的开展又离不开相应的外部宏观环境,包括政治法律环境、经济环境、社会文化环境以及农村区域环境等。这些环境因素都直接或间接地影响两个子系统的相互作用与渗透和其工作的绩效。推广服务系统和目标农户系统均会影响农业技术推广系统的运行效率。推广服务系统的效率主要受到推广组织的运行效率、农技推广人员自身素质及其所处的外部环境的影响。目标农户系统的效率主要受到农户个体特征、家庭特征

---

① Rogers E M. :《Diffusion of innovations》,The Free Press,1983 年版,第 21 页。
② 许无惧:《农业推广学》,经济科学出版社,1997 年版,第 29 页。

及农业生产经营环境的影响。

此外，农业踏板理论阐述了农业技术推广扩散的内在动因。从运行机制角度分析，农业踏板原理包含如下三个要点：第一，农户在既有动力又有压力的驱动机制下采用新技术。在超额利润的激励下，一部分农户会率先采用技术；当超额利润逐步消失，未采用技术者面临生产亏损的压力，这些农户会自觉自愿地采用新技术，从而促进了整个区域（社会）的技术进步。第二，农业技术推广速度受到农户的接受能力、新技术的预期增产效果、新技术的预期风险和农业推广服务组织效率等多种因素的影响。第三，农业技术的推广扩散有利于推进土地的规模经营。在农地产权自由流转的前提下，随着新技术的采用，农业经营盈利者将兼并农业经营亏损者，土地存在集中的趋势，有利于实现农业生产经营要素的优化配置。在市场经济机制作用下，会形成一个合适的农业生产经营规模，或者说，会达到新技术采用的最佳规模点[1]。

3. 建立健全现代农业科技推广体系

农业科技推广是联结农户与科技的桥梁，在农业科研成果的转化中起着至关重要的作用[2]，是提高农业科技含量的有效途径。高效的农业科技推广服务既能够让先进的农业科研成果进村、入户、到田，让广大农业经营主体够得着、学得会、用得上，实现科技创新的经济价值和社会价值。进村、入户、到田，一直被称为农业科技成果转化应用的"最后一公里"。能否真正打通"最后一公里"，在很大程度上决定了科技创新推进农业农村现代化的成效。

在现代农业条件下，传统小农正由社会化小农逐渐转变为高素质农民。伴随着土地的合理流转和适度规模经营，农业正由小规模、分散经营的小生产不断走向规模化、组织化、社会化的大生产，越来越多的种养大

---

[1] 周衍平，陈会英：《中国农户采用新技术内在需求机制的形成与培育——农业踏板原理及其应用》，《农业经济问题》1998年第8期，第9页。

[2] 陈香玉，陈俊红，黄杰，等：《农业科研院所科技推广效果及影响因素探析——以北京市农林科学院"双百对接"项目为例》，《科技管理研究》，2018年第24期，第103页。

户、家庭农场、农民合作社、农业企业等新型农业生产经营主体逐渐形成。农业科技推广的目标团体系统已经由分散的个体转变为组织化的农民，即新型农业生产经营主体。在我国农业现代化建设的新阶段，农业推广的目标团体系统已经发生了变化。新型农业生产经营主体已经不再是农业推广框架模型所描述的农业推广末端的推广对象，只能被动地等待接受农业先进技术和知识的传播与教育，而是以农业推广主体的身份主动参与，以满足农产品市场需求、追求商业利润为目的，向上下游各类农业推广主体提出需求，抑或接受政府或非营利组织的公益性推广服务，抑或购买通过市场配置的推广服务。从推广最终目的来看，正是这些组织化的农民或者新型农业生产经营主体在大规模应用先进农业技术，实现产业化。这些新型农业生产经营主体同样是农业科技推广的主体，是实现推广目的之最终执行者。各类农业科技推广主体之间通过协作，才能最终实现农业先进技术的传播和产业化，来实现推广的目的。

因此，现代农业条件下必须明确农业科技推广的目的，即以满足市场需求的农业科技创新成果转化和产业化为推广最终目的。当前阶段，要以解决小农户与现代农业的有效衔接问题为目标，建立健全现代农技推广体系，提高基层农技服务水平。要在农业科技创新的全链条、各环节全面深化改革，更加注重理顺和完善科技成果转化应用的体制机制。要建立健全分工明确、竞争有序的农业科技推广创新体系。鉴于农业技术的特殊性，必须进行明确、系统、科学的分类，不同类型的农业技术，由不同的推广组织进行承担。构建起组织独立、功能交叉的多元推广主体协作系统，共同推动农业技术进步。

（四）社会保障

社会保障政策是公共经济政策体系中的重要组成部分，是维持劳动力再生产、稳定社会发展、促进社会公平分配和调节经济运行的重要手段。社会保障制度可以被看作是国家通过社会保险、社会救助、社会福利、社会优抚和社会互助等制度编织成的一张社会安全网。

1. 社会保障的概念及要素

在 1942 年国际劳工组织出版的文献中，社会保障被定义为："社会通过一系列公共组织，为其成员提供保护，以防止因疾病、产期、工伤、失业、年老和死亡致使停止或大量减少收入造成的经济和社会困难；提供医疗和为有子女的家庭提供补助金"。根据国际劳工组织批准的社会保障公约，社会保障包括九个方面的内容：医疗、疾病、失业、老龄、工伤、家庭、生育、残疾和遗属津贴。从我国国情出发，可以对社会保障的概念做如下定义：社会保障是与社会主义市场经济体制基础相适应，国家和社会依法对社会成员基本生活予以保障的社会安全制度。

上述定义涵盖了四个方面的基本要素：第一，社会保障的责任主体是国家和社会。国家和社会在社会保障的规划、管理、监督和资金运营等方面负有重要责任，而社会化管理也是社会保障制度发展的必然趋向。第二，社会保障的实施以法律法规为支点。通过制定有关社会保障法律法规，规定社会保障的实施范围、对象、资金来源、享受条件、待遇标准、管理办法，明确规范社会保障中有关各方的责任、权利和义务。第三，社会保障的最终目的是稳定社会。作为一项基本的社会经济制度，社会保障可以为遭遇疾病、生育、工伤、失业、年老、伤残、收入锐减和意外灾害等风险的公民提供保护，保障他们的基本生活，以避免社会动荡。第四，社会保障的目标是满足公民的基本生活需要。因此，社会保障要与现行社会主义市场经济体制相适应，坚持兼顾公平和效率的原则，待遇标准以保障基本生活需要为宜[①]。另外，需要注意的是，社会保障是发展的、动态的概念，随着社会保障事业的发展、变化及人们认识的深化，社会保障概念的内涵也会不断变化和丰富。

2. 建立社会保障体系的重要意义

社会保障是一项由政府引导的强制性的制度，它需要政府依法予以推动，社会保障体系也都是在政府的主导下逐步建立起来的，当代各国都毫

---

① 李齐云：《公共经济学》，经济科学出版社，2021 年版，第 36 页。

无例外地把提供社会保障纳入政府的职能范围，主要出于如下几个方面的考虑。

一是保护公民基本生活权利。基本生活权利是公民的一项经济权利，意味着人们具有摆脱贫困、拥有生活所需的基本物质财富的权利。在市场经济条件下，单靠市场的资源配置无法实现这一权利。1948 年，联合国大会通过并颁布了《世界人权宣言》，其中第 25 条强调公民的基本生活权利应当得到保障。至此，公民的基本生活权利成为全人类所共同认可和追求的基本价值，保障公民的这一权利也逐渐成为各国政府义不容辞的责任。

二是调节收入分配，缩小贫富差距。市场经济向效率倾斜，在激烈的市场竞争中强者愈强、弱者愈弱，如果不加以干预，强弱两极分化会引发社会不公平感，导致社会矛盾激化。政府通过社会保障计划实现国民收入的再分配，保障基本生活，为弱者继续参与竞争创造条件，缩小贫富差距，有利于维持社会公平。同时，社会福利计划为公民提供了减费或免费的公共服务和各类福利措施、福利津贴，有利于提高民众的生活质量。

三是维护宏观经济稳定，平抑经济周期波动。健全完善的社会保障体系不仅是"社会安全网"和"社会减震器"，还能够在一定程度上帮助政府调节经济、平抑经济周期波动。由于社会保障体系中的帮扶、救助和失业保险等支出，在经济过热时大幅度减少，经济过冷时大幅度增加，从而促进经济稳定或抑制经济衰退，因而具有自动稳定功能。

3. 我国社会保障体系建设与改革路径

20 世纪 90 年代以前，我国城乡社会保障呈现相互独立且分治的制度格局。城镇企事业单位的职工主要依靠建立在城市工业和劳动保险（或企业保险）基础上的单位保障，而农村则依托集体土地制度，建立了面向乡村孤老残幼的"五保"制度和面向农民的农村合作医疗制度。自 20 世纪 90 年代中期以来，随着市场经济体制目标的明确，社会保障制度进行了一系列的重要改革，并取得了一定的进展。不仅初步建立了以养老、失业保险为主，包括医疗、工伤、生育等保险项目及社会救助、抚恤等在内的社会保障总体框架，而且确定了多渠道、多层次兴办社会保障的方针，提出了社会保障费用要由国家、集体（用人单位）和个人多方共同负担的社会保障原则，探索出了社会保障实行社会统筹与个人账户相结合的基金筹集和运行模式。这些改革思路、措施及其成果，标志着我国社会保障体系建设进入了一个新阶段。

较长一段时期内，我国的社会保障事业呈现出"城乡分化"和"福利分层"的特点，这是发展农村社会保障事业的基本立足点和前提。完善我国农村社会保障是在发展中保障和改善民生的必然之举，具有重要的现实意义。当前，我国农村的社会保障面临保障渠道单一且保障程度低、制度碎片化问题相对严重、缺少监督机制等问题。现实地看，对于共同富裕和城乡社会保障基本功能均等化的追求，并不是要对社会财富在城乡间做平均主义的分配，更不是要超出城乡经济发展水平的客观差距而强求一致。推动城乡社会保障事业均衡发展，应当充分关照具体的国情民情，不搞"一刀切"。

在此背景下，要改进提升乡村社会保障效能，拓宽农村社会保障资金支持渠道、加快推进城乡社会保障制度一体化进程和构建有效的监督管理体系，进一步完善农村社会保障①。在推动农村社会保障体系现代化进程中，要充分尊重个体差异，构建适应农村不同困难群体多元化需求的社会保障机制，提升各类帮扶举措的普惠性，尽可能帮助农村困难群体获得依靠自身发展并迈向美好生活的机会与能力。完善农村社会保障体系，还必须打破线性思维的限制，将发展农村社会保障事业与推进乡村振兴战略相联通，发挥"整体性治理"效能，着力补足短板，把人力、物力和财力等资源向农村困难群众倾斜，努力实现社会保障水平提升与经济增长、整体收入提高同步，逐步缩小城乡差别，推动农村社会保障事业实现高质量发展。

---

① 周宇涵：完善农村社会保障的价值意蕴与实践路径［J］.《延边党校学报》2024年第1期，第68页。

三、生态建设与乡村振兴

农业自然资源、环境和生态系统是相互联系密不可分的，自然资源的开发利用必然会对环境和生态系统带来影响，生态环境状况也影响和制约着自然资源的开发过程。

生态建设与乡村高质量振兴发展紧密相连，相辅相成，主要涉及资源利用、绿色发展、环境治理三个层面。良好生态环境是农村发展的最大优势和宝贵财富，更是实现产业兴旺、打造宜居环境的前提，而乡村发展为生态建设提供经济、人才等多个方面支持，对生态建设具有积极促进作用。生态效益、经济效益、社会效益在开发利用乡村自然资源、推行绿色发展模式、治理乡村生态环境等生态建设路径中皆有所体现。一是通过破除"资源诅咒"，提高资源利用效率，充分释放农村自然资源的经济效益，助力实现"农民富"的战略目标；二是通过农业绿色发展转型，以去污、提质、增效释放农业绿色发展的生态效益，助力实现"农业强"的战略目标；三是通过农村环境整治提升释放乡村发展的社会效益，助力实现"农村美"的战略目标。

（一）资源利用

1. 农村资源利用赋能乡村振兴的理论分析

资源一般是指自然界及人类社会中一切能为人类形成资财的要素，具有广义和狭义两类解释。从资源的广义概念来看，威廉·佩第间接地阐述过资源的概念，他提出了"土地为财富之母，而劳动为财富之父和能动的要素"的观点。马克思认为，"劳动力和土地"是"形成财富的两个原始要素"。恩格斯在论述劳动在转变过程中的作用时，进一步明确指出："其实劳动和自然界一起才是一切财富的源泉，自然界为劳动提供材料，劳动把材料变为财富。"根据《辞海》，资源是"资财的来源。一般指天然的财源"。广义资源的含义将对财富的形成起作用的要素（人或物等）统称为资源，包括自然资源、社会资源、人力资源。从资源的狭义概念来看，1972 年，联合国环境规划署（UNEP）认为，资源是"在一定时间、地点的条件下能够产生经济价值，以提高人类当前和未来福利的自然环境因素和条件"。《英国大百科全书》认为，资源是"人类可以利用的自然生成物以及生成这些成分的环境功能"。本节所指的"资源"是狭义概念，即以结构粘连的形式沉淀在广大农村的自然资源。

农村自然资源指的是存在于农村地区，能为人们所利用的各种自然要素和自然条件的总和，包括水资源、土地资源、矿产资源、气候资源、生物资源等。自然资源既是农村自然地理系统的构成要素，又是农村地区居民赖以生存的环境条件和社会经济发展的物质基础。农村经济发展取决于人们对农村自然资源的开发利用水平和规模，农村自然资源的开发直接决定区域农村经济的发展水平和速度，直接决定区域人们生活水平的提高和人口素质的提升，甚至农村社会的全面发展。例如资源型农村的出现和发展，其依赖的是某种农村自然资源。土地资源丰富的农村可以开发大量农田成为粮食和其他作物的生产基地。此外，也可以利用丰富的水资源发展农村小水电，从而带动农村工业和其他行业的发展。

然而，丰富的自然资源禀赋是否必然促进乡村的发展与繁荣？长期以来，丰富的自然资源，尤其是矿产资源一直被视为部分发达国家保持经济持续增长的重要条件（Watkins，1963）。但自 20 世纪 70 年代以来，资源丰裕地区的经济发展明显落后于资源匮乏地区，甚至进入停滞状态。如在90 年代中后期，以东北、山西为代表的资源型地区陆续出现了经济结构单一、经济增长放缓、资源环境过度消耗等诸多问题（牛仁亮和张复明，2006）。在此背景下，Auty（1993）提出了"资源诅咒"命题，即自然资源对区域经济的发展并不是"福音"，反而是"诅咒"，自然资源禀赋与经济增长之间存在着显著的负相关性；也就是说，丰富的自然资源并不能促进经济发展，反而会成为经济增长的诅咒，对自然资源的过分依赖会阻碍该区域的经济发展。这一命题的提出在学界引起了广泛关注，Sachs 和Warner（2001）率先采用实证检验的方式对"资源诅咒"这一假说进行检验，结果表明自然资源禀赋会负向作用于经济增长。此后，大量学者从不同视角构建理论模型分析"资源诅咒"的存在（Gylfason and Zoega，2006；Papyrakis and Gerlagh，2006；邵帅和齐中英，2008；李强和徐康宁，2013）。

但是，"资源诅咒"不是无法破除的，对农村自然资源的合理开发与利用能够赋能乡村振兴。首先，开发利用农村自然资源能够充分释放农村自然资源的经济效益。通过全面提高农村资源利用效率，合理有序开发利用农村自然资源，充分释放乡村自然资源的经济效益，助力实现乡村振兴"农民富"的战略目标。一方面，通过推动农村清洁能源利用助力农民实际拥有的自然资源资产变现。通过发展生物质能、地热能、风能、太阳能和小水电等清洁能源，提升清洁能源消费占比，降低能源成本，提高能源利用效率。另一方面，通过创新乡土资源开发与利用路径拓宽农民增收渠道。挖掘和利用乡村的自然、人文、社会、历史等资源，推动特色农业、乡村旅游、生态农业等产业发展，增加农民收入，促进乡村振兴。其次，公平分配农村自然资源的经济效益是促进乡村振兴与可持续发展的关键路径。通过建立自然资源要素收益共享机制，赋能乡村自然资源要素，引导城乡资源双向流动，公平分配乡村自然资源的经济效益，助力实现乡村振兴"农民富"的战略目标。城市地域系统在扩张过程中除了大量吸纳周边自然资源外，最显化的特征是持续占用周边城乡融合系统和乡村地域系统大量自然生态空间。因此，通过建立自然资源要素收益共享机制是解决城乡自然资源收入差距，公平分配农村自然资源产生的经济效益的主要方式，这不仅能够激发农村经济的内在活力，促进农民收入的增加和生活水平的提升，而且还能有效优化乡村生态环境，助力绿色发展。

2. 我国农村资源利用的发展现状与突出问题

首先，农村地区资源利用效率低下，开发不足与过度开发问题兼具。一是我国农村蕴含着丰富的清洁可再生能源，但开发利用程度不足。以风能和水能资源为例，我国农村地区风能资源丰富，分布广泛，特别是中东南低风速资源区域已具备开发条件，可供开发资源潜力超过 30 亿千瓦①。如果选择合适的村庄安装风电机组，可实现大规模的风电装机，发展潜力巨大。此外，我国农村不仅拥有丰富的水能资源，同时也拥有世界上最大的未开发水能经济潜力，未开发的水电站位置主要集中在西藏、四川、云南和贵州等多山省份的农村地区。二是农村自然资源利用的代际问题相对突出，资源过度利用及资源退化问题使得资源消耗过快。以农业用水为例，我国农业用水占全国用水总量的 60% 以上，目前农业用水还不够精细，存在适水种植未全面普及、节水灌溉面积不广等问题②。

其次，城乡自然资源收益共享机制缺失，自然资源资产收益分配不当。一是城乡自然资源资产流动存在壁垒。当前以土地为核心，涵盖矿产、森林、草原等资源要素的城乡统一、竞争有序的市场体系尚未建立。随着城镇化建设的持续推进，乡村地域系统下部分优质农用地被征用为国有建设用地，如国土"三调"相比"二调"耕地减少 1.13 亿亩*。森林、草原等生态系统功能较强的自然资源要素作为优势资源，受限于市场化的生态产品价值实现机制尚未完全建立，在县域经济发展中的作用有限。二是城乡自然资源收益共享机制缺失，自然资源资产收益分配不当加剧城乡发展差距。除土地资源外，自然资源要素利益共享缺失突出表现为矿产资源开发收益直接惠民不足，森林、草原等生态补偿标准过低。矿产资源相关收入中占比最大的是资源税和矿业权出让收入，从收益分配来看，对矿山所在地村民的经济补偿机制较为薄弱。矿产资源丰富的县级政府承担了大量基层管理任务，但收益分配中占比并不匹配其职责。森林、草原资源富集县因保护而导致林农、牧农发展权受到影响，对应保护性补偿资金标准低、补偿范围难以实现全覆盖等问题降低了农民获取自然资源开发的收

---

① 《我国将在县域农村建成一批就地就近的风电项目》，中国政府网，https：//www.gov.cn/lianbo/bumen/202404/content _ 6942962. htm.

② 《适水发展 多源相济 系统推进农业农村节水——〈关于进一步加强水资源节约集约利用的意见〉专家解读之四》，国家发展和改革委门户网站，https：//www.ndrc.gov.cn/fggz/hjyzy/sjyybh/202310/t20231012 _ 1361189.html.

＊ 1 亩＝1/15 公顷。

益，自然资源资产收益的非均衡配置扩大了城乡收入差距。

3. 盘活农村资源资产，助力乡村振兴的实践路径

一方面，深度挖掘开发乡村一切可转化资源，以服务多元需求为导向，着力推进多功能农业的发展。构建多功能农业发展的基本框架，明确不同地区农业产业在农产品供给和农民增收、生态建设和环境保护、观光休闲和旅游服务以及就业保障、文化传承、能源保障等方面的功能，努力形成差异化多功能农业的发展定位，在注重"稳民心""传文化""悦身心""美环境"的基础上，科学研判不同主体、不同区域和不同发展阶段对现代农业功能定位的影响，实现差异化发展，不断延伸农业产业链和价值链。

另一方面，充分利用和发挥市场机制的作用，创新吸引优秀人才和优质市场主体参与乡村资源开发建设的现实路径。实现农村资源的深入开发，一个基本策略是提升参与者的能力进而提高资金投入的收益。为此，一是必须充分发挥市场机制的作用，努力创建更加公平宽松的农村市场环境，提供更多的发展机会，重点是深入贯彻《关于构建更加完善的要素市场化配置体制机制的意见》精神，统筹部署完善要素价格形成机制和市场运行机制，着力抓好农村土地资源市场化配置，探索农村居民住宅、集体建筑、基础设施等市场化运行机制，赋予优秀人才和优质市场主体更多的市场选择权。二是着力推进更高水平的农村社会建设，向农村提供优质的社会服务，探索社会资本支持农村资源开发的路径，明确可参与经营的范围及具体方式并推进落地实施，特别是不断提升农村教育、医疗等基本公共服务的水平，给优秀人才和优质市场主体以稳定的发展预期，促使其扎根乡村、谋划长远发展。三是探索建立包括返乡创业人员在内的"新村民"参与乡村资源开发利用的新机制，重点明确"新村民"的权利保障和收益分配制度，同时通过聘请职业经理人、引进专业团队、吸纳社会资本参股等多元化方式，提高集体经济经营管理水平和资产收益率。

（二）绿色发展

良好的生态环境是农村的最大优势和宝贵财富，处理好经济发展和生态环境保护的关系，把该减的减下来、该退的退出来、该治理的治理到位，美丽生态就能成为乡村亮丽的名片。乡村绿色发展要求在发展过程中统筹环境保护、减少资源损耗与环境破坏。

1. 农业农村绿色发展赋能乡村振兴的理论分析

绿色增长概念正式提出于 2005 年联合国亚太经社理事会（UNESCAP）的环境与发展部长会议，被 UNESCAP 视为一种低碳、可持续发展模式推向快速发展中的亚洲国家。当时的现实背景是，亚太地区经济的高速发展使区域资源环境约束日益加剧，可持续发展面临严峻挑战。因此，绿色增长理论强调各国在通过经济增长减少贫困和提高人类福祉的同时，应着力转变经济增长和消费活动方式，注重提高经济增长的生态效率，实现环境与经济的协调发展①。随后，不少研究为绿色增长理论赋予了更丰富的内涵，比较有代表性的是经济合作与发展组织（OECD，2011）的界定：绿色增长是指能确保自然资产持续提供人类福祉所需资源和环境服务的经济增长，为了实现绿色增长的发展模式，应大力发挥投资和创新对可持续增长与新经济机会创造的作用。OECD 的界定阐明了绿色增长如何定位经济发展、代际公平和环境保护之间的关系，也提出了具体的实践途径。

农业农村绿色发展的核心在于通过重构农业生态系统的价值循环机制，推动乡村经济、生态、社会效益的协同发展。绿色发展通过环境承载力约束、绿色技术渗透、生态文化重塑实现乡村可持续发展目标的系统性整合。例如，有机农业推广不仅减少面源污染，还能通过品牌溢价提高农民收入，同时重构乡村生态伦理，实现经济、生态、社会三维协同可持续发展。农业农村绿色发展不是简单的环境治理，而是通过重构"自然—经济—社会"复合系统，实现三大突破：一是发展逻辑转型，即从"索取自然"转向"人与自然和谐共生"；二是价值创造升级，即生态资本逐渐成

---

① 商迪、李华晶、姚珺：《绿色经济、绿色增长和绿色发展：概念内涵与研究评析》，《外国经济与管理》2020 年第 12 期，第 134 页。

为新的经济增长点；三是治理模式创新，即形成政府引导、市场主导、村民参与的多元共治格局。乡村振兴落脚到农村绿色发展的语境下，可以归纳为四点内容：一是干净——农村生态环境治理；二是方便——农村基础设施建设；三是可持续——农业绿色发展；四是看得见乡愁——以乡村旅游、文化、休闲康养为重点的农村产业融合发展。

2. 我国农业农村绿色发展的发展现状与突出问题

绿色发展理念下，农业亟需实现从资源消耗型到资源高效利用型的转变。伴随绿色增长理论的兴起，农业生产力得到极大提升，粮食大幅增产，为解决全球的粮食安全问题发挥了重要作用，但也带来了收入不平衡、环境污染、高产作物品质降低等一系列问题[①]。同时，以食物生产和消费为主体的全球食物系统也成为引起气候变化、土地退化、淡水资源耗竭和生态系统退化的主要驱动因素[②]。在联合国 2015 年提出的可持续发展议程中，农业和食物系统可持续发展成为核心，在 17 个可持续发展目标（SDGs）中占据 8 个。我国农业发展取得了巨大成就，不但以世界 9%的耕地养活了 22%的人口，为全球粮食安全做出了重要贡献，还实现了农村经济的快速发展[③]，但同样也产生了大气氮沉降增加、水体富营养化、土壤酸化等生态环境问题。与此同时，农产品安全问题也日益突出，表现为农产品品质不能满足营养健康需求和食物过度加工导致的营养成分流失。因此，迫切需要转变农业发展方式，在确保农产品产量的同时提高农产品品质，保证生态环境安全，实现农业由资源消耗型向资源高效型的转变[④]。为此，党的十八届五中全会把绿色发展上升到新发展理念之一，

---

① Pingali PL：《Green revolution：impacts，limits，and the path ahead》，《Proceedings of the National Academy of Sciences of the United States of America》2012 第 31 期，第 12302 页。

② Springmann Marco，Clark Michael，MD Daniel，et al.：《Options for keeping the food system within environmental limits》，《Nature》2018 年第 10 期，第 519 页。

③ Fan M. S.，Shen J. B.，Yuan L. X. et al.《Improving crop productivity and resource use efficiency to ensure food security and environmental quality in China》，《Journal of Experimental Botany》2012 年第 1 期，第 13 页。

④ 马文奇，马林，张建杰，等：《农业绿色发展理论框架和实现路径的思考》，《中国生态农业学报（中英文）》2020 年第 8 期，第 1103 页。

并提出"农业要优先实现绿色发展",将推进农业绿色发展作为实现农业农村现代化的工作重点和未来发展方向。

3. 农业农村绿色发展,助力乡村振兴的实践路径

绿色发展是突破农业资源瓶颈的必然选择。要通过推行农业绿色生产方式,充分运用农业绿色科技深度融入农业生产全过程,大力提升劳动者生产技能素质,提高土地产出率、资源利用率,整体提高农业全要素生产率,切实解决好农业投入产出的经济效益问题。同时,要从单纯关注农业生产功能向农业生产生态功能并重转变,充分运用农业绿色科技加强农业生态系统的保护、治理和修复,更加注重农业发展的友好环境,统筹协调好农业生产的经济效益和生态效益,逐步建立起与资源环境承载力相匹配的可持续现代农业发展新格局,这样才能从根本上突破国内农业发展的资源环境瓶颈。

新发展阶段,我国农业农村绿色发展应该重点把握几个发力点:一是依托农业绿色发展"去污",实现农业经济增长与碳排放和环境退化脱钩,即农业生产过程的清洁化。通过使用绿色生产技术和物资,减少化学品投入,节约高效地利用自然资源,资源化利用农业废弃物,最大限度地减少资源消耗,避免农业生产带来的环境污染,实现增产不增污、增产不增碳。二是依托农业绿色发展"提质",形成绿色投入品、绿色技术、绿色投资和绿色消费带动下的经济增长,实现产地绿色化和产品优质化[1]。污染排放与农业生产持续脱钩,突破量变的拐点后产生质变,水质、土壤、空气等产地环境要素质量明显提高,生态系统得到改善,农产品质量也随之大幅提升,通过完善市场、倡导绿色消费,绿色、优质的农产品在市场中将得到市场溢价。三是依托农业绿色发展"增效",推动绿色成为驱动发展的内生动力。随着生态环境的持续改善以及收入水平的不断提高,农业农村的多功能性逐步凸显,成为满足人们对美好生活向往的重要载体,

---

① 金书秦,牛坤玉,韩冬梅:《农业绿色发展路径及其"十四五"取向》,《改革》2020 年第 2 期,第 30 页。

优质农产品、优美的乡村环境通过完善的产品和服务市场获得溢价，绿色和发展形成良性互动，达到绿色发展的高阶形态，也就是高质量发展。

（三）环境治理

农村生态环境即以乡村社会为空间区域范围，以农村居民为中心，影响农民日常生产生活实践的水资源、土地资源、生物资源以及气候资源的总称。它是农村发展和农村生产生活的基本条件，本质上反映着农村社会人与资源、人与人、人与社会之间和谐共生的关系。

1. 农村环境治理赋能乡村振兴的理论分析

环境经济学指出，良好的环境质量可以直接提高居民的生活质量和健康水平，减少疾病和医疗支出，从而提高劳动力的生产效率。通过治理农村环境污染、改善空气和水质，可以有效减少与环境相关的疾病，提高农村居民的身体健康和生活满意度，进而增强劳动力市场的供给质量。公共物品理论表明，环境质量作为一种公共物品，其改善可以带来广泛的社会福利提升。在农村地区，环境治理往往涉及公共基础设施的建设，如垃圾处理系统、污水处理设施等，这些公共投入可以提高整体环境质量，进而有效提升农村居民的福祉。

从经济学角度来说，环境污染问题存在外部成本，使得社会最优和私人最优并不重合。作为公共产品的生态环境，通常在消费上具有不可分性和非排他性，降低了人们对公共物品做出贡献的动力，从而导致环境治理领域的"搭便车"现象，即从某个商品中获取了价值却没有对其供给做出有效支付，最终造成环境公共产品的低效或无效供给。在环境治理的问题上主要有两种思路：直接管制方法和市场激励方法。前者指设定环境质量指标通过立法手段强制执行，后者指利用修正的市场机制保护环境。经济学家认为，市场激励方法比直接管制方法更有效率。这在我国农村环境治理的制度结构变迁中有具体体现，我国农村环境治理的制度结构从强制型逐渐转向自愿型、市场型等多制度融合，即从行政工具转向综合应用法律法规、经济技术和自愿合作等多种手段。

一般情况下，价格机制或市场可以达到帕累托最优。但是对于没有市场价格的环境产品或服务，纯粹的市场机制不能达到帕累托最优。因为很多环境产品的价格不能反映生产这些产品所消耗的所有资源的价值，社会成本和私人成本不相等，所以不能有效地配置资源。但是这并不是说市场机制不能改进环境质量。有两种方法利用市场改进环境质量：一是对某些没有市场的环境产品，建立市场。通过收取门票或改变产权的办法建立与外界隔离的自然资源市场。二是修正市场机制，由管理部门制定包括资源全部社会价值的市场价格，利用市场激励来减少环境污染。此外，还有一种思路是通过责任法或产权制度让市场自己达到最优。科斯（Coase）强调产权和排污者—受害者之间讨价还价对解决污染问题的重要性。

2. 我国农村环境治理的发展现状与突出问题

农村环境治理必然与国家环境保护紧密相连，但也存在多重滞后：环境保护欠农村账、工业发展欠农业账、经济发展欠环境账等[1]。党的十八大以来，生态文明建设融入社会经济发展方方面面，加强农村环境保护成为大势所趋。受经济水平、城乡二元结构及农业发展阶段等影响，我国农村环境治理是一个从无到有、从局部到全面、从边缘到主流的过程。早期我国环境保护聚焦城市及工业污染防治，农业农村环境领域一直处于空白或边缘位置。后续国家逐渐重视农业农村发展，提出新农村和美丽乡村建设等目标，但涉农资源有限性导致农村环境治理又居于农村道路、电网和水利等基础设施建设之后。随着我国社会经济发展进入新时代，农村生态发展价值及其环保重要性得到重新认识，为农村环境治理工作创造了极有力的条件。当前，生态宜居已成为乡村振兴的关键，美丽乡村已是主流话语并逐渐成为现代化强国的标志、美丽中国的底色，但不容忽视的是，农业农村环境保护水平总体仍落后于城市与工业。虽然我国农村环保工作受到国家高度重视，整治成效也十分显著，且变迁思路与逻辑日益完善，但

---

① 杜焱强：《农村环境治理70年：历史演变、转换逻辑与未来走向》，《中国农业大学学报（社会科学版）》2019年第5期，第82页。

其严峻形势及问题依然突出，特别是整治项目可持续、涉农资源整合及发挥农民主体地位等方面面临着较大的挑战。

第一，农村环境治理项目可持续发展缺乏重视。当前，农村环境保护主要以"农村环境连片整治"和"美丽乡村"等项目形式运作，在压制型体制和分税制等背景下该方式有其特殊性和合理性，但也存在一定困境。一是项目"轰轰烈烈"之后供给难以持续。争取项目和结项验收是基层政府治理农村环境的首要目标，供需是否相匹配、环境治理是否可持续和成本收益是否合理等居于次位或未纳入决策范畴，甚至还存在大量"项目骗补"问题。二是政府包办思路难以解决农村环境治理的复杂性。农村环保项目由政府"大包大揽"的行政力量推动，不仅易忽视社会资源和村民等力量，而且政府财政资金难以应对我国 60 万个行政村的环保需求。环境要素在空间上有区域性及流动性，污染问题在时间上具有滞后性及长期性，如何确保农村环境治理项目可持续发展亟待重视。

第二，农村环境治理中涉农资源尚未有效整合。乡村振兴中大量涉农资源及项目向农村倾斜，农村环境治理也毫不例外。然而，农村环境治理政策设计及资源配置未得到最优整合，譬如现有农村环境治理政策较多分散于不同规范性文件或在其他法规中提及，而完备性或全国性专门针对农业农村环境治理问题较为少见。同时农村环境整治资金也分散于各部门，比如住建部门的生活垃圾与污水处理资金，农业部门的畜禽养殖污染治理或户用沼气资金，水利部门的饮用水及河道整治资金等。农村环境治理往往存在"说起来重要、干起来次要、忙起来不要"等困局，且其环保资金碎片化和分散性极易导致资源配置低下，这与农村环境的系统整体性不兼容，亟待建立涉农资金统筹整合长效机制。

第三，村民与村集体（基层社区）参与农村环境治理依旧属于难题。动员各方力量是农村环境可持续治理的必然选择，更是农村环境治理转向共建、共享、共治难以回避的议题。在快速城市化背景下，如何重构社区机制并推动农民参与家园建设，无论是站在小农角度思考还是基于农业现代化进程宏观视角，都是建设美丽宜居家园过程中绕不开的一个基础性问题。然而实践中农民"等、靠、要"困境突出，政府如何尊重村民意愿及治理需求，村民与村集体如何在成本和收益、权利和义务等问题上合理分配（村民付费的合理分担机制、政府与村民互嵌式参与机制），不同主体之间如何形成治理合力等问题依旧是实践难点。

3. 通过农村环境治理，助力乡村振兴的实践路径

第一，环境整治与乡村振兴有机衔接。良好生态环境是农村最大优势和宝贵财富，美丽宜居是乡村振兴的内在要求，乡村振兴（尤其是生活富裕）是环境整治持续投入的保障。环境整治方案要与本区域乡村振兴规划相吻合，要衔接未来人口规模、田水树生态要素和村庄功能布局等，避免后续重复建设及涉农资源错配。另一方面，乡村振兴需以绿色发展引领，汲取生态产业智慧和农耕文明养分，利用高质量产业发展激活农村集体经济，发挥市场机制激励和驱动作用，以发展视角解决农村脏乱差问题。

第二，政府推动与群众参与有机衔接。农村环境整治作为典型公共物品，政府需主导但不应包办。政府以相适应、能承担的投入方式兼顾硬件设施的建设和村民自治能力的培育，落实县级党委政府农村环境保护主体责任，激活乡村基层党组织、村民群众和社会资本等力量；尊重农民意愿并充分发挥当地社区在资源配置上的积极性，多听农民呼声和多从农民角度思考，提升农民参与的自觉性、积极性与主动性，进而促使政府适度投入的项目，群众"愿意用、可以用、用得好"，最终集体决策及共同动手搞清洁、搞建设和搞管护。

第三，设施建设与长效管护有机衔接。建管并重是农村环境整治成功的关键点，既要抓好工程项目建设，更要建立管理维护的长效机制。在这一方面，可借鉴浙江万千美丽乡村的经验做法，提高政策的指向性与精准性，依据当地经济水平及村民意愿确定投融资模式和运行管护方式。再根据乡村地理、民俗和财力等各类条件，采用"接地气"的工作路径和技术模式建设环境整治设施，防止形象工程和政绩工程。例如，可因地制宜地采取一些好用不贵、易懂易学的"土办法"，确保各类设施建成并长期稳定运行。要切实做好设施建设与长效管护的衔接工作，推动形成有制度管护、有资金维护、有人员看护的规范化管护机制。

第四，末端治标与源头治本有机衔接。农村环境问题与农业农民密不可分，农业机械化及省力化发展、农民文明健康意识提高、公共基础设施配套和村镇服务体系重构是农村环境整治之本，要将技术工程的末端治理与生产生活的源头控制相结合。引导有条件的地区推动城乡融合发展，促进生态和经济良性循环。例如，利用特色产业开发、土地整治提升、乡村旅游发展等项目行动，促进改善农村环境保护基础设施，走生产、生活、生态协调发展的道路。条件不成熟的地方要结合农村中长期发展规划推进整治，兼顾进度和质量。初期可利用农村半自然生态系统的修复能力，适当降低农村环保标准，统筹涉农"种子"资金推动农村环保项目实施落地，尽量做到干净整洁及特色差异；后续可推动乡村自然资本加快增值，突出村庄的生态涵养功能，让良好生态环境成为乡村振兴的支撑点。

四、社区治理与乡村振兴

乡村社区治理是乡村经济社会发展的重要促进因素，对乡村资源要素配置、乡村公共服务供给和乡村社会管理有着重要的影响。推进乡村振兴，要求把夯实基层基础作为固本之策，建立健全党委领导、政府负责、社会协同、公众参与、法治保障的现代乡村社会治理体制，健全乡村治理体系，提升乡村治理效能，推动乡村组织振兴，打造充满活力、和谐有序的善治乡村。

改革开放以后，我国乡村社会生态、发展动力发生了显著变化，乡村社会逐步从封闭静止走向流动开放，产业结构和社会结构从单一简单走向多元复杂，农民的价值观念、家庭结构、生活方式、行动逻辑发生了巨大改变，人才外流、自然村落的解体及村庄边界的整合影响着村民的集体意识和公共利益判断，乡村社会风险增多。面对复杂的乡村治理环境和场域，农村社区作为一种新的组织形式逐步成为现代化社会管理的重要组成部分。因此，推动农村治理从传统乡村到新型农村社区的顺利转型，对于构建新型的基层治理模式、实现农村的"善治",具有重要而深远的影响。

(一) 健全治理体系

1. 治理体系的基本内涵

治理是围绕国家、社会与个人多元主体之间的关系展开的,以维持公共秩序和实现公共利益共享为最终目标,重点关注公共权力及其相关主体有效参与和协调实现的过程。乡村作为国家基层政权的"神经末梢"和最基本的治理单元,乡村治理是否有效事关国家治理现代化的整体水平与质量,是国家有效治理的基石,没有乡村的有效治理,就没有乡村的全面振兴。

"乡村治理"是从农村基层社会的角度审视"治理"内涵,它涉及乡村治理的主体、结构、目标、方式等不同维度,倡导乡村治理主体多元化、治理目标公共化以及治理过程自主化。乡村治理现代化是国家治理体系和治理能力现代化的重要组成部分,党的十九大报告明确提出,要加强农村基层基础工作,健全自治、法治、德治相结合的乡村治理体系。体系化是当代中国乡村治理的一个新方向,健全乡村治理体系更是新时期解决好传统乡村治理面临的新情况和新问题的客观现实需要。

"体系"指的是社会系统结构在权力与资源分布上的一种不平衡状态,它通常是一种"中心—边缘"结构。完善的乡村治理体系不仅仅是党组织和活跃在乡村社会中的多元主体,也是党建引领和自治、德治与法治这样的多元机制。总的来说,可以将乡村治理体系理解为是在农村地区,为实现乡村社会的稳定、发展、繁荣,由乡村党组织、自治组织、社会团体和村民等多元主体共同参与,通过制定和执行相关政策、法律法规、规章制度,以及开展各类公共服务和社会管理活动,所形成的一整套相对稳定且有效运行的制度、机制和组织的总和。乡村治理体系化的目标是要形成"党建引领"和"三治融合"的结构统一体,要将治理体系之"体"在乡村社会的最深处牢固地建立起来,以引领庞杂的乡村社会生活之"系"。

2. 我国乡村治理条件的变迁及其特征

一是农村社会结构深刻变动。农村人口结构快速变化，城乡人口双向流动，依靠熟人社会特征实施的传统治理模式，难以为继。农民逐步分化为农业劳动者、农民工、个体工商户、私营企业主、乡村企业管理者等不同群体，利益诉求和取向多样化。农民合作社、涉农企业、家庭农场等新型经济组织和村民事务理事会等社会组织加快发展、日趋多样，以血缘、亲缘、宗缘、地缘等特殊人际关系为纽带组成的非正式组织，从正反两方面起着不可忽视的作用。因此，农村社会不再是原来主要靠宗法伦理、乡规民约、道德礼俗等进行调控的熟人社会，必须健全乡村治理体系，通过制度创新来解决原有制度失灵、农村社会失范问题。

二是农村利益格局深刻调整。随着城乡融合发展的加快推进，在资源配置和要素流动过程中，势必涉及城乡利益的再分配、再调整。在农业产业链条不断延长，土地等资产资源不断增值的过程中，农村各类主体之间的利益关系更加复杂，利益冲突更加频繁。特别是小农户如何分享农业发展成果，防止被边缘化的要求更加迫切。如何有效构建农户参与现代产业经营体系，分享乡村经济社会现代化进程收益，成为新时代乡村治理需要集中解决的问题。必须健全乡村治理体系，从制度上理顺各种利益关系，平衡不同利益诉求，维护农村社会和谐稳定。

三是农民思想观念深刻变化。农民群众对人民美好生活需要日益广泛，不仅对物质文化生活提出了更高要求，而且在民主、法治、公平、正义、安全、环境等方面的要求日益增长；不再满足于增收致富、过上宽裕生活，还要求更多参与公共事务决策，依法主张和维护自身权益。因此，必须健全乡村治理体系，在保障农民群众合法权益的同时，积极引导农民群众树立正确的价值观，以健康向上的精神状态创造幸福生活。

随着乡村社会的变迁，我国乡村治理体系建设在治理主体、治理方式、实施路径和治理内容等方面都发生了深刻的变化，并呈现出一定的趋势特征。第一，治理主体多元化和广泛深入参与。第二，治理内容的广度、幅度、深度和力度正在向科学化、系统化、全面性推进。第三，治理方式更加多样化，特别是新科技的广泛应用大大提高了工作的灵活性和效率。第四，治理结构由垂直管理变为横向互动治理结构。

3. 构建我国现代乡村治理体系构建的困境与突破

随着新型城镇化、工业化进程的推进，我国工农城乡关系发生重大转变，乡村基层治理环境和基础条件也随之发生改变。一方面，乡村基层治理环境从过去相对封闭、单一的模式逐渐向开放、多元的方向发展，乡村人口结构、社会关系和资源分配等方面都发生了深刻变化。另一方面，乡村基层治理的基础条件出现了根本性的改变，交通设施的完善和信息网络的覆盖，使得乡村与外界的联系更加便捷紧密，打破了传统乡村信息闭塞的局限，而教育、医疗等公共服务资源的优化配置更是深刻影响着乡村治理的内涵与外延。这些变化为乡村治理带来新机遇的同时也对传统乡村治理体系提出新的挑战。一是传统乡村治理模式比较单一，而规范化、常态化和制度化的多元治理格局尚未形成，现代乡村治理体系的作用尚未得到充分发挥。二是农村党组织治理功能亟待强化，部分地区党组织发挥作用不充分，带头人素质能力难以适应乡村治理新要求。三是以村民为主体的自治机制尚不健全，村民自治参与度和积极性还不高。

没有乡村的有效治理，就没有乡村的全面振兴。步入新发展阶段，要准确把握新时代乡村社会治理的阶段性特征和现实性问题，进一步提升乡村治理效能。必须加快健全现代乡村治理体系，完善乡村基层治理组织架构，建立功能完备、运行有序、约束有效的乡村组织管理机构。要强化农村基层党组织建设，提高农村党组织的凝聚力和战斗力，加强农村基层党组织带头人队伍和农村党员队伍建设。完善党建引领下的自治、法治、德治"三治合一"乡村善治体系，形成多方共同参与的合作共治局面，激活治理机制的融合力。同时，鼓励基层自治单元创新，深化村民自治实践。

（二）提供公共服务

社区是社会治理系统的基础单元，是国家治理体系的微观细胞。随着经济社会的快速转型发展，特别是城镇化的大力推进，社区越来越多地承载了社会建设、公共服务在微观层面的兜底功能。

1. 农村社区公共服务内涵

农村社区也称乡村社区，它是指一种以地缘关系为联系纽带，以农业生产为依托，是一个独立的、有一定自然、社会、经济特征且职能比较齐全的社会单元体系。费孝通指出，我国传统的农村社区一般是以家庭为中心，社区居民间彼此都很熟悉，是一个相对封闭的具有乡土性的"熟人社会"。随着城乡融合和区域协调发展的深入推进，出现了新型农村社区，主要是由一个行政村或者多个行政村通过统筹规划、整合、建设而成。如何提高农村社区公共服务供给能力，从而推动农村社区建设新格局朝着共建共治共享的方向迈进，最终达到建设美丽乡村的目标，成为新时期乡村振兴工作的重点。

社会治理创新的基点在社区，而核心在服务。农村社区公共服务是由农村社区与公共服务二者有机融合而成，以农村社区为范围，为满足农村居民在生产、生活、文化、教育、医疗、养老等多方面的需求，由政府、社会组织、企业、社区本身及居民个人等多方主体共同参与，通过整合和利用社区内外的各种资源，用以改善农村生活环境、提高农民生活水平、促进农村社区良性发展等一系列活动的总和。它体现了乡村振兴战略下农村社区发展的方向和目标，是推动农村社区全面振兴的重要举措。

农村社区公共服务供给能力是衡量乡村治理的重要指标。农村社区提供的服务中，存在一些既不属于政府完全主导范围，也不完全依赖于市场机制来调节的服务，是对政府和市场具有补充作用的重要力量。这些服务具有更强的社区性、公益性和志愿性，旨在满足农村居民的多样化需求，提升他们的生活质量。一般而言，农村社区提供的公共服务包括社区自助与互助服务、社区文化与教育服务、社区健康与养老服务、社区环境与生态保护服务、社区安全与治安服务等。这些服务具有更强的针对性、灵活性和公益性，能够更好地满足农村居民的多样化需求，体现了农村社区的凝聚力和自治能力。

2. 农村社区公共服务的发展趋势与特征

一是服务内容多元化与专业化。多元化发展，农村社区提供的服务不再局限于传统的农业技术推广和基础设施维护，而是逐渐扩展到教育、医疗、养老、文化、体育等多个领域，满足了农村居民日益增长的多样化需求，提高了他们的生活质量。专业化提升，随着乡村振兴战略的深入实施，农村社区开始注重引入专业机构和人才，提升服务的专业化水平。如通过引进医疗团队、建立专业养老服务机构等方式，为农村居民提供更专业、更优质的服务。

二是服务供给方式的创新。政府与社会力量合作，政府通过购买服务、提供补贴等方式，引导社会组织、企业等社会力量参与提供农村社区服务，这种合作方式既减轻了政府的负担，又提高了服务的供给效率和质量。社区自治与居民参与，农村社区开始注重发挥自治组织的作用，鼓励居民积极参与社区服务的规划和实施。通过居民议事会、志愿服务等形式，增强了居民对社区服务的认同感和归属感。

三是信息化建设与智慧化发展。农村社区开始加强信息化建设，利用互联网、大数据等技术手段提升服务的便捷性和效率。随着物联网、人工智能等技术的普及，农村社区开始探索智慧化服务模式。通过智能设备、智能系统等方式，为农村居民提供更智能化、个性化的服务体验。

四是服务模式的创新与拓展。"社区＋社会组织"模式，以社区为依托，充分发挥社会组织的专业优势，为农村居民提供多样化的社会服务，这种模式实现了社区和社会组织的优势互补，提高了服务的质量和效果。"互联网＋农村社会服务"模式，利用互联网技术，打破时空限制，为农村居民提供便捷的社会服务。如通过发展乡村旅游、电子商务等产业，带动农村经济发展，同时为农村居民提供更多的就业机会和社会服务。

3. 农村社区公共服务供给困境及优化路径

随着现代化进程的推进，我国社会主要矛盾发生转变。在农村地区，农民美好生活需要日益广泛，不仅对物质文化生活提出了更高要求，而且在民主、法治、公平、正义、安全、环境等方面的要求日益增长。然而，由于财政资金投入有限且资源分配不均衡，加之农村社区各类公共服务类人才出现较大缺口，造成传统农村社区公共服务供给体系建设相对滞后，公共服务供给能力逐渐难以适应农民日益增长的美好生活需要。

因此，为适应新发展阶段乡村治理环境的变化，更好地满足广大农民日益增长的美好生活需要，必须健全乡村基层公共服务供给体系，持续提升乡村社区管理和公共服务供给能力，强化为人民服务的宗旨意识，确保政府调控举措和支农政策有效落实。要加大财政投入力度，优化财政资金分配，重点支持农村社区公共服务体系建设。建立政府与社会资本合作机制共同参与农村社区建设和服务运营，鼓励和引导社会资本通过市场化方式参与农村社区公共服务供给，提高服务质量和效率。

（三）实施社会管理

1. 乡村社区社会管理的内涵

乡村社区社会管理是乡村地区基层政府、社会组织、村民自治组织等多元主体，依据法律法规和政策规定，对乡村社区内的公共事务、社会关系、社会保障、生态环境保护、文化教育等进行的综合性管理和服务活动，其目标是维护乡村社会的稳定和谐，增进公正和秩序，促进乡村经济社会的全面发展，提高村民的生活质量和幸福感。在乡村振兴战略的背景下，探寻适合乡村社区的社会管理新模式成为必然选择。

随着乡村振兴战略的深入实施，乡村社区社会管理的重要性日益凸显。一是农村社会经济的快速发展。近年来，农业生产效率不断提高，农民收入持续增加，农村基础设施不断完善，为农村社区实施社会管理提供了良好的物质基础，同时农民的需求日益多样化，传统的管理模式已难以满足现实发展的需要。加强农村社区实施社会管理的功能，提升社区服务的质量和水平，成为当前农村社会管理的重要任务。二是农村人口结构发生了显著变化。大量青壮年劳动力向城市转移，导致农村人口老龄化问题日益突出，农村留守儿童、妇女和老人的数量不断增加，他们的生活和健康问题成为社会关注的焦点。这些变化对农村社区的社会管理提出了新的挑战，需要社区管理者在关注经济发展的同时，更加关注民生保障和社会福利。三是农村社会治理转型。随着农村社会的快速发展，传统的社会治理模式已难以适应新的形势和任务。加强农村社区实施社会管理功能，推动社会治理创新，成为提升农村社会治理水平的重要途径。通过完善管理制度和机制，提高管理效率和服务质量，可以推动农村社会治理向更加规范化、智能化、人性化的方向发展。同时，加强农村社区实施社会管理功能还可以促进农民自治意识和参与度的提升，推动农村社会治理的民主化和法治化进程。

乡村社区社会管理主要内容包括：一是公共事务管理。涉及基础设施建设、环境卫生整治等，确保乡村社区的基本生活条件和服务水平。二是协调社会关系。通过调解矛盾纠纷、促进邻里和谐等方式，协调村民之间的关系，维护乡村社会的稳定。三是提供教育、文化、体育等公共服务，丰富村民的精神文化生活，提高村民的文化素质和身体素质。四是完善自治制度。健全村民自治机制，完善村民会议、村民代表会议等自治组织，保障村民的知情权、参与权、表达权和监督权，推动村务公开、财务公开，增强社区治理的透明度和公信力。加强村规民约建设，引导村民自觉遵守社会公德、家庭美德和职业道德，规范村民行为，维护社区秩序，促进社区和谐。五是促进文化传承与创新。挖掘优秀传统农耕文化的思想观念、人文精神、道德规范，培育挖掘乡土文化人才，推动农耕文明优秀遗产与现代文明要素有机结合，促进乡村文化资源活化应用和乡村文化产业创新发展。

2. 乡村社区实施社会管理的挑战

乡村社区实施社会管理在提升乡村治理效能的同时，依然面临资源短缺、人才匮乏、社会结构复杂多变、矛盾纠纷多发以及多元主体协同治理难度大等问题。

一是资源短缺与人才匮乏。乡村社区往往面临资金、物资和技术等多方面的资源短缺问题，加上地理位置偏远、经济基础薄弱，乡村社区难以获得足够的财政支持和资源投入，导致基础设施建设滞后，公共服务供给不足。乡村社区由于工作环境和待遇相对较差，难以吸引和留住优秀人才，社区普遍缺乏高素质的管理人才和专业技术人才，导致乡村社区的管理水平和创新能力不足。同时，乡村社区教育和培训资源不足，农民缺乏接受教育和培训的机会，导致他们的知识和技能水平难以提升，限制了乡村社区的发展潜力。

二是社会结构复杂多变与矛盾纠纷多发。乡村社区的社会结构随着城乡一体化进程的推进而发生变化，传统的农业社会结构逐渐解体，新的社会阶层和群体不断涌现，如农民工、乡村企业家等。社会结构的复杂多变使得乡村社区的管理面临更大的挑战，不同社会阶层和群体之间的利益诉求与价值取向存在差异，容易导致矛盾和冲突。由于历史遗留问题、法律法规不完善以及农民法律意识淡薄等原因，土地、宅基地、邻里关系等方面的矛盾纠纷往往难以得到及时有效的解决，不仅影响了乡村社区的和谐稳定，也增加了管理的难度和成本。

三是多元主体协同治理难度大。乡村社区的社会治理涉及多个主体，包括政府、社会组织、企业和农民等，这些主体之间的利益关系复杂，难以形成统一的认识和行动。由于政府层级多、部门多，导致政策执行和资源配置存在碎片化问题。社会组织和企业等社会力量在乡村社区治理中的作用日益凸显，但他们的参与程度和影响力有限，难以形成有效的协同治理机制。乡村社区的协同治理机制尚不完善。政府、社会组织和企业等主体之间的合作方式与合作机制缺乏明确的规范和制度保障，导致各主体之间的沟通和协调存在困难，难以形成合力，容易导致资源的浪费和重复建设等问题。

3. 针对乡村社区社会管理面临问题的应对之策

一是加大资源投入和人才引育。政府应增加对乡村社区的财政支持，用于基础设施建设、公共服务供给和生态环境保护等方面。鼓励社会资本投入乡村社区建设，通过政策引导和税收优惠等措施，吸引更多企业和社会组织参与乡村社区发展。加大对乡村社区管理人才和专业技术人才的培养力度，通过培训、进修等方式提升他们的综合素质和业务能力。实施人才引进计划，吸引高素质人才到乡村社区工作，提供优厚的待遇和职业发展机会。

二是加强社会结构研究，完善矛盾纠纷调解机制。深入研究乡村社区的社会结构变化，了解不同社会阶层和群体的利益诉求与价值取向。制定针对性的政策和措施，满足不同社会阶层和群体的需求，促进乡村社区的和谐稳定。建立健全矛盾纠纷调解机制，加强人民调解、行政调解和司法调解的衔接和配合。加强对农民的法律宣传和教育，提高他们的法律意识和维权能力。

三是推动多元主体协同治理。明确政府、社会组织、企业和农民等主体在乡村社区治理中的职责和角色。政府发挥主导作用，加强政策制定和资源配置；社会组织和企业积极参与乡村社区建设和服务；农民应发挥主体作用，积极参与乡村社区治理。建立健全协同治理机制，加强各主体之间的沟通和协调。推动信息共享和资源整合，提高治理效率和效果。鼓励和支持社会组织和企业等社会力量参与乡村社区治理，形成政府主导、社会参与的治理格局。

随着乡村社会环境的变化，乡村社会的复杂性、不确定性增多，这客观上要求建立更有效的管理模式，来协调各方关系，确保社会生活秩序的稳定有序。乡村社会管理是乡村社会建设的重要内容，社会管理创新是推进社会建设的重要手段。因此，要推进社会管理创新，将社会管理建立在"以民为本"的基础上，更新社会管理理念，扩大社会管理主体，转变社会管理方式，将社会管理纳入法制轨道[①]。

---

① 孙立平：《走向积极的社会管理》，《社会学研究》2011 年第 4 期，第 22 页。

第二章

战略部署和政策框架

实施乡村振兴战略，是以习近平同志为核心的党中央着眼党和国家事业全局、顺应亿万农民对美好生活的向往，对新时代"三农"工作作出的重大决策部署。乡村振兴战略是一项国家层面的重大战略，推进乡村振兴是全国自上而下统一部署的全面行动。因此，在乡村振兴工作实践中，必须把握好实施乡村振兴的原则路径，完善乡村振兴战略的顶层设计和政策框架，确保乡村振兴战略的各项工作始终沿着正确航道前行。

一、实施背景

党的十九大报告指出，农业农村农民问题是关系国计民生的根本性问题，必须始终把解决好"三农"问题作为全党工作的重中之重，实施乡村振兴战略。以习近平同志为核心的党中央提出"实施乡村振兴战略"这一重要部署，是着眼党和国家事业全局作出的一项重大战略决策，具有深刻的历史背景和现实依据。

（一）我国农业农村发展的变迁历程

1. 社会主义革命和建设时期（1949—1978 年）

新中国成立前，中国 90％以上的人口都居住在乡村之中。新中国的成立，标志着一个新的历史时期的开始，社会主义革命和建设成为 1949 年至 1978 年这一时期的主题，中国乡村发展实践进入了新阶段。在这一时期，中国共产党在农村的主要任务是领导广大农民实现农业社会主义现代化，解决广大农民的"吃饭穿衣"问题。

新中国成立之初，面对一穷二白、百废待兴的局面，党中央提出坚持贯彻以农业为基础，以工业为主导的建设方针，大力发展国民经济，推动国家现代化建设。中国共产党领导人民在农村进行以土地为主要生产资料的社会主义改造，渐进式地通过初级社、高级社和人民公社的形式，将土地收归集体所有。通过土地改革和农业合作化，及时引导农民组织起来，互助合作，走社会主义集体化道路。到 1956 年年底，实现了由农民个体所有制向集体所有制的转变，农业社会主义改造基本完成，初步建立了农村集体经济制度。随后，国家提出农业增产的各项措施，实施以"土、肥、水、种、密、保、管、工"为主要内容的"八字宪法"，提高农业产量。1949—1978 年，全国共修建了大中小型水库 8.5 万座，粮食产量由1949 年的 1 132 亿千克增长到 1978 年的 3 047.5 亿千克，以只占全球 6％的水资源、10％的耕地，基本解决了占全球 22％的人口的温饱问题，同时农业和农村承担起了为中国工业化、城镇化提供资本积累的主要角色[①]。

2. 改革开放和社会主义现代化建设新时期（1979—2002 年）

20 世纪 70 年代末至世纪之交是我国改革开放和社会主义现代化建设新时期。自 1978 年改革开放以来，社会经济的快速发展和工业化、城镇化的加速推进使中国农业生产、农村生态、农民生活发生了深刻变化。

到了 20 世纪 70 年代末期，中国的工业体系逐步建立，重工业基础完备，轻工业生产能力显著增加，具备了建成一个工业化、现代化国家的基础。在此背景下，继续延续计划经济的体制和发展模式已经不能维持国家的持续发展，不仅农业和农村发展水平很低，而且工业发展的动力也会逐步枯竭，经济社会发展亟待一场深刻的变革。

20 世纪 70 年代末、80 年代初的农村改革拉开了中国改革大幕。自

---

① 唐任伍，唐堂，李楚翘：《中国共产党成立 100 年来乡村发展的演进进程、理论逻辑与实践价值》，《改革》2021 年第 6 期，第 27 页。

1979年中国农村开启经济体制改革后，家庭联产承包责任制的实施赋予农民土地使用权。与农村经济体制改革相适应的是农村政治制度的改革即实现政社分开，公社一般改为乡，设乡人民政府；大队一般改为行政村，设村民委员会，而原生产队改为村民小组。在同一时期，国家通过经济的非等价交换和工农产品的"剪刀差"积累城市建设资金。改革开放后，以城市偏向的发展战略不断拉大城乡差距，农民的生活水平提高缓慢甚至停滞。

1982年至1986年，连续5年的中央1号文件都以农业农村工作为主题。党的十一届四中全会通过的《中共中央关于加快农业发展若干问题的决定》，以中央文件的方式肯定了广大农民"家庭联产承包责任制"这一创举。1983年的中央1号文件明确指出，家庭联产承包责任制是农村改革的主要方向，农村经济体制改革促使乡村建设进入新纪元，推动了新中国的历史发展进程。1985年1月，中共中央、国务院印发《关于进一步活跃农村经济的十项政策》，决定除个别品种外，国家不再向农民下达农产品统购任务，农产品实行多渠道经营。此后，农产品市场逐步放开，农村市场机制逐步建立起来并不断完善。中央关于"三农"工作连续出台的1号文件对于推动农村经济体制改革起到了重要推动作用，同时也为农村带来了活力。

这一时期中国农村发展的变迁历程，重点围绕家庭联产承包责任制的实施、农产品市场化改革以及农村经济体制改革稳步推进。一是1978年中国开始试行家庭联产承包责任制，这一制度的核心是将土地的使用权、生产决策权和收益分配权下放给农户。土地依然归集体所有，但农户获得了土地的长期使用权，可以自主决定生产计划和作物种植，极大地激发了农民的生产积极性。二是农产品市场化改革，国家逐步减少了对农产品的计划收购，增加了农民可以自主处置的农产品种类和数量，使农民有更多的自由参与市场交易，增加了他们的收入。同时国家提高了对农产品的收购价格，逐步向市场价格靠拢，这不仅增加了农民的收入，还改善了农产品市场的供求关系。到20世纪90年代初期，农村市场经济体系基本建立。国家逐步退出了对农业生产的直接控制，市场在资源配置中的作用日益增强。农民能够更自由地进入市场，进行农产品的生产和销售。三是农村经济体制改革。随着家庭联产承包责任制的推行和市场化改革的深入，农业生产力得到了极大的解放。农民在生产上的积极性显著提高，农业生产结构趋于多样化，各种经济作物、畜牧业和水产业迅速发展，农产品的种类和数量显著增加。改革开放后，农民的收入水平显著提高，得益于农产品价格逐渐向市场价格靠拢，农民能够从中获得更高的经济收益，并且随着农业生产的多样化，农民的收入来源更加丰富，不再局限于传统的粮食种植，畜牧业、经济作物、乡村旅游等新兴产业成为农民增收的重要途径。四是农村经济的全面发展。这一时期，农村地区的基础设施和社会服务有所改善，教育、医疗等公共服务逐步提高，农村居民的生活水平显著改善。农村市场体系的建立和经济体制的改革，促进了农村经济的全面发展，为中国的现代化建设奠定了坚实的基础。

到 20 世纪 90 年代中后期，农村市场经济体系基本建立起来，国家全面退出对农业生产的控制，让位于农民和市场。经济体制改革极大地解放了农业生产力，农业增长非常迅速，农业生产结构大幅拓展，农产品产量大幅增长，基本实现了供求平衡，农民收入水平显著提高，相应地农民生活水平大幅改善。在这一时期，国家推广科学种田，科学使用化肥、农药，实施作物种子革命，粮食产量自 1984 年突破 4 亿吨以后，1996 年突破 5 亿吨，连续上了新台阶，成为世界上最大的粮食生产国，以不足世界 7%的耕地面积，解决了世界 22%人口的吃饭问题，实现了中国人的饭碗里装上中国人的粮食的目标。农村居民家庭人均可支配收入从 1978 年的 165 元到 1999 年的 3 948 元。农村尚未解决温饱问题的贫困人口由 1978 年的 2.5 亿人减少到 2000 年的 3 000 万人，农村贫困发生率从 30.7%下降到 3%左右。

改革开放后的现代化建设初期，党和国家以解决温饱和建设小康社会为目标，采取了大量加快农业农村发展的措施，努力改善落后贫穷的状况，但是，农业农村的边缘地位并未得到根本性改变。这一时期乡村发展的重点在于推进体制机制改革和政策制度创新以发挥市场在资源配置中的基础性作用，进而促进城乡要素流动，解放农村生产力，推进粮食生产，解决农村普遍存在的温饱不足问题，同时为工业化、城镇化提供原始资本积累。虽然这一阶段的粮食生产基本告别了短缺时代，但是结构性剩余和不足的矛盾依旧突出。受二元结构的影响，农业剩余被过多地转移到工业和城市，形成城市对乡村、工业对农业的剥夺，对内改革的重心逐渐由乡村转移到城市[①]。

3. 统筹城乡发展和社会主义新农村建设阶段（2003—2012 年）

2003 年至 2012 年党的十八大召开前夕，是我国统筹城乡经济社会发展与社会主义新农村建设时期。在此阶段，我国农村经济社会发展出现重要转折，农村市场体系进一步完善，农村发展方式发生明显转变。

21 世纪初，在解决温饱的基础上，中国总体上已进入以工补农、以城带乡的发展阶段，初步具备加大力度解决"三农"问题的能力和条件。党的十六大报告首次提出"统筹城乡经济社会发展"的重大战略思想，开启了破除城乡二元体制的历史进程。在这一阶段，党中央把"三农"问题作为全党工作的重中之重，以"多予、少取、放活"作为解决"三农"问题的指导思想，坚持统筹城乡经济社会发展，实行"工业反哺农业、城市支持农村"的方针，促进城乡公共资源均衡配置、城乡要素平等交换，扎实推进社会主义新农村建设，推动我国农业支持保护取得了长足发展。

从 2004 年开始，我国粮食生产稳步发展，实现粮食连续四年增产，农民收入有了恢复性增长。2006 年 1 月 1 日，我国取消了农业税，从根本上减轻了农民负担，并逐渐建立起国家对"三农"的支持和保护制度。比如，对粮食实行直补、农机、良种、生产资料综合补贴以及最低收购价政策，增加财政对"三农"的投入；加强耕地保护，设立保持耕地总量 18 亿亩的"红线"；加强农村基础设施建设，改善生态环境；完善农村社

---

① 黄少安：《改革开放 40 年中国农村发展战略的阶段性演变及其理论总结》，《经济研究》2018 年第 12 期，第 4 页。

会保障制度，等等。

2008 年 10 月，中国共产党第十七届中央委员会第三次全体会议通过的《中共中央关于推进农村改革发展若干重大问题的决定》指出，我国总体上已进入以工促农、以城带乡的发展阶段，进入加快改造传统农业、走中国特色农业现代化道路的关键时刻，进入着力破除城乡二元结构、形成城乡经济社会发展一体化新格局的重要时期，并对进一步推进农村改革发展作出了全面部署。

4. 中国特色社会主义新时代阶段（2012 年至今）

党的十八大以来，以习近平同志为核心的党中央，坚持把解决好"三农"问题作为全党工作重中之重，持续加大强农惠农富农政策支持力度，建立健全城乡融合发展体制机制和政策体系，全面深化农村改革，稳步实施乡村振兴战略，我国"三农"事业发展迈入新时代。

中国特色社会主义进入新时代，我国社会主要矛盾转变为"人民日益增长的美好生活需要和不平衡不充分的发展之间的矛盾"。习近平总书记高瞻远瞩地提出了新时代"三农"发展新战略，就如何推进现代农业、促进农民增收、深化农村改革等提出了一系列战略性、前瞻性、创造性观点和要求。党的十九大正式提出实施乡村振兴战略，继而在 2018 年中央1 号文件中明确了走"中国特色社会主义乡村振兴道路"，成为新时代我国乡村发展的新指南。在新发展阶段，党中央提出按照"产业兴旺、生态宜居、乡风文明、治理有效、生活富裕"的乡村振兴总要求，加快农业农村现代化。这是以习近平同志为核心的党中央顺应亿万农民对美好生活的向往，对"三农"工作作出的重大决策部署。

乡村振兴战略开启了我国农业农村现代化的新征程。习近平总书记关于"三农"工作的重要论述是习近平经济思想的重要组成部分。在此指引下，我国农业支持保护政策体系不断完善，强农惠农富农政策力度不断加大，现代农业建设成就辉煌，农村面貌明显改善，农民生活质量显著提高，开辟了中国特色社会主义"三农"事业发展的新境界。

（二）实施乡村振兴战略的重要意义

民族要复兴，乡村必振兴。全面建成小康社会和社会主义现代化强国，最艰巨最繁重的任务在农村，最广泛最深厚的基础在农村，最大的潜力和后劲也在农村。实施乡村振兴战略，是决胜全面建成小康社会、全面建设社会主义现代化国家的重大历史任务，是新时代"三农"工作的总抓手。

新时代我国人民日益增长的美好生活需要和不平衡不充分的发展之间的矛盾在乡村最为突出，我国仍处于并将长期处于社会主义初级阶段的特征很大程度上表现在乡村。破解新时代的新矛盾，亟待补齐农业农村发展滞后这块短板，为全面建成小康社会和实现社会主义现代化奠定坚实基础。在这一时代背景下，乡村振兴战略的适时提出，对于解决当前阶段农业农村发展中的短板和矛盾、破解中国发展不平衡不充分问题、扎实推进建设社会主义现代化强国具有深远意义。

第一，实施乡村振兴战略有利于优化农业增长方式，推动农业转型升级。农业是国民经济的基础，中国传统农业以小农经济为主，生产方式粗放，依赖劳动力投入程度高，机械化水平低。传统农业模式具有一定的局限性，难以适应现代市场经济的需求。通过实施乡村振兴战略，深化农业供给侧结构性改革，构建现代农业产业体系、生产体系、经营体系，有利于推动农业从增产导向转向提质导向，能够极大地提高农业质量效益和竞争力，为农业持续高质量增长提供坚实保障。

第二，实施乡村振兴战略有利于完善农村发展模式，提升农村发展效能。长期以来，乡村产业发展基础薄弱、内生动力不足，产业结构单一、三产融合水平低。农民在土地承包权、集体经济权益等方面的保障不充分，限制了乡村经济发展。乡村振兴战略强调要促进现代农业和多元化产业的发展，鼓励发展乡村旅游、农产品加工业等乡村产业，实现农村一二三产业深度融合发展，提升农村经济发展活力。通过实施乡村振兴战略，一方面，持续深化农村改革，促进农村土地等资源优化配置，盘活利用集体经营性资产，能够为乡村发展提供保障和动力；另一方面，持续加强农村生产性基础设施建设，能够为乡村发展提供更好的发展条件。

第三，实施乡村振兴战略有利于推动结构协调变迁，促进城乡融合发展。在改革开放以来的快速城镇化进程中，城乡二元结构问题凸显，农村在经济发展和公共资源配置方面长期处于劣势，城乡基础设施和公共服务方面差距明显。通过实施乡村振兴战略，加快构建工农城乡协调发展的新格局，促进生产要素和公共资源合理配置，不仅有利于工农城乡之间的互促发展，推动经济结构优化调整，为中国经济社会全面进步提供动力；还有利于推动城乡基础设施和公共服务均衡发展，缩小城乡发展差距，提升农村居民生产生活水平，增强农村可持续发展能力。

第四，实施乡村振兴战略有利于改善乡村生态环境，推动农业绿色发展。乡村振兴，生态宜居是关键。良好的生态环境是乡村的最大优势和宝贵财富，也是乡村振兴的底色，能够为乡村发展提供特殊的生态功能价值。长期以来，农业生产过程中过度使用化肥、农药，导致土壤退化、水资源污染等环境问题，加剧了生态系统的脆弱性，资源与环境面临巨大压力。实施乡村振兴战略是美丽中国建设的关键举措，亦是推进农业高质量绿色发展的重要途径。乡村振兴战略重视生态环境保护和农业绿色发展。通过实施乡村振兴战略，统筹山水林田湖草系统治理，加快推行乡村绿色发展方式，加强农村人居环境整治，减少农业面源污染，有利于构建人与自然和谐共生的乡村发展新格局，推动农业绿色高质量发展，实现百姓富与生态美的统一。

第五，实施乡村振兴战略有利于健全基层治理格局，实现乡村和谐稳定。社会治理的基础在基层，薄弱环节在乡村。实施乡村振兴战略是健全乡村社会治理格局的固本之策。一是通过健全乡村社区治理机制，提高农村社会治理能力，促进乡村社会和谐稳定发展；二是通过推广运用现代化的数字技术，创新乡村治理模式，提高乡村治理效能；三是通过加强农村精神文明建设，倡导文明新风，促进道德水平提高，提升农村社会文明程度；四是通过健全基层法治体系和法律服务，加强法治乡村建设，提升农民法治意识，增强依法治理的能力。

二、战略布局

乡村振兴战略是新时代中国特色社会主义绘制"三农"发展新蓝图的顶层战略，是新时代"三农"工作的总抓手。因此，在乡村振兴的工作实践中，必须把握好全面推进乡村振兴的战略部署，要清晰把握乡村振兴战略的"四梁八柱"，准确理解乡村振兴战略的总体要求、目标任务、路径模式和保障机制。

（一）总体要求

乡村振兴是包括产业振兴、人才振兴、文化振兴、生态振兴、组织振兴的全面振兴，实施乡村振兴战略的总目标是农业农村现代化，总方针是坚持农业农村优先发展，总要求是产业兴旺、生态宜居、乡风文明、治理有效、生活富裕，制度保障是建立健全城乡融合发展体制机制和政策体系。党的十九大报告作出实施乡村振兴战略的重大决策部署，强调坚持农业农村优先发展，加快推进农业农村现代化。党的十九大之后的首个中央1号文件——《中共中央 国务院关于实施乡村振兴战略的意见》，从指导思想、目标任务和基本原则等方面明确了实施乡村振兴战略的总体要求。党的二十大报告提出，全面推进乡村振兴，意味着实施乡村振兴战略进入了新阶段。党的二十届三中全会审议通过的《中共中央关于进一步全面深化改革 推进中国式现代化的决定》，明确提出，要运用"千万工程"经验，健全推动乡村全面振兴长效机制。党中央关于乡村振兴战略的一系列重要部署，充分体现了党中央对"三农"事业的高度关注，为新时代"三农"工作明确了战略要求和主攻方向。

1. 乡村振兴战略的总方针

党的十九大报告提出实施乡村振兴战略，强调坚持农业农村优先发展。2018年中央1号文件对坚持农业农村优先发展提出了原则要求，

2019年中央1号文件作出了系统全面部署，硬化实化了坚持农业农村优先发展的政策安排。2019年两会期间，习近平总书记参加河南代表团审议时指出，实施乡村振兴战略的总目标是农业农村现代化，总方针是坚持农业农村优先发展。实施乡村振兴战略，就是要着力解决好城乡发展不平衡、农村发展不充分问题，逐步缩小城乡发展差距，实现城乡经济社会发展一体化。要不断缩小城乡发展差距，就必须加快农业农村发展，使农业农村发展在速度上快于城市，只有这样，城乡发展差距才能得到不断缩小。而要加快农业农村发展，让农业农村发展在速度上超过城市，就必须在政策上坚持农业农村优先发展。所以，农业农村优先发展是全面推进乡村振兴的重要政策保证。

习近平总书记强调，把农业农村优先发展的要求落到实处，要在干部配备上优先考虑，在要素配置上优先满足，在资金投入上优先保障，在公共服务上优先安排。这为落实农业农村优先发展划出了重点、明确了方向。

加强党对"三农"工作的集中统一领导，在干部配备上优先考虑。党管农村工作，是我们最大的政治优势。坚持农业农村优先发展，必须全面加强党对"三农"工作的集中统一领导，特别是在干部配备上优先考虑"三农"事业需要。中央明确要求，各级党委和政府主要领导干部要懂"三农"工作、会抓"三农"工作，分管领导要真正成为"三农"工作的行家里手。要认真落实五级书记抓乡村振兴的要求，建立市县党政领导班子和领导干部实绩考核制度，压实市县两级的责任，特别是推动县委书记把主要精力和工作重心放在农村工作上，当好乡村振兴"一线总指挥"。要把到农村一线锻炼作为培养干部的重要途径，将优秀干部充实到"三农"战线和基层一线，抓实建强农村基层党组织，真正把农村基层党组织建成坚强战斗堡垒。

健全城乡要素合理流动体制机制，在要素配置上优先满足。近年来，我们在统筹城乡发展方面取得了积极进展，但城乡要素合理流动的体制机制还没有完全建立起来，渠道还没有完全打通，要素不平等交换问题还比较突出，农村人才、资金和土地还在大量流入城市，农业农村"失血"问题仍很严重。坚持农业农村优先发展，必须强化制度性供给和政策安排设计，破除阻碍要素自由流动、平等交换的体制机制壁垒，改变资源要素向城市单向流动格局，构建城乡互补、全面融合、共享共赢的互利互惠机制，让土地、人才、资金、技术、科技等各类发展要素更多流向农业农村。

加大公共财政倾斜支持力度，在资金投入上优先保障。将优先发展真正落到实处，补上我国农业农村发展多年的欠账，急需大量真金白银的投入。农业农村建设面广量大，很多项目都是公益性的，社会效益明显高于经济效益，少数有回报的也是投入大、周期长、回本慢，必须发挥公共财政资金的主渠道作用。为此，要坚持把农业农村作为财政优先保障领域和金融优先服务领域，加大公共财政倾斜力度，提高土地出让收益用于农业农村的比例，确保投入力度不断增强，总量不断增加。同时，加快涉农资金统筹整合，集中力量办大事，发挥好财政资金"四两拨千斤"的作用，撬动更多社会资金配置到农业农村。

补齐基础设施短板，在公共服务上优先安排。城乡差距大，最直观、农民反映最强烈的，还是基础设施建设和公共服务水平的落差。这既是农业农村优先发展必须优先补齐的突出短板，也是影响农民群众获得感、幸福感、安全感的主要痛点。坚持农业农村优先发展，要把公共基础设施建设的重点放在农村，推动公共服务资源更多向农村倾斜，持续改善路、水、电、物流等基础条件，逐步实现城乡基础设施共建共享、互联互通，全面提升农村科教文卫体、养老社保等公共服务水平，努力推进城乡基本公共服务标准统一、制度并轨，从形式上的普惠向实质上的公平转变，让农民在农村就可以享受到优质的公共服务资源，过上与城里人一样的日子。

2. 乡村振兴战略的总要求

党的十九大报告明确提出，要坚持农业农村优先发展，按照产业兴旺、生态宜居、乡风文明、治理有效、生活富裕的总要求，建立健全城乡融合发展体制机制和政策体系，加快推进农业农村现代化。

乡村振兴总要求的这五句话 20 个字内容十分丰富，既包含了生产，又包含了生活、生态；既包含了经济基础，又包含了上层建筑；既包含了物质和自然，又包含了人文和社会；既包含了物质文明，又包含了精神文明、社会文明和生态文明，涵盖了中国特色社会主义事业"五位一体"总体布局的经济建设、政治建设、文化建设、社会建设、生态文明建设以及党的建设等各个方面。这五个方面的总要求响应了农业农村工作的现实需求和广大农民的热切期盼，系统回答了乡村振兴要达到什么样的水平、怎么样达到这样的水平等一系列问题，是我们在实施乡村振兴战略过程中开展各项工作的重要遵循。

乡村振兴，产业兴旺是重点。就是要大力发展农村物质生产，大力发展农村经济，提高农村物质生产水平，实现农业现代化，为乡村振兴提供坚实的物质基础，是解决农村一切问题的前提。只有产业兴旺了，农民才能有好的就业、高的收入，农村才有生机和活力，乡村振兴才有强大的物质基础。

乡村振兴，生态宜居是关键。良好的生态环境，既是乡村振兴要实现的重要基础，又是乡村振兴顺利推进的内在要求，同时也是农村的最大优势和宝贵财富。实现生态宜居，必须尊重自然、顺应自然、保护自然，牢固树立和践行"绿水青山就是金山银山"理念。

乡村振兴，乡风文明是保障。乡村振兴，既要"塑形"，也要"铸魂"。乡风文明体现了农耕文明和现代文明的有机结合，是维系农情、乡情、亲情的重要纽带，也是治理有效、生活富裕的精神支持，是乡村振兴的紧迫任务。

乡村振兴，治理有效是基础。农村稳定关乎广大农民切身利益，保持农村社会和谐稳定、安定有序，为广大农民提供一个和谐安定的生产和生活环境，是乡村振兴要实现的一个重要目标，是推进国家治理体系和治理能力现代化的根本要求，也是构建社会主义和谐社会的必要条件。

乡村振兴，生活富裕是根本。广大农民对美好生活的向往是推动乡村振兴的动力，维护广大农民根本利益、促进广大农民共同富裕是推动乡村振兴的出发点和落脚点。生活富裕就是千方百计增加农民收入，解决好农民群众最关心最直接最现实的利益问题，加强农村民生建设，让广大农民的日子越来越有奔头。

3. 乡村振兴战略的制度保障

实施乡村振兴战略的制度保障是建立健全城乡融合发展体制机制和政策体系。党的十九大报告提出，实施乡村振兴战略，要建立健全城乡融合发展体制机制和政策体系。关于如何建立健全城乡融合发展的体制机制和政策体系，2019 年党中央发布的《中共中央 国务院关于建立健全城乡融合发展体制机制和政策体系的意见》，对建立健全城乡融合发展的体制机制和政策体系作出了明确部署和安排。党的二十届三中全会通过的《中共中央关于进一步全面深化改革 推进中国式现代化的决定》指出，城乡融合发展是中国式现代化的必然要求。必须统筹新型工业化、新型城镇化和乡村全面振兴，全面提高城乡规划、建设、治理融合水平，促进城乡要素平等交换、双向流动，缩小城乡差别，促进城乡共同繁荣发展。要健全推进新型城镇化体制机制，巩固和完善农村基本经营制度，完善强农惠农富农支持制度，深化土地制度改革。这些战略部署和改革举措为新征程上推进农业农村高质量发展指明了方向。

一是健全推进新型城镇化体制机制。城镇化是现代化的必由之路。2023 年末，我国常住人口城镇化率为 66.16%，户籍人口城镇化率比常住人口城镇化率低近 18 个百分点，涉及 2.5 亿多人，其中绝大多数是农村流动人口，推进新型城镇化建设还有很大潜力。加快农业转移人口市民化。深化户籍制度改革，放开放宽除个别超大城市外的落户限制，因地制宜促进农业转移人口举家进城落户。建立新增城镇建设用地指标配置同常住人口增加协调机制，健全由政府、企业、个人共同参与的农业转移人口市民化成本分担机制。依法维护进城落户农民的土地承包权、宅基地使用权、集体收益分配权，探索建立自愿有偿退出的办法，消除进城落户农民后顾之忧。推行由常住地登记户口提供基本公共服务制度。按照常住人口规模和服务半径统筹优化基本公共服务设施布局，稳步提高基本公共服务保障能力和水平，推动符合条件的农业转移人口社会保险、住房保障、随迁子女义务教育等享有同迁入地户籍人口同等权利，加快农业转移人口市民化。推进县域城乡公共服务一体配置，提升县城市政公用设施建设水平和基本公共服务功能，提高乡村基础设施完备度、公共服务便利度、人居环境舒适度。优化城镇化空间布局和形态。健全城市规划体系，引导大中小城市和小城镇协调发展、集约紧凑布局。加快转变城市发展方式，推动形成超大特大城市智慧高效治理新体系。深化赋予特大镇同人口和经济规模相适应的经济社会管理权改革。建立可持续的城市更新模式和政策法规，深化城市安全韧性提升行动。

二是巩固和完善农村基本经营制度。农村基本经营制度是党的农村政策的基石。实践证明，农村基本经营制度符合生产力发展规律，顺应广大农民需求，是一项符合我国国情农情的制度安排，必须始终坚持、毫不动摇。深化承包地所有权、承包权、经营权分置改革。有序推进第二轮土地承包到期后再延长30年试点，坚持"大稳定、小调整"，确保绝大多数农户原有承包地继续保持稳定。稳定农村土地承包关系，健全承包地集体所有权行使机制。完善农业经营体系。发展农业适度规模经营，完善承包地经营权流转价格形成机制，促进农民合作经营。推进新型农业经营主体提质增效，推动新型农业经营主体扶持政策同带动农户增收挂钩。健全便捷高效的农业社会化服务体系，创新组织形式和服务模式，扩展服务领域和辐射范围。发展新型农村集体经济。强化农村集体经济组织管理集体资产、开发集体资源、发展集体经济、服务集体成员等功能作用，构建产权明晰、分配合理的运行机制，赋予农民更加充分的财产权益。因地制宜探索资源发包、物业出租、居间服务、经营性财产参股等多样化途径发展新型农村集体经济，提高集体经济收入，带动农民增收。

三是完善强农惠农富农支持制度。当前，农业基础还比较薄弱，农村发展仍然滞后，必须不断加大强农惠农富农政策力度，确保人力投入、物力配置、财力保障等与乡村振兴目标任务相适应。加快健全种粮农民收益保障机制。全方位夯实粮食安全根基，推动粮食等重要农产品价格保持在合理水平，保障粮食等重要农产品稳定安全供给。统筹建立粮食产销区省际横向利益补偿机制，在主产区利益补偿上迈出实质步伐。统筹推进粮食购销和储备管理体制机制改革，建立监管新模式。优化农业补贴政策体系。坚持将农业农村作为一般公共预算优先保障领域，创新乡村振兴投融资机制。从价格、补贴、保险等方面强化农业支持保护政策，进一步提高政策精准性和有效性。发展多层次农业保险，健全政策性保险、商业性保险等农业保险产品体系，推动农业保险扩面、增品、提标，更好满足各类农业经营主体多元化保险需求。完善覆盖农村人口的常态化防止返贫致贫机制。推动防止返贫帮扶政策与农村低收入人口常态化帮扶政策衔接并轨，建立农村低收入人口和欠发达地区分层分类帮扶制度。建立以提升发展能力为导向的欠发达地区帮扶机制，促进跨区域经济合作和融合发展。加强涉农资金项目监管，健全脱贫攻坚国家投入形成资产的长效管理机制。引导生产要素向乡村流动。壮大县域富民产业，构建多元化食物供给体系，培育乡村新产业新业态。引导金融机构把更多金融资源配置到农村经济社会发展的重点领域和薄弱环节，强化对信贷业务以县域为主的金融机构货币政策精准支持。实施乡村振兴人才支持计划，有序引导城市各类专业技术人才下乡服务。运用"千万工程"经验，健全推动乡村全面振兴长效机制。

四是深化土地制度改革。土地是发展的重要资源，人多地少是我国的基本国情。完善城乡融合发展体制机制，必须毫不动摇坚持最严格的耕地保护制度和节约集约用地制度，优化土地利用结构，提高土地利用效率。严格保护耕地。健全耕地数量、质量、生态"三位一体"保护制度体系，改革完善耕地占补平衡制度，各类耕地占用纳入统一管理，完善补充耕地质量验收机制，确保达到平衡标准，坚决守住耕地红线。加大高标准农田投入和管护力度，提高建设质量和标准，完善高标准农田建设、验收、管理机制，确保建一块、成一块。健全保障耕地用于种植基本农作物管理体系，优先保障粮食等重要农产品生产。盘活闲置土地资源。允许农户合法拥有的住房通过出租、入股、合作等方式盘活利用。有序推进农村集体经营性建设用地入市改革，健全土地增值收益分配机制。优化土地管理。健全同宏观政策和区域发展高效衔接的土地管理制度，提高土地要素配置精准性和利用效率，优先保障主导产业、重大项目合理用地。优化城市工商业土地利用，加快发展建设用地二级市场，推动土地混合开发利用、用途合理转换，盘活存量土地和低效用地。

（二）目标任务

实施乡村振兴战略的总目标是农业农村现代化，具体来看，包括实现乡村产业振兴、人才振兴、文化振兴、生态振兴、组织振兴的五项任务。"五大振兴"是相互联系、相互支撑、相互促进的有机统一整体，要统筹部署、协同推进，抓住重点、补齐短板，强调精准、因地制宜，提高推进乡村全面振兴的效力效能。

1. 乡村振兴战略的总目标

实施乡村振兴战略的总目标，即"农业农村现代化"。党的十九大报告提出，实施乡村振兴战略，要按照产业兴旺、生态宜居、乡风文明、治理有效、生活富裕的总要求，加快推进农业农村现代化。农业农村现代化是全面建设社会主义现代化国家的重要内容。没有农业农村现代化，国家现代化是不全面、不完整、不牢固的。从目前情况看，农业农村现代化明显滞后，是现代化强国建设的一个突出短板。实施乡村振兴战略，必须紧紧瞄准农业农村现代化这个总目标，确保农业农村现代化如期实现。

2. 乡村振兴战略"三步走"时间表

按照党的十九大提出的决胜全面建成小康社会、分两个阶段实现第二个百年奋斗目标的战略安排，2018年中央1号文件明确了实施乡村振兴战略的目标任务，即乡村振兴战略"三步走"时间表。

到2020年，乡村振兴取得重要进展，制度框架和政策体系基本形成。农业综合生产能力稳步提升，农业供给体系质量明显提高，农村一、二、三产业融合发展水平进一步提升；农民增收渠道进一步拓宽，城乡居民生活水平差距持续缩小；现行标准下农村贫困人口实现脱贫，贫困县全部摘帽，解决区域性整体贫困；农村基础设施建设深入推进，农村人居环境明显改善，美丽宜居乡村建设扎实推进；城乡基本公共服务均等化水平进一步提高，城乡融合发展体制机制初步建立；农村对人才吸引力逐步增强；农村生态环境明显好转，农业生态服务能力进一步提高；以党组织为核心的农村基层组织建设进一步加强，乡村治理体系进一步完善；党的农村工作领导体制机制进一步健全；各地区各部门推进乡村振兴的思路举措得以确立。

到 2035 年，乡村振兴取得决定性进展，农业农村现代化基本实现。农业结构得到根本性改善，农民就业质量显著提高，相对贫困进一步缓解，共同富裕迈出坚实步伐；城乡基本公共服务均等化实现，城乡融合发展体制机制更加完善；乡风文明达到新高度，乡村治理体系更加完善；农村生态环境根本好转，美丽宜居乡村基本实现。

到 2050 年，乡村全面振兴，农业强、农村美、农民富全面实现。

关于乡村振兴蓝图的第一步目标已经实现，第二步和第三步目标正在实施进程中，必将成为美好现实。

3. 乡村振兴战略的五大任务

习近平总书记强调，要坚持乡村全面振兴，抓重点、补短板、强弱项，实现乡村产业振兴、人才振兴、文化振兴、生态振兴、组织振兴，推动农业全面升级、农村全面进步、农民全面发展。这一科学论断，为制定清晰明确的乡村振兴任务书和路线图指明了基本方向，提供了行动指南。

（1）产业振兴

产业发展是乡村振兴的物质基础，没有物质基础，乡村就难以实现振兴。所以，全面推进乡村振兴，必须把产业振兴作为重中之重。要紧紧围绕加快农业现代化，着力抓好乡村产业振兴的两个基本点。一是发展现代农业，加快建设现代农业的产业体系、生产体系、经营体系，着力推进农业生产条件现代化、农业生产手段现代化、农业生产技术现代化、农业生产过程现代化、农业生产管理现代化。二是发展乡村产业，加快发展农产品加工业和流通业、农村生产性和生活性服务业、休闲农业和乡村旅游业、一二三产业融合型业态，延长农业产业链条，拓展农业和农村价值功能。由于农业是乡村产业的主体，是国民经济的基础，发展现代农业就成为乡村产业振兴的重中之重。

（2）人才振兴

人才振兴是乡村振兴的成败关键。乡村振兴，关键在人。要紧紧围绕打造乡村振兴人才队伍，加快培养农业生产经营人才，加快培养农村二三产业发展人才，加快培养乡村公共服务人才，加快培养乡村治理人才，加快培养农业农村科技人才，大力培养本土人才，引导城市人才下乡，推动专业人才服务乡村，吸引各类人才在乡村振兴中建功立业，健全乡村人才工作体制机制，强化人才振兴保障措施，培养造就一支懂农业、爱农村、爱农民的"三农"工作队伍，为全面推进乡村振兴、加快农业农村现代化提供有力人才支撑。

（3）文化振兴

文化振兴是乡村振兴的魂脉所系。要紧紧围绕实现乡风文明、文化繁荣，大力加强农村社会主义精神文明建设，大力发展农村社会主义先进文化，大力弘扬农村传统优秀文化，大力发展农村公共文化，大力丰富农民群众文化生活，大力培育农村优良风尚，大力提高农民思想道德素质和文化综合素质，增强农村文化吸引力和感召力，增强乡村社会内在活力和凝聚力，推动农村文化繁荣，实现乡村文化振兴。

（4）生态振兴

生态振兴是乡村振兴的形貌所托。要紧紧围绕实现环境优美、宜居宜业，加强农村生态环境保护和建设，加强农村公共卫生环境改造和整治，加强农民住房建设规划管理和整治，加强农村道路、供水、能源、通信等基础设施建设，加强农家院落改造和美化，有效提升村容村貌，形成优美乡村风貌。

（5）组织振兴

组织振兴是乡村振兴的重要保障。要紧紧围绕治理有效、组织和服务农民，建立健全党委领导、政府负责、社会协同、公众参与、法治保障、科技支撑的现代乡村社会治理体制，健全党组织领导的自治、法治、德治相结合的乡村治理体系，构建共建共治共享的社会治理格局。加强以党支部为核心的农村基层组织建设，加强农民合作社、专业合作社等合作经济组织建设，加强农村法治建设和社会治安综合治理，提高农业生产和农村社会的组织化程度，实现农村社会和谐稳定、农民安居乐业、乡村充满活力。

（三）路径模式

我国是一个世界大国，对外开放是一项长期坚持的基本国策。推进乡村振兴，也要具有世界眼光，树立开放思维，注意研究、学习、借鉴国外特别是发达国家推动农业现代化和乡村全面发展、缩小城乡差距、实现城乡一体化的成功做法和经验。然而，我们必须明确，实施乡村振兴战略，必须立足国情，从农村实际出发，走中国特色社会主义乡村振兴道路。

1. 通过深化农业农村改革，走高质量发展之路

一是深化农业供给侧结构性改革，走质量兴农之路。就是要大力推动农业实现高质量发展，要把重点放在提高农产品质量和农业发展质量上，坚持质量兴农、绿色兴农，加快推进农业由增产导向转向提质导向，夯实农业生产能力基础，确保国家粮食安全，构建农村一二三产业融合发展体系，积极培育新型农业经营主体，促进小农户和现代农业发展有机衔接，推进"互联网＋现代农业"加快构建现代农业产业体系、生产体系、经营体系，不断提高农业创新力、竞争力和全要素生产率，加快实现由农业大国向农业强国的转变。

二是优化城乡要素配置。城乡要素合理配置有利于提高经济效率、提升全员劳动生产率、降低交易成本，其关键在于形成人才、土地、资金的良性循环。在人才流动方面，完善农业转移人口市民化机制，深化户籍制度改革，通过财政、金融和社会保障等激励措施，促进人才返乡和入乡创业。在土地合理配置方面，推进农村承包地"三权分置"制度，保护农户

承包权，放活土地经营权；探索农户合法拥有的住房通过出租、入股、合作等方式盘活利用；推动集体经营性建设用地入市改革，健全收益分配和权益保护机制。在资金配置优化方面，利用平台发挥财政资金撬动作用，提高土地出让收入用于农业农村的比例；鼓励工商资本投入乡村建设，支持乡村发展；完善金融支农机制，包括银行、保险、担保和基金等服务，以增强金融服务能力。

三是强化科技支撑。农业高质量发展，科技是重要支撑。党的十九届五中全会提出，坚持创新在我国现代化建设全局中的核心地位，把科技自立自强作为国家发展的战略支撑。要实现农业高质量发展，必须厘清农业科技突出短板，坚持农业科技自立自强，加快推进农业关键核心技术攻关，争取在农业科技贡献率、农业科技投入强度、农业企业研发投入水平、基础研发投入强度领域实现"四个追平全国平均水平"。

2. 通过统筹城乡发展战略，走城乡融合发展之路

党的二十届三中全会审议通过的《中共中央关于进一步全面深化改革推进中国式现代化的决定》提出，"城乡融合发展是中国式现代化的必然要求"。要以推进乡村全面振兴和新型城镇化为抓手，加快解决城乡发展不平衡、农业农村现代化发展不充分的问题，推动城乡融合发展，推动新型城镇化与乡村振兴双轮驱动，加快县域经济发展，促进城乡共同繁荣发展。

统筹推进新型城镇化与乡村振兴两大战略。要把农村基本公共服务，包括基础设施建设、教育、医疗、社会保障等方面，均衡地、协调地加以安排，实现城乡发展统筹，推进城乡基本公共服务标准统一、制度并轨。要把公共基础设施建设的重点放在农村，坚持先建机制、后建工程，加快实现城乡基础设施统一规划、统一建设、统一管护，推动农村基础设施建设提档升级；优先发展农村教育事业，通过提升教育质量、增加教育资源投入、改善教育设施等措施，提高农村人口的文化素质和技能水平；推进健康乡村建设，改善农村医疗卫生条件，提供基本医疗卫生服务，提高农村居民的健康水平；加强农村社会保障体系建设，包括养老保险、医疗保险、社会救助等，同时，促进农村劳动力转移就业和农民增收，让符合条件的农业转移人口在城市落户定居，推动新型工业化、信息化、城镇化、农业现代化同步发展。

3. 通过加强生态环境治理，走乡村绿色发展之路

生态环境是乡村的宝贵财富，也是乡村发展的重要基础。要牢固树立绿水青山就是金山银山理念，坚持人与自然和谐共生，统筹山水林田湖草沙系统治理，牢牢守住农村生态环境底线，以绿色发展引领生态振兴。持续开展农业绿色发展行动，加强农业面源污染防治，实现投入品减量化、生产清洁化、废弃物资源化，推进有机肥替代化肥、畜禽粪污处理、农作物秸秆综合利用、废弃农膜回收、病虫害绿色防控。加强农村突出环境问题综合治理，重点抓好水污染治理、饮用水源保护、固体废弃物治理、人畜粪便污染治理和综合利用，着力解决危害农民群众身体健康、影响农业农村可持续发展的突出环境问题，大力建设和普及宜居宜业美丽乡村。以绿色发展引领生态振兴，统筹山水林田湖草沙系统治理，加强农村突出环境问题综合治理，建立市场化多元化生态补偿机制，增加农业生态产品和服务供给，实现百姓富、生态美的统一。

4. 通过创新乡村治理体系，走乡村善治之路

创新乡村治理体系，走乡村善治之路，既要从顶层设计出发，完善乡村治理的体制机制，又要从基层自治着手，不断激活乡村主体的创新力量。要建立健全党委领导、政府负责、社会协同、公众参与、法治保障的现代乡村社会治理体制，健全自治、法治、德治相结合的乡村治理体系，维护好广大农民群众的合法权益，确保乡村社会充满活力、和谐有序，确保农民安居乐业。树立依法治理理念，增强基层干部法治观念、法治为民意识，将政府涉农各项工作纳入法治化轨道，建立健全乡村调解、县市仲裁、司法保障的农村土地承包经营纠纷调处机制，强化法律在维护农民权益、规范市场运行、农业支持保护、生态环境治理、化解农村社会矛盾等方面的权威地位。加强农村群众性自治组织建设，健全和创新村党组织领导的充满活力的村民自治机制，依托村民会议、村民代表会议、村民议事会、村民理事会、村民监事会等，形成民事民议、民事民办、民事民管的多层次基层协商格局。推动乡村治理重心下移，尽可能把资源、服务、管理下放到基层。加大农村普法力度，提高农民法治素养，引导广大农民增强尊法学法守法用法意识。

5. 通过传承发展农耕文明，走乡村文化兴盛之路

乡村振兴，既要塑形，也要铸魂，要形成文明乡风、良好家风、淳朴民风，焕发文明新气象。要坚持物质文明和精神文明一起抓，在农村大力弘扬和践行社会主义核心价值观，大力发展社会主义先进文化，传承发展提升农村优秀传统文化，按照有标准、有网络、有内容、有人才的要求，加强农村公共文化建设，健全乡村公共文化服务体系，丰富农民群众文化生活，加强农村思想道德建设，开展移风易俗行动，提升农民精神风貌，培育文明乡风、良好家风、淳朴民风，不断提高乡村社会文明程度。优秀农耕文化是中华优秀传统文化的重要组成部分，要切实保护好优秀农耕文化遗产，深入挖掘农耕文化蕴含的优秀思想观念、人文精神、道德规范，充分发挥其在凝聚人心、教化群众、淳化民风中的重要作用，推动优秀农耕文化遗产合理适度利用、不断发扬光大，把传统村落、民族村寨、传统建筑、文物古迹、农业遗迹、灌溉工程遗产等保护好，农村地区优秀戏曲曲艺、少数民族文化、民间文化等传承发展好。

（四）保障机制

1. 强化乡村振兴人才保障机制

实行更加积极、更加开放、更加有效的人才政策，推动乡村人才振兴，让各类人才在乡村大施所能、大展才华、大显身手。一是培育高素质农民。全面建立高素质农民培育制度，培养新一代爱农业、懂技术、善经营的高素质农民，优化农业从业者结构。二是加强农村专业人才队伍建设。加大"三农"领域实用专业人才培育力度，提高农村专业人才服务保障能力。三是鼓励社会人才投身乡村建设。建立健全激励机制，研究制定完善相关政策措施和管理办法，鼓励社会人才投身乡村建设。

2. 加强乡村振兴用地保障机制

完善农村土地利用管理政策体系，盘活存量，用好流量，辅以增量，激活农村土地资源资产，保障乡村振兴用地需求。一是健全农村土地管理制度。加强国土空间规划管控，加强村庄规划编制管理，落实最严格的耕地保护制度、生态环境保护制度和节约集约用地制度，明确乡村振兴用地负面清单，推动土地管理制度健全完善。二是完善农村新增用地保障机制。统筹农业农村各项土地利用活动，乡镇土地利用总体规划可以预留一定比例的规划建设用地指标，用于农业农村发展。三是盘活农村存量建设用地。探索农户合法拥有的住房通过出租、入股、合作等方式盘活利用的有效实现形式。有序推进农村集体经营性建设用地入市改革，健全收益分配和权益保护机制。

3. 健全乡村振兴资金保障机制

健全资金投入保障制度，完善政府投资体制，充分激发社会投资的动力和活力，加快形成财政优先保障、社会积极参与的多元投入格局。一是继续坚持财政优先保障。建立健全实施乡村振兴战略财政投入保障制度，明确和强化各级政府"三农"投入责任，公共财政更大力度向"三农"倾斜，确保财政投入与乡村振兴目标任务相适应。二是提高土地出让收益用于农业农村比例。开拓投融资渠道，健全乡村振兴投入保障制度，为实施乡村振兴战略提供稳定可靠资金来源。三是引导社会力量助力乡村振兴。开展"万企兴万村""牵手计划"等行动，发挥各行业部门优势，凝聚社会各方力量，积极动员引导广大企业、社会组织等投身乡村振兴。四是加大金融支农力度。健全适合农业农村特点的农村金融体系，把更多金融资源配置到农村经济社会发展的重点领域和薄弱环节，更好满足乡村振兴多样化金融需求。

4. 加强乡村振兴组织保障机制

加强党的领导与组织建设，实行中央统筹、省负总责、市县乡抓落实的乡村振兴工作机制，构建职责清晰、各负其责、合力推进的乡村振兴责任体系，举全党全社会之力全面推进乡村振兴，加快农业农村现代化。坚持党对农村工作的全面领导，健全党委统一领导、政府负责、党委农村工作部门统筹协调的农村工作领导体制，省市县乡村五级书记抓乡村振兴。在党中央领导下，中央农村工作领导小组负责巩固拓展脱贫攻坚成果、全面推进乡村振兴的牵头抓总、统筹协调，推动建立健全乡村振兴责任落实、组织推动、社会动员、要素保障、考核评价、工作报告、监督检查等机制并抓好组织实施。

三、政策举措

实施乡村振兴战略是关系全面建设社会主义现代化国家的全局性、历史性任务。习近平总书记强调，全面实施乡村振兴战略"必须加强顶层设计，以更有力的举措、汇聚更强大的力量来推进"。党的十九大以来，中央和国家机关部门就实施好乡村振兴战略出台了一系列强有力的政策举措，为推动乡村振兴战略各项任务有效落实落地提供有力保障。

（一）推动构建乡村发展新格局

新时代新征程构建乡村发展新格局是全面建成社会主义现代化强国的必然要求①。《乡村振兴战略规划（2018—2022年）》提出，"坚持乡村振兴和新型城镇化双轮驱动，统筹城乡国土空间开发格局，优化乡村生产生活生态空间，分类推进乡村振兴，打造各具特色的现代版'富春山居图'"，并围绕构建乡村振兴新格局，提出统筹城乡发展空间、优化乡村发展布局、分类推进乡村发展的重点任务和要求。党的二十届三中全会进一步提出抓紧完善城乡融合发展体制机制，形成城乡融合发展新格局。

1. 统筹城乡发展空间

统筹城乡发展空间，即要求按照主体功能定位，对国土空间的开发、

---

① 郑瑞强，瞿硕：《革命老区构建乡村振兴新格局的理论蕴涵与实践进路——基于赣州革命老区的考察》，《苏区研究》2023年第2期，第107页。

保护和整治进行全面安排和总体布局,推进"多规合一",加快形成城乡融合发展的空间格局。具体而言,包括强化空间用途管制、完善城乡布局结构以及推进城乡统一规划这三个方面的任务。

(1)强化空间用途管制

一是强化国土空间规划对各专项规划的指导约束作用。统筹自然资源开发利用、保护和修复。按照不同主体功能定位和陆海统筹原则,开展资源环境承载能力和国土空间开发适宜性评价,科学划定生态、农业、城镇等空间和生态保护红线、永久基本农田、城镇开发边界及海洋生物资源保护线、围填海控制线等主要控制线,推动主体功能区战略格局在市县层面精准落地,健全不同主体功能区差异化协同发展长效机制,实现山水林田湖草整体保护、系统修复、综合治理。

二是统筹布局生态、农业、城镇等功能空间,科学划定各类空间管控边界,严格实行土地用途管制。通盘考虑城镇和乡村发展,统筹谋划产业发展、基础设施、公共服务、资源能源、生态环境保护等主要布局,形成田园乡村与现代城镇各具特色、交相辉映的城乡发展形态。加强乡村风貌整体管控,注重农房单体个性设计,建设立足乡土社会、富有地域特色、承载田园乡愁、体现现代文明的升级版乡村,避免千村一面,防止乡村景观城市化。

三是出台乡村振兴用地政策指南。2023年中央1号文件明确提出,积极盘活存量集体建设用地,优先保障农民居住、乡村基础设施、公共服务空间和产业用地需求。针对基层反映乡村用地方面的政策文件繁多、条文分散,实践中存在政策不会用、不敢用等问题,2023年,自然资源部办公厅印发《乡村振兴用地政策指南(2023年)》,在系统梳理乡村振兴用地政策的基础上指导地方用足用好土地政策,切实提升自然资源领域服务乡村振兴的能力。

国家有关部门出台了相关政策,自然资源部立足本职,全面做好乡村振兴土地要素保障,出台了一系列文件和一揽子政策举措,明确了科学推进村庄规划编制管理,加强建设用地计划指标保障,改进耕地保护措施,完善增减挂钩节余指标跨省域调剂政策，盘活利用集体建设用地等支持政策。

（2）完善城乡布局结构

以城市群为主体构建大中小城市和小城镇协调发展的城镇格局，增强城镇地区对乡村的带动能力。加快发展中小城市，完善县城综合服务功能，推动农业转移人口就地就近城镇化。因地制宜发展特色鲜明、产城融合、充满魅力的特色小镇和小城镇，加强以乡镇政府驻地为中心的农民生活圈建设，以镇带村、以村促镇，推动镇村联动发展。建设生态宜居的美丽乡村，发挥多重功能，提供优质产品，传承乡村文化，留住乡愁记忆，满足人民日益增长的美好生活需要。

推进以县城为载体的城镇化建设。把县城作为推进新型城镇化的重要载体，实施新一轮农业转移人口市民化行动，鼓励有条件的县（市、区）将城镇常住人口全部纳入住房保障政策范围，率先在县域内破除城乡二元结构，实现同城同权、同城同待遇、同城同服务。统筹县域产业、基础设施、公共服务、基本农田、生态保护、城镇开发、村落分布等空间布局，强化县城综合服务能力，把乡镇建设成为服务农民的区域中心，统筹布局乡村基础设施、公益事业设施和公共服务设施，促进设施共建共享。培育壮大县域富民产业，完善县乡村产业空间布局，提升县城产业承载和配套服务功能，增强重点镇集聚功能。

2024年中央1号文件还提出，统筹新型城镇化和乡村全面振兴，提升县城综合承载能力和治理能力，促进县乡村功能衔接互补、资源要素优化配置。优化县域产业结构和空间布局，构建以县城为枢纽、以小城镇为节点的县域经济体系，扩大县域就业容量。

（3）推进城乡统一规划

一是强化乡村振兴规划引领。强化县域空间规划和各类专项规划引导约束作用，科学安排县域乡村布局、资源利用、设施配置和村庄整治，推动村庄规划管理全覆盖。综合考虑村庄演变规律、集聚特点和现状分布，结合农民生产生活半径，合理确定县域村庄布局和规模，避免随意撤并村庄搞大社区、违背农民意愿大拆大建。各地区各部门要编制乡村振兴地方规划和专项规划或方案。加强各类规划的统筹管理和系统衔接，形成城乡融合、区域一体、多规合一的规划体系。

二是推进村庄规划工作。2019年，中共中央、国务院《关于建立国土空间规划体系并监督实施的若干意见》提出"在市县及以下编制详细规划"，明确了"在城镇开发边界内的详细规划，由市县自然资源主管部门组织编制，报同级政府审批；在城镇开发边界外的乡村地区，以一个或几个行政村为单元，由乡镇政府组织编制'多规合一'的实用性村庄规划，作为详细规划，报上一级政府审批"。2021年基本完成县级国土空间规划编制，明确村庄布局分类。积极有序推进"多规合一"实用性村庄规划编制，对有条件、有需求的村庄尽快实现村庄规划全覆盖。对暂时没有编制规划的村庄，严格按照县乡两级国土空间规划中确定的用途管制和建设管理要求进行建设。编制村庄规划要立足现有基础，保留乡村特色风貌，不搞大拆大建。2024年中央1号文件提到，增强乡村规划引领效能。适应乡村人口变化趋势，优化村庄布局、产业结构、公共服务配置。强化县域国土空间规划对城镇、村庄、产业园区等空间布局的统筹。分类编制村庄规划，可单独编制，也可以乡镇或若干村庄为单元编制，不需要编制的可在县乡级国土空间规划中明确通则式管理规定。加强村庄规划编制实效性、可操作性和执行约束力，强化乡村空间设计和风貌管控。

2. 优化乡村发展布局

优化乡村发展布局的关键在于推动乡村生产、生活、生态"三生"空间协调发展。优化乡村发展布局，要坚持人口资源环境相均衡、经济社会生态效益相统一，打造集约高效生产空间，营造宜居适度生活空间，保护山清水秀生态空间，延续人和自然有机融合的乡村空间关系。2020年中央1号文件提出，开展乡村全域土地综合整治试点，优化农村生产、生活、生态空间布局。

（1）统筹利用生产空间

围绕保障国家粮食安全和重要农产品供给，充分发挥各地比较优势，重点建设以"七区二十三带"为主体的农产品主产区。落实农业功能区制度，科学合理划定粮食生产功能区、重要农产品生产保护区和特色农产品优势区，合理划定养殖业适养、限养、禁养区域，严格保护农业生产空间。科学划分乡村经济发展片区，统筹推进农业产业园、科技园、创业园等各类园区建设。在符合国土空间规划前提下，通过村庄整治、土地整理等方式节余的农村集体建设用地优先用于发展乡村产业项目。对利用本地资源、不侵占永久基本农田、不破坏自然环境和历史风貌的乡村旅游、农村电商、农产品分拣、冷链、初加工等农村产业业态，可根据实际条件就近布局。

根据自然资源部印发的《乡村振兴用地政策指南（2023年）》，新编县乡级国土空间规划应安排不少于10%的建设用地指标，重点保障乡村产业发展用地。省级制定土地利用年度计划时，应安排至少5%新增建设用地指标保障乡村重点产业和项目用地。农村集体建设用地可以通过入股、租用等方式直接用于发展乡村产业。按照"放管服"改革要求，对农村集体建设用地审批进行全面梳理，简化审批审核程序，下放审批权限。推进乡村建设审批"多审合一、多证合一"改革。出台支持农村一二三产业融合发展用地的政策意见。

（2）合理布局生活空间

坚持节约集约用地，遵循乡村传统肌理和格局，划定空间管控边界，明确用地规模和管控要求，确定基础设施用地位置、规模和建设标准，合理配置公共服务设施，引导生活空间尺度适宜、布局协调、功能齐全。充分维护原生态村居风貌，保留乡村景观特色，保护自然和人文环境，注重融入时代感、现代性，强化空间利用的人性化、多样化，着力构建便捷的生活圈、完善的服务圈、繁荣的商业圈，让乡村居民过上更舒适的生活。严格落实"一户一宅"，引导农村住宅集中布局。

（3）严格保护生态空间

加快构建以"两屏三带"为骨架的国家生态安全屏障，全面加强国家重点生态功能区保护，建立以国家公园为主体的自然保护地体系。树立山水林田湖草是一个生命共同体的理念，加强对自然生态空间的整体保护，修复和改善乡村生态环境，提升生态功能和服务价值。全面实施产业准入负面清单制度，推动各地因地制宜制定禁止和限制发展产业目录，明确产业发展方向和开发强度，强化准入管理和底线约束。

3. 分类推进乡村发展

针对不同类型的村庄，采取不同的发展策略是实现乡村全面振兴的关键。我国乡村地域差异显著，要以因地制宜、分类指导为基本原则，分类有序推进乡村振兴。总体部署上，2018 年中央 1 号文件提出，对具备条件的村庄，要加快推进城镇基础设施和公共服务向农村延伸；对自然历史文化资源丰富的村庄，要统筹兼顾保护与发展；对生存条件恶劣、生态环境脆弱的村庄，要加大力度实施生态移民搬迁。

一方面，分类推进乡村发展，要以科学规划为依据。村庄规划编制要考虑县、乡镇级国土空间规划工作节奏，根据不同类型村庄发展需要，有序推进。其中，集聚提升类等建设需求量大的村庄应加快编制，城郊融合类的村庄可纳入城镇控制性详细规划统筹编制，搬迁撤并类的村庄原则上不单独编制。

另一方面，分类推进乡村发展，要顺应村庄发展规律和演变趋势，根据不同村庄的发展现状、区位条件、资源禀赋等，按照集聚提升、融入城镇、特色保护、搬迁撤并的思路，分类推进乡村振兴。

第一，集聚提升类村庄。现有规模较大的中心村和其他仍将存续的一般村庄，占乡村类型的大多数，是乡村振兴的重点。科学确定村庄发展方向，在原有规模基础上有序推进改造提升，激活产业、优化环境、提振人气、增添活力，保护保留乡村风貌，建设宜居宜业美丽村庄。鼓励发挥自身比较优势，强化主导产业支撑，支持农业、工贸、休闲服务等专业化村庄发展。

第二，城郊融合类村庄。城市近郊区以及县城城关镇所在地的村庄，具备成为城市后花园的优势，也具有向城市转型的条件。综合考虑工业化、城镇化和村庄自身发展需要，加快城乡产业融合发展、基础设施互联互通、公共服务共建共享，在形态上保留乡村风貌，在治理上体现城市水平，逐步强化服务城市发展、承接城市功能外溢、满足城市消费需求能力，为城乡融合发展提供实践经验。

第三，特色保护类村庄。历史文化名村、传统村落、少数民族特色村寨、特色景观旅游名村等自然历史文化特色资源丰富的村庄，是彰显和传承中华优秀传统文化的重要载体。统筹保护、利用与发展的关系，努力保持村庄的完整性、真实性和延续性。切实保护村庄的传统选址、格局、风貌以及自然和田园景观等整体空间形态与环境，全面保护文物古迹、历史建筑、传统民居等传统建筑。尊重原住居民生活形态和传统习惯，加快改善村庄基础设施和公共环境，合理利用村庄特色资源，发展乡村旅游和特色产业，形成特色资源保护与村庄发展的良性互促机制。

第四，搬迁撤并类村庄。对位于生存条件恶劣、生态环境脆弱、自然灾害频发等地区的村庄，因重大项目建设需要搬迁的村庄，以及人口流失特别严重的村庄，可通过易地帮扶搬迁、生态宜居搬迁、农村集聚发展搬迁等方式，实施村庄搬迁撤并，统筹解决村民生计、生态保护等问题。拟搬迁撤并的村庄，严格限制新建、扩建活动，统筹考虑拟迁入或新建村庄的基础设施和公共服务设施建设。坚持村庄搬迁撤并与新型城镇化、农业现代化相结合，依托适宜区域进行安置，避免新建孤立的村落式移民社区。搬迁撤并后的村庄原址，因地制宜复垦或还绿，增加乡村生产生态空间。农村居民点迁建和村庄撤并，必须尊重农民意愿并经村民会议同意，不得强制农民搬迁和集中上楼。

（二）全面推进乡村产业振兴

产业振兴是乡村全面振兴的基础和关键，是推动农业现代化的重要支撑，对建设农业强国具有重要意义。党的十九大以来，中央和国家机关部门制定实施了一系列政策措施，为全面推进乡村产业振兴、提供了坚实的政策保障和支持。习近平总书记指出，推进中国式现代化，必须加快推进乡村振兴，首先是要发展富民产业。党的二十届三中全会就完善强农惠农富农支持制度作出系统部署，推动乡村全面振兴不断开创新局面。

全面推进乡村振兴是新时代建设农业强国的重要任务，产业振兴是乡村振兴的重中之重，乡村振兴，关键是产业要振兴。建设体现中国特色的农业强国，要立足我国国情，立足人多地少的资源禀赋、农耕文明的历史底蕴、人与自然和谐共生的时代要求。党的二十大报告强调，加快建设农业强国，扎实推动乡村产业、人才、文化、生态、组织振兴。抓住乡村产业振兴这一关键点，才算是夯实了农业强国建设的根基。乡村产业能否振兴，直接关系到我国农业强国建设成败。总的来说，推动乡村产业振兴是构建城乡融合新发展格局的必然要求，是农民增收致富、走向共同富裕的必经之路，是巩固拓展脱贫攻坚成果、增强农业农村农民内生发展动力的源泉。

推动乡村产业振兴是构建城乡融合新发展格局的必然要求。新发展格局要求通过城乡融合发展，逐步实现城乡居民基本权益平等化、城乡基本公共服务均等化、城乡居民收入均衡化、城乡要素配置合理化以及城乡产业发展融合化。城乡要素配置合理化和城乡产业发展融合化，离不开乡村产业的大发展。乡村产业是打破城乡分割的一个重要突破口，只有乡村产业发展起来，才能打破传统的城乡分割，吸引人才、技术和资金下乡，乡村特色产品进城，各种要素就在城乡之间双向流动起来，最终形成城乡融合发展的局面。

推动乡村产业振兴是农民增收致富、走向共同富裕的必经之路。党的二十大报告强调要"发展乡村特色产业，拓宽农民增收致富渠道"。产业是发展的根基，产业兴旺，乡亲们的收入才能稳定增长。要坚持因地制宜、因村施策，宜种则种、宜养则养、宜林则林，把产业发展落到促进农民增收上来。通过积极发展农产品加工业，优化产业布局，推动农村由卖原字号向卖制成品转变，把增值收益更多留在县域。同时，乡村旅游、休闲农业、文化体验、健康养老、电子商务等新产业新业态也要高质量快速发展，贯通产加销，融合农文旅，推动乡村产业发展壮大，让农民更多分享产业增值收益，实现农民增收致富健康可持续。产业的发展盘活了农村资产，也增加了农民的财产性收入。实现乡村产业振兴，要持续精准发力，立足特色资源，关注市场需求，发展优势产业，促进一二三产业融合发展，确保全体农民享受到现代化成果。

推动乡村产业振兴是巩固拓展脱贫攻坚成果、增强农业农村农民内生发展动力的源泉。习近平总书记在 2020 年中央农村工作会议上强调，"脱贫地区防止返贫的任务还很重，要做好巩固拓展脱贫攻坚成果同乡村振兴有效衔接，工作不留空档，政策不留空白，绝不能出现这边宣布全面脱贫，那边又出现规模性返贫"。对有劳动能力的，要坚持开发式帮扶方针，帮助人们用自己的双手勤劳致富。要延伸产业链条，提高抗风险能力，建立更加稳定的利益联结机制，确保脱贫群众持续稳定增收。脱贫摘帽不是终点，而是新生活、新奋斗的起点。通过改革创新，推动乡村产业振兴，让土地、劳动力、资产、自然风光等要素活起来，让资源变资产、资金变股金、农民变股东，让绿水青山变金山银山。产业振兴给农业农村农民带来的，不仅是一时的经济收入，更多的是长期的造血能力，以及持续推动其发展的内生力量。

1. 夯实农业生产基础条件

习近平总书记多次强调，"推进中国式现代化，必须坚持不懈夯实农业基础，推进乡村全面振兴"。2021 年 11 月，国务院印发《"十四五"推进农业农村现代化规划》，要求夯实农业生产基础，落实藏粮于地、藏粮于技，健全辅之以利、辅之以义的保障机制，提升粮食等重要农产品供给保障水平。

（1）筑牢粮食生产根基

以习近平同志为核心的党中央把解决好十几亿人的吃饭问题作为治国理政的头等大事，提出"谷物基本自给、口粮绝对安全"的新粮食安全观，确立"以我为主、立足国内、确保产能、适度进口、科技支撑"的国家粮食安全战略。

第一，加强顶层设计，建立健全保障国家粮食安全政策体系。发挥考核指挥棒作用，督促各地全面落实粮食安全党政同责要求，进一步增强地方政府保障粮食安全的责任意识和大局意识。推动修订土地管理法、种子法、黑土地保护法、反食品浪费法，修订粮食流通管理条例，制定农田水利条例、农作物病虫害防治条例，印发实施"十四五"系列规划方案，全方位夯实粮食安全根基。

第二，夯实发展基础，稳步提升粮食综合生产能力。深入实施"藏粮于地、藏粮于技"战略，紧紧抓住耕地和种子两个要害，不断提高粮食综合生产能力。

第三，完善政策保障，调动地方重农抓粮和农民务农种粮积极性。进一步完善农业支持政策体系，深入推进农产品收储制度改革，健全价格、补贴、保险"三位一体"政策体系，坚持和完善稻谷、小麦最低收购价政策，保障农民种粮基本收益，保护好农民种粮务农积极性；优化产粮大县奖励政策，强化对粮食主产区和主产县的奖励与支持力度，夯实地方重农抓粮的积极性和责任心。

第四，健全粮食流通体系，着力提升应急保障能力。坚持市场化改革取向和保护农民利益并重，稳步推进粮食收储制度改革，构建多元市场主体购销格局，有效发挥政策性收购托底作用，努力保障农民"种粮卖得出"。

第五，有效开展市场调控，保障市场供应和价格基本稳定。健全粮食市场监测预警体系，充分保障全国粮食市场供应。积极推进粮食进口来源多元化。加强政府储备管理，积极推进粮食储备库建设，持续增强安全储粮能力。

第六，推进全链条节粮减损。坚持开源与节流并重、增产与减损共抓，大力推进全环节全链条减损，系统化降低粮食损失和浪费。加强生产源头管控，推动精量播种、适量播种，减少农业生产用种，推进粮食生产全程机械化，提升机收作业标准化水平，降低收获过程损耗，确保颗粒归仓。强化储运环节减损，发展粮食产后烘干，改善粮食储藏保质、虫霉防治等条件，完善农村物流节点网络体系，推广散粮运输专用工具，减少跑冒滴漏。提升加工利用水平，建立粮食适度加工标准体系，优化加工技术装备和工艺，提高成品粮出品率和副产物综合利用率。引导节约理性消费，健全餐饮业服务规范、行业标准，常态化推进光盘行动，开展爱粮节粮系列宣传活动，推动厉行节约、反对浪费蔚然成风。

（2）加强耕地保护与质量建设

粮食安全是"国之大者"，耕地是粮食生产的命根子，党中央始终高度重视耕地保护与耕地质量提升。

第一，压实耕地保护责任。严守 18 亿亩耕地红线，改革完善耕地占补平衡制度，严格实施"数量、质量、生态"三位一体的耕地保护制度，全面落实永久基本农田特殊保护制度。持续优化耕地布局，开展土壤农业利用适宜性评价，通过实施全域土地综合整治、高标准农田建设、优质耕地恢复补充等措施，统筹耕地和林地、草地等其他农用地保护。严格开展耕地保护责任考核，落实耕地保护党政同责，对各级党委和政府落实耕地保护和粮食安全责任制情况进行考核。

第二，全力提升耕地质量。大规模推进高标准农田建设，逐步把永久基本农田全部建成高标准农田，形成完善的管护监督和考核机制。加强农田水利基础设施建设，加强耕地灌排保障体系建设，推进国家骨干网水源工程和输配水工程，加快大中型灌区现代化改造，配套完善灌排工程体系。实施黑土地保护工程。加强退化耕地治理，抓好盐碱地综合改造利用，建立盐碱耕地质量监测体系，实施盐碱耕地治理工程，加强耕地盐碱化防治。实施有机质提升行动，制定实施耕地有机质提升行动方案。完善耕地质量建设保护制度，加快耕地质量保护立法，完善耕地质量保护与建设投入机制。

第三，调动农民和地方保护耕地、种粮抓粮积极性。提高种粮农民收益。健全种粮农民收益保障机制，完善价格、补贴、保险政策。健全耕地保护和粮食生产利益补偿机制，加大对粮食主产区支持力度，实施耕地保护经济奖惩机制。加强撂荒地治理利用，结合实地核查，摸清撂荒地底数，分类推进治理利用。

（3）保障重要农产品有效供给

深入推进农业供给侧结构性改革，促进农业高质量发展，提高农产品质量和品质。第一，严抓落实"菜篮子"产品，突出"实"字。严格落实各级政府的责任，尤其是压实"菜篮子"市长负责制，突出抓好"菜篮子"工程，进一步完善相关政策措施，按照保供稳价新形势新要求，促进"菜篮子"产品生产结构升级、体系优化。第二，确保农产品市场供应方面稳定有序，突出"畅通"。进一步抓好农产品产销衔接、供需平衡，充分发挥新型流通业态和"互联网＋"优势，加快构建农产品现代市场流通体系，促进农产品出村进城，实现优质农产品产得好、销得出、卖好价。

2. 提升农业质量效益和竞争力

提高农业质量效益和竞争力，既是推动乡村产业振兴的重要抓手，也是推进农业农村现代化的重要途径。《中华人民共和国国民经济和社会发展第十四个五年规划和2035年远景目标纲要》（以下简称"十四五"规划《纲要》）将"提高农业质量效益和竞争力"列为优先发展农业农村、全面推进乡村振兴的重要举措，并提出明确要求，为农业高质量发展指明了道路。2021年11月，国务院印发《"十四五"推进农业农村现代化规划》，要求深入推进农业科技创新，健全完善经营机制，推动品种培优、品质提升、品牌打造和标准化生产，不断提高农牧渔业发展水平。

（1）强化现代农业科技支撑

"十四五"规划《纲要》提出，要完善农业科技创新体系，创新农技推广服务方式，建设和发展智慧农业。2018年，农业农村部启动实施了"乡村振兴科技支撑行动"。2021年，为更好指导"十四五"农业农村科技事业发展，充分发挥科技对全面推进乡村振兴、加快农业农村现代化的支撑引领作用，农业农村部印发《"十四五"全国农业农村科技发展规划》，提出要不断强化科技创新平台和科技人才队伍建设，着力推进农业领域关键共性技术科研攻关，促进农业科技成果转化，提升科技服务能力和水平，初步构建起创新创业全链条服务体系，成为支撑产业发展，推动乡村振兴战略实施的强大引擎。推进建立以企业为主体、市场为导向、产学研相结合的技术创新体系，加强创新成果产业化，提升产业核心竞争力。

（2）实施种业振兴行动

2021年7月，中央深改委会议审议通过《种业振兴行动方案》，强调把种源安全提升到关系国家安全的战略高度，集中力量破难题、补短板、强优势、控风险。2021年，国家发展改革委、农业农村部联合印发《"十四五"现代种业提升工程建设规划》，对"十四五"我国种业基础设施建设布局的总体思路、框架体系、重点项目、保障措施等作出了全面部署安排，主要涵盖农作物种业、畜禽种业、水产种业能力提升3个方面，为加快推进种业振兴，实现种业科技自立自强、种源自主可控提供了支撑。2021年开始深入实施种业振兴行动，组织开展国家育种联合攻关，按照"一年开好头、三年打基础、五年见成效、十年实现重大突破"总体安排，全面推进种质资源保护利用、创新攻关、企业扶优、基地提升、市场净化五项行动落实落地。

（3）提高农机装备研发应用能力

农业机械化是加快推进农业农村现代化的关键抓手和基础支撑。《"十四五"推进农业农村现代化规划》指出，要加强农机装备薄弱环节研发。加强大中型、智能化、复合型农业机械研发应用，打造农机装备一流企业和知名品牌。2022年12月27日，农业农村部印发《"十四五"全国农业机械化发展规划》，明确了"十四五"我国农业机械化发展的总体思路、目标任务和政策举措。近年来，中央1号文件都用不同篇幅部署农机装备发展工作，始终强调坚持创新主线。其中，2021年提出"提高农机装备自主研制能力，支持高端智能、丘陵山区农机装备研发制造"，2022年强调"加强农机装备工程化协同攻关"。加快提升农机装备科技创新及应用水平，强化现代农业物质装备支撑，由农业农村部牵头开展农作物生产全程机械化示范县创建、东北黑土地保护性耕作行动计划、设施农业全程机械化示范县创建、农业机械化科技创新能力条件建设、农业机械化标准体系建设和质量监督等重点工作和重要项目。

（4）实施农业生产"三品一标"行动

深入推进农业供给侧结构性改革，推进品种培优、品质提升、品牌打造和标准化生产，提升农产品绿色化、优质化、特色化和品牌化水平。2021 年，农业农村部办公厅印发《农业生产"三品一标"提升行动实施方案》，实施农业品种培优、品质提升、品牌打造和标准化生产提升行动。同年，农业农村部发布《农产品区域公用品牌建设指南》。2022 年 6 月，农业农村部办公厅印发《农业品牌精品培育计划（2022—2025 年）》，目标直指乡村精品品牌的打造，明确指出要从乡村品牌建设促进机制和保障体系方面鼓励乡村品牌的发展，进一步发挥品牌溢价效应，提高农产品附加值，逐步提高乡村品牌的影响力和竞争力，从而带动当地乡村产业发展。在一系列政策的指导引领下，我国农产品品牌建设工作快速发展。

一是推进品种培优。发掘优异种质资源，筛选一批绿色安全、优质高效的种质资源。启动重点种源关键核心技术攻关和农业生物育种重大科技项目，落实新一轮畜禽水产遗传改良计划，自主培育一批突破性绿色品种。加强良种繁育基地建设，加快推进南繁硅谷和甘肃玉米、四川水稻、黑龙江大豆等国家级育制种基地建设，在适宜地区建设一批作物和畜禽水产良种繁育基地。

二是推进品质提升。推广强筋弱筋优质小麦、高蛋白高油玉米、优质粳稻籼稻、高油高蛋白大豆等良种，提升粮食营养和品质。推广一批生猪、奶牛、禽类、水产和优质晚熟柑橘、特色茶叶、优质蔬菜、道地中药材等良种，提升"菜篮子"产品质量。集成推广绿色生产技术模式，净化农业产地环境，推广绿色投入品，促进优质农产品生产。构建农产品品质评价标准体系，分行业、分品种筛选农产品品质核心指标，建立品质评价方法标准，推动农产品分等分级和包装标识。

三是推进农业品牌建设。构建农业品牌体系，建立品牌标准体系，打造一批地域特色突出、产品特性鲜明的区域公用品牌，鼓励龙头企业打造知名度高、竞争力强的企业品牌，培育一批"大而优""小而美"的农产品品牌。完善品牌发展机制，健全农业品牌目录制度，实行动态管理，强化农业品牌监管。开展品牌宣传推介活动，挖掘和丰富农业品牌文化内涵，讲好农业品牌故事，增强农业品牌知名度、美誉度和影响力。

四是推进标准化生产。建立全产业链农业绿色发展标准体系，加快产地环境、投入品管控、农兽药残留、产品加工、储运保鲜、分等分级关键环节标准制修订。开展全产业链标准化试点，建设现代农业全产业链标准化基地，培育一批农业企业标准"领跑者"。实施农业标准化提升计划，推动新型农业经营主体按标生产，发挥示范推广作用，带动农业大规模标准化生产。

3. 构建现代乡村产业体系

现代化乡村产业体系是由现代乡村产业结构体系、乡村产业组织体系和乡村产业生产体系构成的多层次复合型产业体系。党的十九大报告提出，要"构建现代农业产业体系、生产体系和经营体系"。2018 年以来的中央 1 号文件多次提出构建现代乡村产业体系，推进现代农业经营体系建设。重点是发展农产品加工、乡村休闲旅游、农村电商等产业，发展壮大县域和乡村富民产业。2019 年，《国务院关于促进乡村产业振兴的指导意见》明晰了"乡村产业""乡村产业体系"等概念，指出"乡村产业"是"根植于县域、以农业农村资源为依托、以农民为主体、以农村一二三产业融合发展为路径，地域特色鲜明、创新创业活跃、业态类型丰富、利益联结紧密，提升农业、繁荣农村、富裕农民的产业"。这一表述明确了构建现代乡村产业体系的主要路径和基本目标。

（1）建设现代化乡村产业结构体系

进入新时代以来，国家对于乡村产业结构调整的理论认识和政策实践已逐步上升至精确科学的范畴，顺应新的经济社会发展水平，前瞻性探索乡村新业态新模式，探索乡村产业最优结构方案。

第一，发展农产品智慧加工，推进乡村产业结构优化升级。通过政策引导和推进，动态把握农产品初加工、精深加工和综合利用加工的结构比例，运用新兴技术和绿色技术，推进农产品多元化开发、多层次利用、多环节增值，实施标准化、智能化、绿色化转型，建设现代化乡村产业结构体系。

第二，以特色化、绿色化和标准化为方向发展乡村特色产业。乡村特色产业标准化生产具有将资源优势转变为市场优势，将认知优势转变为品牌优势的重要作用。2022年9月，农业农村部在《关于印发农业生产"三品一标"提升行动有关专项实施方案的通知》中分行业分领域制定了"3+3"专项实施方案（包括种植业、畜牧业、渔业和品种、品牌、标准化等）。

第三，以融合化和多元化为方向发展休闲农业。实施乡村休闲旅游提升计划，开发农业多种功能、挖掘乡村多元价值，推动资源适度集聚。由农业农村部组织开展全国休闲农业重点县申报和监测工作，认定一批全国休闲农业重点县，从产业集聚发展、政策集成创新、设施服务升级等方面率先实现突破，打造休闲农业高质量发展先行区，助力农业农村现代化建设。

（2）建设现代化乡村产业组织体系

现代化乡村产业组织体系是以传统承包农户和家庭农场为基础，以农民合作社为主要力量，以农业产业化龙头企业为骨干，以专业化社会化服务组织为支撑的多形式、多层次组织体系。培育多元融合主体、建立健全融合机制是现代乡村产业组织发展的重要方向。国家积极出台相关政策，引导农业产业化联合体发展，以破解资源整合能力较弱、经营乏力、资本侵蚀劳动等问题。围绕推进农业供给侧结构性改革，以帮助农民、提高农民、富裕农民为目标，以发展现代农业为方向，以创新农业经营体制机制为动力，积极培育发展一批带农作用突出、综合竞争力强、稳定可持续发展的农业产业化联合体，成为引领我国农村一二三产业融合和现代农业建设的重要力量，为农业农村发展注入新动能。

（3）建设现代化乡村产业生产体系

现代化乡村产业生产体系是由自然资源、资本、技术、劳动力等各种农业生产要素有机构成并具备机械化、信息化、数字化、绿色化和融合化特征的生产体系。

一是全面建设农业科技创新体系。《"十四五"全国农业农村科技发展规划》提出，"展望2035年，一批世界农业科学技术中心基本形成，以高端化智能化绿色化为标志的农业科技现代化基本实现，基本建成农业科技强国"。

二是实施更加积极、开放、有效的人才政策。健全乡村人才工作体制机制，鼓励和支持社会各方面提供教育培训、技术支持、创业指导等服务，培养本土人才，引导城市人才下乡，推动专业人才服务乡村，促进农业农村人才队伍建设。

三是健全适合乡村产业特点的农村金融服务体系。在金融工具方面，探索引入融资租赁、普惠金融、抵押、互联网金融、期权、现代农业产业基金、资产证券化等新型金融工具，推动涉农金融产品和服务多元化发展。推动现代乡村服务业和新产业新业态培育发展方面，充分挖掘乡村多元价值，创新特色金融产品和服务，全力支持乡村餐饮购物、旅游休闲、养老托幼等生活性服务业发展；做好粮食和重要农产品稳产保供金融服务方面，围绕新一轮千亿斤粮食产能提升行动、玉米单产提升工程和吨粮田创建，强化粮食生产主体扩大产能、设备改造、技术升级等融资需求对接，促进粮食稳产增产。

4. 完善农业支持保护机制

农业支持保护制度是现代化国家农业政策的核心，也是我国发展现代农业的必然要求。党的二十大报告明确要求"完善农业支持保护制度"，对农业进行支持保护是长期以来我国一贯坚持的做法。

一是健全农产品价格形成机制和农业补贴制度。农业生产易受自然风险、市场风险等多重影响，对农业进行支持保护是我国一贯坚持的做法。调整优化"绿箱""黄箱"和"蓝箱"支持政策，建立以市场为导向的农产品价格形成机制，提高农业补贴政策精准性、稳定性和时效性。加强农产品成本调查，深化调查数据在农业保险、农业补贴、市场调控等领域的应用，确保投入力度不断增强、总量持续增加。

二是健全政府投入保障机制。推动建立"三农"财政投入稳定增长机制，把农业农村作为一般公共预算优先保障领域，加大中央财政转移支付支持农业农村力度。制定落实提高土地出让收入用于农业农村比例考核办法，确保按规定提高用于农业农村的比例。督促推进各地区各部门进一步完善涉农资金统筹整合长效机制。加大地方政府债券支持农业农村力度，用于符合条件的农业农村领域建设项目。完善财政扶持政策，采取"以奖代补、先建后补"等方式，支持现代农业产业园、农业产业强镇、优势特色产业集群及农产品仓储保鲜冷链设施建设。鼓励地方发行专项债券用于乡村产业。

三是强化金融支持，健全农村金融服务体系。完善金融支农激励机制，鼓励银行业金融机构建立服务乡村振兴的内设机构。支持涉农信用信息数据库建设，基本建成新型农业经营主体信用体系。扩大农村资产抵押担保融资范围，提高农业信贷担保规模，引导金融机构将新增可贷资金优先支持县域发展。加快完善中小银行和农村信用社治理结构，保持农村中小金融机构县域法人地位和数量总体稳定。实施优势特色农产品保险奖补政策，鼓励各地因地制宜发展优势特色农产品保险。稳妥有序推进农产品收入保险，健全农业再保险制度。发挥"保险＋期货"在服务乡村产业发展中的作用。

（三）统筹实施乡村建设行动

乡村建设是实施乡村振兴战略的重要任务，也是国家现代化建设的重要内容。习近平总书记强调，要以实施乡村建设行动为抓手，改善农村人居环境，建设宜居宜业美丽乡村。实施乡村建设行动的主要任务就是持续健全农村基础设施和公共服务体系，加快补齐乡村建设领域突出短板和薄弱环节。为扎实推进乡村建设行动，进一步提升乡村宜居宜业水平，2022 年 5 月，中共中央办公厅、国务院办公厅出台了《乡村建设行动实施方案》。

1. 加强乡村基础设施建设

乡村基础设施建设可为提升农业生产条件、改善农村居民生活质量、实现城乡融合发展奠定坚实基础。乡村振兴战略启动以来，历年中央 1 号文件和中央农村工作会议一直将乡村基础设施建设作为重点，强调基础设施建设对乡村振兴的重要性。从 2018 年中央 1 号文件提出"基础设施建设的重点放在农村，推动城乡基础设施互联互通"，到 2024 年中央 1 号文件和中央农村工作会议强调"推进农村基础设施补短板，从各地实际和农民需求出发，抓住普及普惠的事，干一件、成一件"，乡村基础设施建设正稳步推进。具体包括以下四项政策着力点：

（1）实施农村道路畅通工程

完善便捷高效、普惠公平的农村公路网络，进一步提升农村公路安全和服务保障能力，增强农民群众获得感、幸福感、安全感。一是推进"四好农村路"建设。自 2014 年起，我国开始大力推进"四好农村路"建设，即建设好、管理好、养护好、运营好农村公路，以提升农村地区的交通条件，促进农村经济社会发展。近年来，国家对"四好农村路"建设的重视程度不断提升，每年都会投入大量资金用于农村公路的新建、改造和养护。这些资金不仅用于提升农村公路的硬件设施，还用于提高管理和服务水平，确保农村公路的长期可持续发展。二是规范农村道路建设。对农村公路的新建、改建、扩建等方面都进行规范管理，明确农村公路建设应遵循的原则，包括政府主导、分级负责、安全至上等，规定项目业主责任制、资金管理、建设标准和设计、施工管理、质量安全等方面的要求。三是拓展农民就业渠道。农村公路建设要积极吸纳农民群众就地就近就业增收，建立健全农村公路高质量发展和吸收就业困难人员就业的长效机制。在农村公路建设和管护领域推广以工代赈方式，带动当地农村劳动力就地就近就业增收，统筹用好农村公路管护领域公益性岗位等各类就业岗位，加大农村公路管护岗位开发力度。

（2）强化农村防汛抗旱和供水保障

一是加强农村防灾减灾救灾能力建设。强化防洪工程建设，完善抗旱工程体系，加强农村应急管理基础能力建设，包括乡村交通、消防等领域的风险隐患治理，间接关联到防汛抗旱的应急管理。利用大数据和信息技术提升农业气象灾害防范能力，提高农村防汛抗旱的预测和响应效率。二是强化农村供水保障。提升农村供水保障水平，确保农村居民的用水需求得到满足。我国确定了到 2025 年农村自来水普及率达到 88%，规模化供水工程覆盖农村人口比例达到 60% 的目标。加强农村饮用水水源地保护，解决农村"吃水难"和饮水不安全问题，推进农村饮水安全巩固提升工程，提升农村供水基础设施。

（3）实施乡村清洁能源建设工程

一是发展农村新能源。加大农村光伏、生物质能等清洁能源的建设力度，加强重点村镇新能源汽车充换电设施的规划建设，推进农村能源革命试点县建设。二是加大农村电网建设力度。促进农村电网发展，保障农村经济社会发展和农民群众生产生活用电需求，全面巩固提升农村电力保障水平，推进城乡电力服务均等化，推动构建农村新型能源体系。

（4）实施农产品仓储保鲜冷链物流设施建设工程

优化农产品仓储保鲜能力，推动冷链物流服务网络向乡村下沉。一是提升农产品产地仓储保鲜冷链能力。加大政策扶持力度，落实用电用地政策，支持农产品仓储保鲜冷链设施建设。明确市场运作、政府引导、科技支持、融合发展、规范实施和注重效益等原则，减少产后损失，增加产品附加值，促进产销对接。二是优化冷链物流体系建设。明确冷链物流的战略性、体系化、专业化、规范化发展目标，建设国家骨干冷链物流基地、产销冷链集配中心和两端冷链物流设施等，以推进冷链物流高质量发展。

2. 整治提升农村人居环境

改善农村人居环境，是实施乡村振兴战略的一项重点任务，关乎广大农民根本福祉、农民群众健康和美丽中国建设。党的十九大报告指出，要加快生态文明体制改革，着力解决突出环境问题，开展农村人居环境整治行动。此后连续 7 年的中央 1 号文件和 6 年的中央农村工作会议均对深入推进农村人居环境整治提升做出部署、提出要求。2018 年，中共中央办公厅、国务院办公厅印发《农村人居环境整治三年行动方案》，明确了提升人居环境水平的行动目标和重点任务，经过三年行动扭转了农村长期以来存在的脏乱差局面，有关目标任务已于 2021 年底全面完成。2021 年，中共中央办公厅、国务院办公厅印发《农村人居环境整治提升五年行动方案（2021—2025 年）》，要求进一步提升农村人居环境总体质量水平。党的二十大报告再次强调，必须牢固树立和践行绿水青山就是金山银山的理念，站在人与自然和谐共生的高度谋划发展，提升环境基础设施建设水平，推进城乡人居环境整治。具体有以下四项政策着力点：

（1）因地制宜分类推进农村厕所革命

厕所是农村居民可感可及的关键小事，厕所革命从农民实际需求出发，大力开展农村户用卫生厕所建设和改造，同步实施粪污治理，加快实现农村无害化卫生厕所全覆盖，努力补齐影响农民群众生活品质的短板。一是普及农村卫生厕所。要求新改户用厕所基本入院，在有条件的地区积极推动厕所入室，要求新建农房配套设计建设卫生厕所及粪污处理设施设备。因需建设科学布局农村公共厕所，加快建设乡村景区旅游厕所，在人口规模较大村庄配套建设公共厕所，加强农村公厕建设维护清洁。二是坚持因地制宜分类推进。在东部地区、中西部城市近郊区等有基础有条件的地区率先基本完成农村户用厕所无害化改造，并逐步推广水冲卫生厕所；在其他地区按照群众接受、经济适用、维护方便、不污染公共水体的要求，普及不同水平的卫生厕所，允许不具备条件的建设卫生旱厕；加强中西部地区农村户用厕所改造。三是加强技术支撑提高改厕质量。要求各地科学选择改厕技术模式，宜水则水、宜旱则旱，先搞试点试验，证明切实可行后再推开。严格执行标准，把标准贯穿于农村改厕全过程。加快干旱、寒冷地区卫生厕所适用技术和产品研发。四是加强厕所粪污无害化处理与资源化利用。加强农村厕所革命与生活污水治理有机衔接，因地制宜推进厕所粪污分散处理、集中处理与纳入污水管网统一处理，鼓励联户、联村、村镇一体处理。积极推进农村厕所粪污资源化利用，统筹使用畜禽粪污资源化利用设施设备，逐步推动厕所粪污就地就农消纳、综合利用。

（2）分类梯次推进农村生活污水治理

农村生活污水治理是农村人居环境整治的重要内容。一是健全农村生活污水治理机制，明确和落实生活污水治理的主体责任。鼓励县级人民政府加强领导，组织整县谋划农村生活污水治理，统筹考虑改厕和粪污收集利用；明确农村生活污水治理职责部门、运行管理单位责任；强化建设运维资金、用地用电及相关政策等保障，着力构建长效工作机制。推动专业化市场主体为主具体负责城乡生活污水处理设施建设和运行管理。加强对农村生活污水治理成效的评估监督，倡导节约用水，宣传鼓励农民群众形成良好的用水习惯，鼓励农户以资源化利用方式实现污水科学就地回用。二是分区分类推进治理。以县域为基本单元，以水源保护区和城乡结合部、乡镇政府驻地、中心村、旅游风景区等人口居住集中区域为重点梯次推进农村生活污水治理。因地制宜采用符合农村实际的生活污水建设模式和治理技术，优先推广运行费用低、管护简便的治理技术，优先采取资源化利用的治理模式。对距离城镇较近且具备条件的村庄，可采取纳入城镇污水管网/厂的治理模式。常住人口较少、居住分散，以及具备适宜环境消纳能力的村庄，就近就地实现农村生活污水资源化利用。人口集中或相对集中的村庄，因地制宜采取相对集中式或者集中式处理模式。将污染治理与资源利用相结合、工程措施与生态措施相结合、集中处理与分散处理相结合。三是加强农村黑臭水体治理。建立治理台账，明确治理优先序。开展农村黑臭水体治理试点，以房前屋后河塘沟渠等群众反映强烈的黑臭水体为重点，采取控源截污、清淤疏浚、生态修复、水体净化等措施综合治理，基本消除较大面积黑臭水体。统筹开展农村改厕和污水、黑臭水体治理，加强农村黑臭水体动态排查和源头治理。推动城镇污水管网向周边村庄延伸覆盖。将农村水环境治理纳入河长制、湖长制管理体系，建立健全促进水质改善的长效运行维护机制。

（3）健全农村生活垃圾处理长效机制

一是健全农村生活垃圾收运处置体系，完善农村生活垃圾收集、转运、处置设施和模式，健全完善农村再生资源回收利用网络。城市或县城生活垃圾处理设施覆盖范围内的村庄，采用统一收运、集中处理的生活垃圾收运处置模式；交通不便或运输距离较长的村庄，因地制宜建设小型化、分散化、无害化处理设施，推进生活垃圾就地就近处理，降低建设运行成本。二是推进农村生活垃圾分类减量和资源化利用。探索就地就近就农处理和资源化利用的路径，有序开展农村生活垃圾分类与资源化利用示范县创建，协同推进农村厕所粪污、有机生活垃圾、有机废弃物就近就地资源化处理利用，加强村庄有机废弃物综合处置利用设施建设。排查整治非正规垃圾堆放点，稳步解决垃圾山、垃圾围村、垃圾围坝、工业污染"上山下乡"等问题。协同推进废旧农膜、农药肥料包装废弃物回收处理。三是完善农村生活垃圾收运处置设施。生活垃圾收运处置体系尚未覆盖的农村地区，按照自然村（村民小组）全覆盖的要求，配置生活垃圾收运处置设施设备，实现自然村（村民小组）有收集点（站）、乡镇有转运能力、县城有无害化处理能力。已经实现全覆盖的地区，要结合当地经济水平，推动生活垃圾收运处置设施设备升级换代。四是提高农村生活垃圾收运处置体系运行管理水平。深入贯彻执行《农村生活垃圾收运和处理技术标准》，压实运行维护企业或单位的责任。推行农村生活垃圾收运处置体系运行管护服务专业化，加强对专业公司服务质量的考核评估。利用开发公益性岗位等方式承担村庄保洁、垃圾收运等力所能及的服务。推动建立健全农村生活垃圾收运处置体系经费保障机制。

（4）整体提升村容村貌

一是改善村庄公共环境。深入开展村庄清洁行动，清理私搭乱建、乱堆乱放，整治残垣断壁，规范农村用火、线路、广告设施建设配置，推进农村无障碍设施建设。二是推进乡村绿化美化。深入开展绿化美化行动，整治公共空间和庭院环境，保护乡村自然景观，分不同土地类型开展绿化。引导村民开展庭院绿化，通过农村"四旁"（水旁、路旁、村旁、宅旁）植树推进村庄绿化。在有条件的地区推进小微公园、公共绿地和森林乡村建设。三是加强乡村风貌引导。开展美丽宜居村庄和美丽庭院示范创建活动。提高农房设计水平和建设质量，突出农村建筑乡土特色和地域民族特点，不搞千村一面，不搞大拆大建。弘扬优秀农耕文化，加强传统村落和历史文化名村名镇保护。

（5）建立健全长效管护机制

建立健全农民参与的农村人居环境建设和管护长效机制，鼓励有条件的地方对农村人居环境公共设施维修养护进行补助，鼓励专业化、市场化建设和运行管护，全面建立村庄保洁制度，有条件的地区推广城乡环卫一体化第三方治理。推行环境治理依效付费制度，健全服务绩效评价考核机制。

3. 全力推进数字乡村建设

开展数字乡村建设是党中央立足新一代信息技术创新的时代大背景作出的重大战略决策，是乡村振兴的重要引擎，也是引领农业农村现代化、建设农业强国的关键切口。2018年中央1号文件《中共中央 国务院关于实施乡村振兴战略的意见》中首次提出"实施数字乡村战略"。此后连续6年的中央1号文件均对数字乡村建设作出重要部署。从数字乡村建设的阶段性目标和重点任务看，2020年前的重点任务主要是开展乡村建设的规划设计，加快宽带网络、第四代移动通信网络等乡村信息基础设施建设和覆盖步伐。2020年后，数字乡村建设向纵深推进，建设重点逐渐由硬件设施转向软件应用，一方面加快农村数字基础设施提档升级、与城市衔接一体规划建设，另一方面加强涉农信息协同共享，研发推广农业农村大数据应用场景，加大力度发展智慧农业，探索和发展农村新业态新模式，以数字技术赋能乡村公共服务。总的来看，数字乡村建设以充分解放和发展农村数字生产力为目标，着力破除城乡信息、技术的要素壁垒，加快农业农村数字化转型，激发乡村振兴内生动力。具体有以下四项政策着力点。

（1）加强数字基础设施建设升级

数字基础设施是数字乡村建设的最基本内容。一方面加快光纤宽带、移动互联网、数字电视网和下一代互联网的建设速度，持续提升农村通信网络质量和覆盖水平，实施电信普遍服务，开发适应"三农"特点的信息终端、技术产品、移动互联网应用软件，构建面向农业农村的综合信息服务体系。另一方面推动农村公路、电网、水利工程、冷链物流等传统基础设施实施数字化改造升级。

（2）加快发展智慧农业

一是推进农业农村大数据建设应用。建设全国农业农村基础数据库及重要农产品单品种全产业链大数据，建立重要农产品市场监测预警体系和粮食产购储加销大数据体系，建设全国农田建设数字化监管平台，提高对农业农村自然资源、产业链条和产品市场的监测、管理与调控能力。二是加快农业生产数字化改造。推动物联网、大数据、人工智能、区块链等新一代信息技术与农业生产经营深度融合，建设智慧农场、智慧牧场、智慧渔场，推动智能感知、智能分析、智能控制技术与装备在农业生产中的集成应用，推进无人农场试点和数字育种技术应用，提高农业土地产出率、劳动生产率和资源利用率。三是加快智慧农业技术创新和农业科技信息服务，加强农业领域技术攻关和装备研发。通过企业、社会主体和科技特派员为新型农业经营主体与小农户提供综合信息服务，充分释放信息技术的普惠效应。

（3）大力探索和发展农村新业态新模式

一是深化农村电商发展，深入实施"数商兴农"和"互联网＋"农产品出村进城工程，扩大农村电商覆盖面，积极打造农产品网络品牌。加快农村寄递物流体系建设，持续实施"快递进村"工程。开展电商培训，培育数字"新农人"，用好社交电商、直播电商等新模式，打开农产品销售渠道。二是加快培育农村新业态，发展基于互联网的创意农业、认养农业、健康养生等新业态，创新共享农场、云农场等网络经营模式。推动智慧休闲农业、乡村智慧文旅发展，推广大众参与式评价、数字创意漫游、沉浸式体验等经营新模式。

（4）推进乡村管理服务数字化

一是提升数字治理能力，完善农村智慧党建体系，推动"互联网＋政务服务"向乡村延伸，提升村级事务管理智慧化水平，推动社会综合治理精细化，加强农村智慧应急管理体系建设，构建线上线下相结合的乡村数字惠民便民服务体系。二是振兴乡村网络文化，筑牢乡村网络文化阵地，推进乡村文化资源数字化。三是打造智慧绿色乡村，加强乡村自然资源、生态环境和人居环境的数据收集分析动态监测，提升乡村生态保护信息化水平，加强农村人居环境数字化监管。四是提升公共服务效能。深入推进乡村"互联网＋教育""互联网＋医疗健康"，加强农村公共服务资源优质供给，推动城乡公共服务衔接一体，不断缩小城乡公共服务"数字鸿沟"。

4. 提升农村基本公共服务

农村基本公共服务是缩小城乡差距、提高农村居民生活质量、改善农村生态环境的重要抓手。党的十九大报告中提出"到二〇三五年，基本实现基本公共服务均等化"的目标。此后连续 7 年的中央 1 号文件和连续 6 年的中央农村工作会议都将提升农村基本公共服务水平作为重要目标任务，部署安排了一系列政策举措。为了适应农村发展新变化和农村居民的新需求，农村基本公共服务的建设策略不断调整、建设水平不断提升。从 2017 年中央农村工作会议提出"逐步建立健全全民覆盖、普惠共享、城乡一体的基本公共服务体系"，到 2020 年中央农村工作会议提出"推进城乡基本公共服务均等化"的新要求，再到 2023 年将农村公共服务的重点放在适应乡村人口变化趋势，优化公共服务配置，农村公共服务便利度逐步提高。具体而言，有以下四方面的政策要点。

（1）提高农村教育质量

一是推动城乡义务教育一体化发展。持续推进农村义务教育控辍保学专项行动，巩固义务教育普及成果，推进县域内义务教育优质均衡发展。优先规划、持续改善农村义务教育学校基本办学条件，开展城乡学校共同体建设。深入实施农村义务教育学生营养改善计划。保留并办好必要的乡村小规模学校。二是加强农村儿童健康改善和早期教育、学前教育，实施学前教育行动计划。多渠道增加农村普惠性学前教育供给，完善普惠性学前教育保障机制。三是实施高中阶段教育普及攻坚计划，实施县域普通高中发展提升行动计划。巩固提升高中阶段教育普及水平，在县城和中心镇新建改扩建一批高中和中等职业学校。四是加强乡村教师队伍建设，全面推行义务教育阶段教师"县管校聘"，有计划安排县城学校教师到乡村支教。推进县域内义务教育学校校长教师交流轮岗。落实中小学教师平均工资收入水平不低于或高于当地公务员平均工资收入水平政策，教师职称评聘向乡村学校教师倾斜，符合条件的乡村学校教师纳入当地政府住房保障体系。落实乡村教师生活补助政策。五是加强乡镇寄宿制学校建设。持续改善乡镇寄宿制学校办学条件。六是加强农村特殊教育。完善农村特殊教育保障机制，大力提升中西部地区乡村教师国家通用语言文字能力，加强贫困地区学前儿童普通话教育。七是扩大职业教育学校在农村招生规模，提高职业教育质量。面向农民就业创业需求，发展职业技术教育与技能培训，建设一批产教融合基地。加大涉农高校、涉农职业院校、涉农学科专业建设力度，加强农村职业院校基础能力建设，进一步推进乡村地区继续教育发展。支持县城职业中学等学校根据当地产业发展需要试办社区学院。八是加快发展面向乡村的网络教育。九是开展耕读教育，把耕读教育和科学素质教育纳入教育培训体系。

（2）全面推进健康乡村建设

一是加强乡村基层医疗卫生体系建设，加强县级医院和妇幼保健机构建设，持续提高农村传染病防控和应急处置能力。提升乡镇卫生院医疗服务能力，提升村卫生室设施条件建设和健康管理水平，逐步提高县域内医保基金在乡村医疗卫生机构使用的比例，加快将村卫生室纳入医保定点管理。推进医疗卫生资源县域统筹，稳步推进紧密型县城医疗卫生共同体建设。采取派驻、巡诊等方式提高基层卫生服务水平。加强妇幼、老年人、残疾人等重点人群健康服务，将农村适龄妇女宫颈癌和乳腺癌检查纳入基本公共卫生服务范围。二是加强农村社会保障体系建设，推动城乡社会保障体系衔接一体。强化基本医保、大病保险、医疗救助三重制度保障功能。建立健全统一的城乡居民基本医疗保险制度，同步整合城乡居民大病保险。适当提高城乡居民基本医疗保险财政补助和个人缴费标准，提高城乡居民基本医保、大病保险、医疗救助经办服务水平。落实对特殊困难群体参加城乡居民基本医保的分类资助政策。推动农村基层定点医疗机构医保信息化建设，强化智能监控全覆盖，加强医疗保障基金监管。统筹城乡社会救助体系，完善最低生活保障制度、优抚安置制度。加强农村低保对象动态精准管理，合理提高低保等社会救助水平，逐步提高特困人员供养服务质量。优化低保审核确认流程，确保符合条件的困难群众"应保尽保"。三是加强乡村医疗卫生和疾控人才队伍建设，加大农村基层本地全科人才培养力度，实施全科医生特岗计划，推动乡村医生向执业（助理）医师转变，稳步提高乡村医生中具备执业（助理）医师资格的人员比例，推进乡村医生队伍专业化规范化。落实乡村医生待遇，统筹解决乡村医生薪酬分配和待遇保障问题。适当简化本科及以上学历医学毕业生或经住院医师规范化培训合格的全科医生招聘程序。鼓励应届高校医学毕业生到中西部地区和艰苦边远地区乡村工作。

（3）完善农村养老服务体系

一是加强养老服务供给，提升养老服务水平。因地制宜推进区域性养老服务中心建设，健全县乡村衔接的三级养老服务网络。提升县级敬老院失能照护能力。加快乡镇敬老院升级改造，提升乡镇敬老院集中供养水平。发展农村普惠型养老服务和互助式养老，推广日间照料、互助养老、探访关爱、老年食堂等养老服务，在有条件的村庄建设农村幸福院、日间照料中心等互助式养老服务设施，支持卫生院利用现有资源开展农村重度残疾人托养照护服务。完善养老助残服务设施，支持有条件的农村建立养老助残机构，建设养老助残和未成年人保护服务设施，培育区域性养老助残服务中心。二是完善农村养老保险制度。完善城乡居民基本养老保险待遇确定和基础养老金正常调整机制。健全城乡居民基本养老保险"多缴多得、长缴多得"激励机制。适时提高基础养老金标准。

（4）提升村级综合服务能力

开展县乡村公共服务一体化示范建设。加强村级综合服务设施建设，完善便民服务机制。推进"一站式"便民服务，完善村级综合服务站点，支持党建服务、基本公共服务和公共事业服务就近或线上办理。加强农村全民健身场地设施建设。推进公共照明设施与村内道路、公共场所一体规划建设，加强行政村村内主干道路灯建设。推进完善革命老区、民族地区、边疆地区、欠发达地区基层应急广播体系。因地制宜建设农村应急避难场所，开展农村公共服务设施无障碍建设和改造。加强农村生育支持和婴幼儿照护服务，健全农村流动儿童、留守儿童、妇女、老年人、残疾人等关爱服务体系。推进乡村公益性殡葬服务设施建设和管理。加强出生缺陷防治知识普及和健康教育。

（四）扎实推进乡村生态建设

践行绿色发展理念，推动乡村生态振兴是实现乡村可持续发展和农业农村现代化的必由之路，也是构建人与自然和谐共生的美丽乡村的重要策略。建设优美宜居的乡村生态环境是实施乡村振兴战略不可或缺的重大任务。党的二十大要求全方位、全地域、全过程加强生态环境保护。

扎实推进乡村生态建设，要始终坚持绿色发展理念毫不动摇，因地制宜开展生态建设，纵深推进污染防治攻坚，扎实推进绿色、循环、低碳发展，制定科学合理的发展路径，扎扎实实推进农村生态环境保护工作，为农民群众提供最普惠的生态福祉，为乡村振兴赋能助力。

1. 推进质量兴农绿色兴农，提升农业质量效益和竞争力

（1）完善农业绿色发展的顶层设计

党的十九大以来，我国政府在推进质量兴农和绿色兴农方面出台了一系列政策文件，系统化地提出了多项政策举措，旨在提升农业质量和绿色可持续发展，促进农民增收致富。2018 年 9 月，中共中央、国务院印发《乡村振兴战略规划（2018—2022 年）》，围绕保障农产品质量安全、推进农业绿色发展等方面，提出了具体的政策举措，促进农业农村现代化。自 2021 年中央 1 号文件开始，连续 4 年在 1 号文件中强调有序推进质量兴农绿色兴农，提升农业质量效益和竞争力，进一步发展绿色农业，2024 年中央 1 号文件中明确指出"坚持产业兴农、质量兴农、绿色兴农"。

质量兴农方面，2019 年 2 月，国家发展改革委、农业农村部等七部门联合印发《国家质量兴农战略规划（2018—2022 年）》，明确了未来五年实施质量兴农的总体思路、发展目标和重点任务，提出到 2022 年基本建立质量兴农制度框架，农业高质量发展取得显著成效，确定加快农业绿色发展、推进农业全程标准化、促进农业全产业链融合、培育提升农业品牌、提高农产品质量安全水平、强化农业科技创新、建设高素质农业人才队伍等七个方面的重点举措。2022 年，农业农村部编制《"十四五"全国农产品质量安全提升规划》，提出"到 2025 年，农产品质量安全水平持续稳中向好，农产品质量安全治理能力和绿色优质农产品供给能力稳步提升"的发展目标。

绿色兴农方面，2017 年 5 月，农业农村部启动实施畜禽粪污资源化利用行动、果菜茶有机肥替代化肥行动、东北地区秸秆处理行动、农膜回收行动和以长江为重点的水生生物保护行动等农业绿色发展五大行动，增强农业可持续发展能力，提高农业发展的质量效益和竞争力；同年 9 月，中共中央办公厅、国务院办公厅印发《关于创新体制机制推进农业绿色发展的意见》，提出建立农业绿色循环低碳生产制度、贫困地区农业绿色开发机制、耕地轮作休耕制度、绿色农业标准体系，完善绿色农业法律法规体系，强化资源保护与节约利用的政策措施；2021 年 12 月，农业农村部、国家发展改革委等六部门联合印发《"十四五"全国农业绿色发展规划》，明确"到 2025 年，农业绿色发展全面推进，制度体系和工作机制基本健全，科技支撑和政策保障更加有力，农村生产生活方式绿色转型取得明显进展"的发展目标。

（2）构建农业绿色供应链

一是推进农产品加工业绿色转型。坚持加工减损、梯次利用、循环发展方向，统筹发展农产品初加工、精深加工和副产物加工利用。促进农产品商品化处理，改善田头预冷、仓储保鲜、原料处理、分组分割、烘干分级等设施装备条件，减少产后损失。加快绿色高效、节能低碳的农产品精深加工技术集成应用，生产开发营养安全、方便实惠的食用农产品。集中建立农产品加工副产物收集、运输和处理设施，采取先进提取、分离与制备技术，加强农产品加工副产物综合利用，开发新能源、新材料、新产品。

二是建立健全绿色流通体系。发展农产品绿色低碳运输，以全链条、快速化为导向，建设水陆空一体、便捷顺畅、配送高效的多元联运网络。加快建设覆盖农业主产区和消费地的冷链物流基础设施，健全农产品冷链物流服务体系。加快农产品批发市场改造提升，配套分拣加工、冷藏冷冻、检验检疫和废弃物处理设施，加强市场数字化信息体系建设，推动农产品供应链可追溯。推广农产品绿色电商模式，创新农产品冷链共同配送、生鲜电商＋冷链宅配、中央厨房＋食材冷链配送等经营模式，实现市场需求与冷链资源高效匹配对接，降低流通成本及资源损耗。

三是促进绿色农产品消费。健全绿色农产品标准体系，加强绿色食品、有机农产品、地理标志农产品认证管理，深入推进食用农产品达标合格证制度试行，进一步推广运用农产品追溯体系，提高绿色农产品的市场认可度。推动批发市场、超市、电商设立绿色农产品销售专区专馆专柜，引导企业和居民采购消费绿色农产品。倡导绿色低碳生活方式，开展农产品过度包装治理，坚决制止餐饮浪费行为。

（3）推进产业集聚循环发展

一是促进产业融合发展。以绿色为导向，推动农业与食品加工业、生产服务业和信息技术融合发展，建设一批绿色农业产业园区、产业强镇、产业集群，带动农村一二三产业绿色升级。推进要素集聚，统筹产地、销区和园区布局，引导资本、科技、人才、土地等要素向农产品主产区、中心乡镇和物流节点、重点专业村聚集，促进产业格局由分散向集中、发展方式由粗放向集约、产业链条由单一向复合转变。推进企业集中，促进农产品加工与企业对接，引导大型农业企业重心下沉，向农产品加工园区集中，再造流通体系，降低交易成本，促进生产与加工、产品与市场、企业与农户协调发展。推进功能集合，合理布局种养、加工等功能，完善绿色加工物流、清洁能源供应、废弃物资源利用等基础设施，打造绿色产业链供应链，推动形成功能齐全、布局合理的绿色发展格局。

二是推动低碳循环发展。推动企业循环式生产、产业循环式组合，加快培育产业链融合共生、资源能源高效利用的绿色低碳循环产业体系，形成新的经济增长源。发展生态循环农业，合理选择农业循环经济发展模式，推动多种形式的产业循环链接和集成发展，促进农业废弃物资源化、产业化、高值化利用，发展林业循环经济，加快建立植物生产、动物转化、微生物还原的种养循环体系，打造一批生态农场样板。推动农业园区低碳循环，推动现代农业产业园区和产业集群循环化改造，建设一批具有引领作用的循环经济园区和基地。完善园区循环农业产业链条，实现资源循环利用、废弃物集中安全处置、垃圾污水减量排放，形成种养加销一体、农林牧渔结合、一二三产业联动发展的现代复合型循环经济产业体系。

（4）推进农业绿色技术创新

一是推进绿色技术集成创新。加强绿色科技基础研究，深化农业绿色发展基础理论研究，加快突破一批重大理论和工具方法，加强科研基础设施、资源生态监测系统等建设，强化长期性、稳定性、基础性支撑。开展关键技术攻关，围绕农业深度节水、精准施肥用药、重金属及面源污染治理、退化耕地修复等，组织科研和技术推广单位开展联合攻关，攻克一批关键核心技术，研发一批绿色投入品。推进技术集成创新，熟化核心技术，推动农业生产数字化、智能化与绿色化改造，组装集成一批不同品种、不同区域的绿色技术，建立农业绿色发展技术体系。

二是加快绿色农机装备创制。按照智能、系统集成理念，推动农机装备向模式化、智能化转变。完善绿色农机装备创新体系，瞄准农业绿色发展机械化需求，以企业为主体、市场为导向，促进产学研推用深度融合。推动农机装备研发升级，鼓励农机装备企业攻克关键核心技术、基础材料及制造工艺等短板，推动高效节能农用发动机、高速精量排种器、喷雾机喷嘴等重要零部件研发制造，深化北斗系统在农业生产中的推广应用，加快产业化步伐，推动传统农机装备向绿色、高效、智能、复式方向升级。加快绿色高效技术装备示范推广，稳定实施农机购置补贴政策，将更多支持农业绿色发展机具、智能装备纳入补贴范围，加快绿色机械应用推广。加强绿色农机标准制定，推进农业机械排放标准升级，加快淘汰耗能高、污染重、安全性能低的老旧农机装备。

三是建设农业绿色技术创新载体。推进农业绿色技术创新平台建设，布局一批国家级、省部级（重点）实验室、农业科学观测实验站，组织现代农业产业技术体系开展绿色技术创新。引导大型农业企业集团搭建绿色技术创新平台，建立绿色技术创新中心，参与承担国家重大科技专项、国家重点研发计划等。加快农业绿色发展科技创新联盟发展，集聚科研院校、涉农企业、社会团体等各类创新主体力量，开展产学研企联合攻关，加快突破农业绿色发展技术瓶颈。

（5）加快绿色适用技术推广应用

一是推进绿色科技成果转化。建立健全农业科技成果评估制度，组织开展农业绿色科技成果第三方评估，重点推进知识产权评议、成果价值评估、技术风险评价等。建立农业绿色科技成果转化平台，支持农业科研院校建立技术转移中心、成果孵化平台、创新创业基地等。定期公布科技成果和相关知识产权信息，采取研发合作、技术转让、技术许可、作价投资等形式，推动科技成果与绿色产业有效对接。建立绿色发展科技成果转化激励制度，强化股权和分红激励政策，推动绿色科技成果向生产领域转化。

二是推进绿色技术先行先试。开展绿色技术应用试验，以国家农业绿色发展试点先行区为重点，探索不同生态类型、不同主导品种的农业绿色发展典型模式。开展农业绿色发展综合试点，选择一批新型农业经营主体，探索节肥节药、废弃物循环利用市场化运行机制。开展农业绿色发展长期固定观测，布局建设一批观测试验站，完善观测技术装备条件。搭建国家农业绿色发展观测数据平台，开展观测数据分析评价。推进重要农业资源台账建设，摸清农业资源底数。开展国家农业农村绿色发展监测预警，优化监测点位布局，建立健全农业农村绿色发展全过程监测预警体系，持续实施产地土壤环境、农田氮磷流失、农田地膜残留等监测。

三是引导小农户应用绿色技术。开展绿色生产技术示范，加强主体培育、科技服务、技术培训、社会化服务，提升小农户生产绿色化水平。实施科技服务小农户行动，建立健全农业科技社会化服务体系，支持小农户运用优良品种、绿色技术、节能农机等发展智慧农业、循环农业等现代农业。实施小农户能力提升工程，采取农民夜校、田间学校等形式，开展绿色技术培训，支持小农户开展联户经营、联耕联种，接受统耕统收、统配统施、统防统治等社会化服务，降低生产经营成本。鼓励有长期稳定务农意愿的小农户稳步扩大规模，采用绿色农业技术，开展标准化生产。

（6）加强绿色人才队伍建设

一是健全基层农技推广服务体系。推动基层农技推广机构建设，保障必需的试验示范条件和技术服务设备设施，加强绿色增产、生态环保、质量安全等领域重大关键技术示范推广。支持基层农技推广人员进入家庭农场、合作社和农业企业，为小农户和新型农业经营主体提供全程化、精准化和个性化绿色生产技术服务。创新农技推广机构管理机制，将绿色技术、数字技术推广服务成效纳入责任绩效考评指标体系。

二是培育新型农业经营主体。充分发挥新型农业经营主体对市场反应灵敏、对绿色新品种新技术新装备采用能力强的优势，积极培育和壮大新型经营主体。支持发展家庭农场和农民合作社，培育农业产业化龙头企业和联合体。引导新型农业经营主体发展绿色农业、生态农业、循环农业，推进生态农场建设，率先运用绿色生产技术，开展标准化生产，提高绿色技术示范应用水平。鼓励广大科技特派员在农业绿色发展领域创新创业。支持新型农业经营主体带动普通农户发展绿色种养，提供专业化全程化绿色技术服务。

三是培养绿色技术推广人才。创新绿色技术推广人才培养模式，加快培养农业绿色生产高素质应用型人才。培养新型农业经营主体带头人，增加农业绿色生产技能培训课程，强化绿色发展理论教学和实践操作。加强农村实用人才培养，依托高素质农民培育计划，加大绿色技术培训力度，提高绿色生产技术水平。发挥高等院校、科研单位作用，增设农业绿色发展专业，在生产一线建立科技小院、实习基地，指导科研人才参与绿色技术推广。

2. 加强农业面源污染防治，提升农业产地环境保护水平

（1）推进化肥农药减量增效

一是推进化肥减量增效。强化技术集成驱动，以化肥减量增效为重点，集成推广科学施肥技术。在粮食主产区、园艺作物优势产区和设施蔬菜集中产区，推广机械施肥、种肥同播等措施，示范推广缓释肥、水溶肥等新型肥料，改进施肥方式。强化有机肥替代行动，以果菜茶优势区为重点推动粪肥还田利用，减少化肥用量，增加优质绿色产品供给。引导地方加大投入，在更大范围推进有机肥替代化肥。激励新型经营主体带动，培育扶持一批专业化服务组织，开展肥料统配统施社会化服务。鼓励农企合作推进测土配方施肥。

二是推进农药减量增效。大力推行统防统治，扶持一批病虫防治专业化服务组织，开展统防统治，带动群防群治，提高防治效果。扎实推行绿色防控，在园艺作物重点区域，集成推广生物防治、物理防治等绿色防控技术，引导创建绿色生产基地，培育绿色品牌，带动更大范围绿色防控技术推广。系统推广新型高效植保机械，支持创制推广喷杆喷雾机、植保无人机等先进的高效植保机械，提高农药利用率。深入推进科学用药，开展农药使用安全风险评估，推广应用高效低毒低残留新型农药，逐步淘汰高毒、高风险农药。积极构建农作物病虫害监测预警体系，建设一批智能化、自动化田间监测网点，提高重大病虫疫情监测预警水平。

（2）促进畜禽粪污和秸秆资源化利用

一是推进养殖废弃物资源化利用。健全畜禽养殖废弃物资源化利用制度，严格落实畜禽养殖污染防治要求，完善绩效评价考核制度和畜禽养殖污染监管制度，加快构建畜禽粪污资源化利用市场化机制，促进种养结合，推动畜禽粪污处理设施可持续运行。加强畜禽粪污资源化利用能力建设。建立畜禽粪污收集、处理、利用信息化管理系统，持续开展畜禽粪污资源化利用整县推进，建设粪肥还田利用种养结合基地，培育发展畜禽粪污能源化利用产业。推进绿色种养循环，探索建立粪肥运输、使用激励机制，培育粪肥还田社会化服务组织，推行畜禽粪肥低成本、机械化、就地就近还田。减少养殖污染排放，"十四五"期间京津冀及周边地区大型规模化养殖场氨排放总量削减 5％，推进水产健康养殖，减少养殖尾水排放。鼓励因地制宜制定地方水产养殖尾水排放标准。

二是推进秸秆综合利用。促进秸秆肥料化，集成推广秸秆还田技术，改造提升秸秆机械化还田装备。在东北平原、华北平原、长江中下游地区等粮食主产区，系统性推进秸秆粉碎还田。促进秸秆饲料化，鼓励养殖场和饲料企业利用秸秆发展优质饲料，将畜禽粪污无害化处理后还田，实现过腹还田、变废为宝。促进秸秆燃料化，有序发展以秸秆为原料的生物质能，因地制宜发展秸秆固化、生物炭等燃料化产业，逐步改善农村能源结构。推进粮食烘干、大棚保温等农用散煤清洁能源替代，2025年在大气污染防治重点区域基本完成。促进秸秆基料化和原料化，发展食用菌生产等秸秆基料，引导开发人造板材、包装材料等秸秆原料产品，提升秸秆附加值。培育秸秆收储运服务主体，建设秸秆收储场（站、中心），构建秸秆收储和供应网络。建立健全秸秆资源台账，强化数据共享应用。

（3）加强白色污染治理

一是推进农膜回收利用。落实严格的农膜管理制度，加强农膜生产、销售、使用、回收、再利用等环节管理。推广普及标准地膜，开展地膜覆盖技术适宜性评估，因地制宜调减作物覆膜面积。强化市场监管，禁止企业生产、采购、销售不符合国家强制性标准的地膜。积极探索推广环境友好生物可降解地膜。促进废旧地膜加工再利用，培育专业化农膜回收主体，发展废旧地膜机械化捡拾，建设农膜储存加工场点。建立健全农膜回收利用机制，在西北地区支持一批用膜大县整县推进农膜回收，加强长江经济带农膜回收利用，健全回收网络体系。开展区域农膜回收补贴制度试点，探索建立地膜生产者责任延伸制度。建立健全农田地膜残留监测点，开展常态化、制度化监测评估。

二是推进包装废弃物回收处置。严格农药包装废弃物管理，按照"谁生产、经营，谁回收"的原则，建立农药生产者、经营者包装废弃物回收处置责任。鼓励采取押金制、有偿回收等措施，引导农药使用者交回农药包装废弃物。以农资经销店为依托合理布局回收站点，完善农药包装废弃物回收体系，推进农药包装废弃物资源化利用和无害化处置，加强农药包装废弃物回收处理活动环境污染防治的监管。合理处置肥料包装废弃物，对有再利用价值的肥料包装废弃物进行再利用，促进包装废弃物减量。无利用价值的纳入农村生活垃圾处理体系集中处理。

3. 保护修复农村生态系统，提升乡村生态涵养功能效益

（1）加强耕地保护和质量提升

一是健全耕地轮作休耕制度。推动用地与养地相结合，集成推广绿色生产、综合治理技术模式。坚持轮作为主、休耕为辅，在确保国家粮食安全前提下，调整优化耕地轮作休耕规模和范围，在东北地区、黄淮海和长江流域等开展轮作，在地下水超采区、生态严重退化区等开展休耕，促进耕地休养生息和可持续发展。

二是实施污染耕地治理。开展土壤污染状况调查，优化土壤环境质量监测网络，摸清底数，建立台账，长期监测。实施耕地土壤环境质量分类管理，建立完善优先保护类、安全利用类和严格管控类耕地管理清单。分类分区开展污染耕地治理，对轻中度污染耕地采取农艺措施治理修复，加大安全利用技术推广力度；对重度污染耕地实行严格管控，开展种植结构调整、耕地休耕试点。在土壤污染面积较大的 100 个县推进农用地安全利用技术示范。巩固提升受污染耕地安全利用水平，到 2025 年受污染耕地安全利用率达到 93% 左右。

（2）保护修复农业生态系统

一是建设田园生态系统。建设农田生态廊道，营造复合型、生态型农田林网，恢复田间生物群落和生态链，增加农田生物多样性。发挥稻田生态涵养功能，稳定水稻种植面积，在大城市周边建设一批稻田人工湿地，推广稻渔生态种养模式。优化乡村功能，合理布局种植、养殖、居住等，推进河湖水系连通和生态修复，增加湿地、堰塘等生态水量，增强田园生态系统的稳定性和可持续性。

二是保护修复森林草原生态。开展大规模国土绿化行动，持续加强林草生态系统修复，增加林草资源总量，提高林草资源质量，加强农田防护林保护。修复重要生态系统，宜乔则乔、宜灌则灌、宜草则草，因地制宜、规范有序推进青藏高原生态屏障区、黄河重点生态区等重点区域生态保护和修复重大工程建设。坚持基本草原保护制度，完善草原家庭承包责任制度，加快建立全民所有草原资源有偿使用和所有权委托代理制度。对严重退化、沙化、盐碱化的草原和生态脆弱区的草原实行禁牧，对禁牧区以外的草原实行季节性休牧，因地制宜开展划区轮牧，促进草畜平衡。

三是开发农业生态价值。落实 2030 年前力争实现碳达峰的要求，推动农业固碳减排，强化森林、草原、农田、土壤固碳功能，研发种养业生产过程温室气体减排技术，开发工厂化农业、农渔机械、屠宰加工及储存运输节能设备，创新农业废弃物资源化、能源化利用技术，开展减排固碳能源替代示范，提升农业生产适应气候变化能力。在严格保护生态环境的前提下，挖掘自然风貌、人文环境、乡土文化等价值，开发农业休闲观光、农事体验、生态康养等多种功能。实施优秀农耕文化保护与传承示范工程，发掘农业文化遗产价值，保护传统村落、传统民居。

（3）加强流域生态系统保护

一是推动长江经济带农业生态修复。实施长江"十年禁渔"，推进沿江渔政执法能力建设，加强执法监督和市场监管，开展非法捕捞专项整治。巩固退捕渔民安置保障成果，全面落实好退捕渔民社会保障政策，提高转产就业的稳定性。启动长江水生生物多样性保护工程，开展水生生物栖息地修复、人工迁地繁育和增殖放流，实施中华鲟、长江鲟、长江江豚等珍稀濒危物种拯救行动计划，推动长江水生生物恢复性增长。健全长江水生生物资源与栖息地监测网络，建立实施长江水生生物完整性评价指标体系，科学评估长江禁渔效果。持续开展长江经济带农业面源污染防治，减少农业污染物排放，有效解决农业面源污染突出问题。

二是加强黄河流域农业生态保护。将水资源作为最大的刚性约束，严格落实以水定地要求，统筹推进地下水超采综合治理。推进农业深度节水控水，因水施种，因地制宜调整种植结构，发展节水农业、旱作农业。加强上游重点生态系统保护和修复力度，通过禁牧休牧、划区轮牧以及发展生态、休闲、观光牧业等手段，引导农牧民调整生产生活方式。创新中游黄土高原水土流失治理模式，积极开展小流域综合治理、旱作梯田、淤地坝建设。加强下游滩区生态综合整治，构建滩河林田草综合生态空间。以引黄灌区为重点开展盐碱化耕地改造，加强汾渭平原、河套灌区等区域农业面源污染治理。落实黄河禁渔期制度，持续开展水生生物增殖放流，修复黄河水生生态系统。

（五）改进提升乡村治理效能

乡村振兴战略是当前实现中国式现代化的核心需求之一，而乡村治理是振兴乡村治理体系的基础环节，也是新时代推动我国乡村振兴的关键措施之一。因此，积极推进提升我国乡村治理水平，构建和谐美丽乡村是实现我国现代化乡村建设的必然要求，也是摆在我们面前的一个重要课题。

提高乡村治理效能，构建和谐美丽乡村是建设农业强国核心战略之一。为了加速建设农业强国，推动我国农业农村现代化进程，必须恪守农业现代化的普遍规律，致力于全面提升我国农村现代治理水平，需要全面扎实推进农村人居环境整治，推动村庄环境基本实现干净整洁有序，农民群众环境卫生观念发生积极转变、生活质量普遍提高，宜居宜业和美乡村建设扎实推进，乡村文明焕发新气象。

提高乡村治理效能，有利于构建乡村新的治理结构和管理秩序，进而实现拓展乡村功能和价值。一方面农村管理承载着目标与价值双重特性，它涵盖了农村经济管理、农村环境管理等多个方面。因此，开展乡村治理是社会治理结构和管理秩序在乡村的体现，也是确保乡村正常运作的根本前提。通过深入理解农村管理的内涵，我们能够明确其在推动乡村振兴中的关键作用，无论是农村产业的兴盛还是文化的延续，都离不开农村治理这一基石。另一方面在治理目标层面，农村治理是指不同主体运用不同治理方式介入社区经济社会生态等公共事务的管理过程。高效乡村治理能够使农村功能得到充分发挥，最大限度地挖掘农村的经济潜力、生态潜力和文化潜力。

提高乡村治理效能，有利于推动完善乡村自治体系和激励村民参与乡村治理的主动性。我国农村社会治理着重推崇自我管理理念，倡导村民自主治理，借助村民自治团体、村民代表会议等机制，让村民深度介入社区公共事务的决策与执行。村民的参与使得他们能更有效地捍卫个人权益，促进村庄进步。此外，农村社会治理不仅推崇村民自治，亦重视法律和道德的引导作用。通过构建完善的法律制度，明确职责界限和行为准则，保障社会和谐与公共福祉。同时，通过优化乡村治理，也可以逐步培养公民道德和信用体系，促使村民自发遵循法律法规，增强社会治理的整体效能。

党的十九大报告提出健全自治、法治、德治相结合的乡村治理体系。2018 年中央 1 号文件提出"加强农村社区治理创新"的任务要求，指明了进一步加强和完善农村社区治理的基本方向。

1. 完善乡村现代治理体系

乡村治理是实现国家治理体系和治理能力现代化的重要内容，是人民群众安居乐业、社会安定有序、国家长治久安的重要保障，更是实施乡村振兴战略的基石。要加强农村基层基础工作，构建乡村治理新体系，提升乡村治理现代化水平，让广大农民在乡村振兴中有更多的获得感、幸福感和安全感。

2018 年中央 1 号文件提出，加强农村基础工作，构建乡村治理体系，并要求加强农村基层党组织建设，扎实推进抓党建促乡村振兴，突出政治功能，提升组织力，抓乡促村，把农村基层党组织建成坚强的战斗堡垒；深化村民自治实践，加强农村群众性自治组织建设，健全和创新村党组织领导的充满活力的村民自治机制；建设法治乡村，坚持法制为本，树立依法治理理念，强化法律在维护农民权益、规范市场运行、农业支持保护、生态环境治理、化解农村社会矛盾等方面的权威地位；提升乡村德治水平，深入挖掘乡村熟人社会蕴含的道德规范，强化道德教化作用，建立道德约束机制；健全落实社会治安综合治理领导责任，建设平安乡村。

（1）加强农村基层党组织建设

扎实推进抓党建促乡村振兴，突出政治功能，提升组织力，抓乡促村，把农村基层党组织建成坚强战斗堡垒。强化农村基层党组织领导核心地位，创新组织设置和活动方式，持续整顿软弱涣散村党组织，稳妥有序开展不合格党员处置工作，着力引导农村党员发挥先锋模范作用。建立选派第一书记工作长效机制，全面向贫困村、软弱涣散村和集体经济薄弱村党组织派出第一书记。实施农村带头人队伍整体优化提升行动，注重吸引高校毕业生、农民工、机关企事业单位优秀党员干部到村任职，选优配强村党组织书记。健全从优秀村党组织书记中选拔乡镇领导干部、考录乡镇机关公务员、招聘乡镇事业编制人员制度。加大在优秀青年农民中发展党员力度。建立农村党员定期培训制度。全面落实村级组织运转经费保障政策。推行村级小微权力清单制度，加大基层小微权力腐败惩处力度。严厉整治惠农补贴、集体资产管理、土地征收等领域侵害农民利益的不正之风和腐败问题。

（2）深化村民自治实践

坚持自治为基，加强农村群众性自治组织建设，健全和创新村党组织领导的充满活力的村民自治机制。发挥自治章程、村规民约的积极作用。全面建立健全村务监督委员会，推行村级事务阳光工程。依托村民会议、村民代表会议、村民议事会、村民理事会、村民监事会等，形成民事民议、民事民办、民事民管的多层次基层协商格局。推动乡村治理重心下移，尽可能把资源、服务、管理下放到基层。继续开展以村民小组或自然村为基本单元的村民自治试点工作。加强农村社区治理创新。创新基层管理体制机制，整合优化公共服务和行政审批职责，打造"一门式办理""一站式服务"的综合服务平台。在村庄普遍建立网上服务站点，逐步形成完善的乡村便民服务体系。大力培育服务性、公益性、互助性农村社会组织，积极发展农村社会工作和志愿服务。集中清理上级对村级组织考核评比多、创建达标多、检查督查多等突出问题。维护村民委员会、农村集体经济组织、农村合作经济组织的特别法人地位和权利。

（3）建设法治乡村

坚持法治为本，树立依法治理理念，强化法律在维护农民权益、规范市场运行、农业支持保护、生态环境治理、化解农村社会矛盾等方面的权威地位。增强基层干部法治观念、法治为民意识，将政府涉农各项工作纳入法治化轨道。深入推进综合行政执法改革向基层延伸，创新监管方式，推动执法队伍整合、执法力量下沉，提高执法能力和水平。建立健全乡村调解、县市仲裁、司法保障的农村土地承包经营纠纷调处机制。加大农村普法力度，提高农民法治素养，引导广大农民增强尊法学法守法用法意识。健全农村公共法律服务体系，加强对农民的法律援助和司法救助。

（4）提升乡村德治水平

深入挖掘乡村熟人社会蕴含的道德规范，结合时代要求进行创新，强化道德教化作用，引导农民向上向善、孝老爱亲、重义守信、勤俭持家。建立道德激励约束机制，引导农民自我管理、自我教育、自我服务、自我提高，实现家庭和睦、邻里和谐、干群融洽。广泛开展好媳妇、好儿女、好公婆等评选表彰活动，开展寻找最美乡村教师、医生、"村官"、家庭等活动。深入宣传道德模范、身边好人的典型事迹，弘扬真善美，传播正能量。

（5）加强平安乡村建设

健全落实社会治安综合治理领导责任制，大力推进农村社会治安防控体系建设，推动社会治安防控力量下沉。深入开展扫黑除恶专项斗争，严厉打击农村黑恶势力、宗族恶势力，严厉打击黄赌毒盗拐骗等违法犯罪。依法加大对农村非法宗教活动和境外渗透活动打击力度，依法制止利用宗教干预农村公共事务，继续整治农村乱建庙宇、滥塑宗教造像。完善县乡村三级综治中心功能和运行机制。健全农村公共安全体系，持续开展农村安全隐患治理。加强农村警务、消防、安全生产工作，坚决遏制重特大安全事故。探索以网格化管理为抓手、以现代信息技术为支撑，实现基层服务和管理精细化精准化。推进农村"雪亮工程"建设。

2. 提升农民科技文化素质

实施乡村振兴战略，人才是关键，农民是主体。要把乡村人力资本开发放在首要位置，以提高农民科学素养为核心，不断加强农村科学普及力度，为全面推进乡村振兴提供支撑。2019 年，中国科协、农业农村部联合相关部门共乡村振兴农民科学素质提升行动，并研究制定《乡村振兴农民科学素质提升行动实施方案（2019—2022年）》，明确了进一步加强农村科普工作，提高农民科学文化素质的发展目标与重点任务，提出"到2022年，农村科普框架体系初步健全，农民科技教育培训水平显著提升，农村科普活动和科普资源不断丰富，农村科普公共服务和科普基础设施建设持续改善，乡村振兴农民科学素质提升取得阶段性成果，探索形成一批各具特色的模式和经验"的目标任务。

（1）加强农村重点人群科学素质培训培育

一是开展以高素质农民为主体的农村实用人才培训。加强高素质农民培育制度建设，支持农民通过半农半读、弹性学制参加中高等农业职业教育，加快构建新一代高素质农民队伍。在全国层面举办高素质农民、农村实用人才带头人、村"两委"干部培训，开展乡土人才示范培训，实施高素质农民培育工程。二是开展小农户群体科学素质培训。通过线上线下结合方式提升小农户群体的科学素质，全面普及绿色发展、安全健康、耕地保护、防灾减灾、绿色殡葬等知识观念，反对封建迷信，帮助养成科学健康文明的生产生活方式。三是开展乡村科技人才培训。通过开展技能培训、强化专家及乡土人才指导、举办农村青年涉农产业致富大赛、开展农产品区域公用品牌培训等方式，着力培养一支综合素质高、生产经营能力强、主体作用发挥明显的乡村科技人才队伍。加大农村学校科技辅导员培训力度，重点开展科技活动辅导、心理疏导、安全健康、生态环境保护等方面的培训。四是开展农村妇女科学素质培训。大力开展农村妇女线上线下教育培训，通过开展"智爱妈妈"活动、举办农村妇女科学素质专题培训班、鼓励巾帼农业科技示范基地广泛开展培训等方式，有效提升农村妇女的科学致富能力和科学文化素质。

（2）提升农民科普信息化服务水平

一是强化科普中国落地应用。联合有关部门，充分利用"科普中国"优质资源，开展科普中国乡村e站建设转型升级，通过队伍共建、资源共享的方式强化科普中国信息员队伍建设，传播分享优质科普内容。二是充分发挥手机"新农具"科普效用。充分利用移动互联网与农民培训的跨界融合，建设完善科普中国 App、云上智农 App 等手机移动端传播体系，利用好全国农民手机应用技能培训周等平台，采取线上线下相结合的形式在全国范围开展农民手机技能培训，提升农民利用手机发展生产、便利生活、增收致富的能力。三是建设智慧农民网络平台。全面整合中国科协和农业农村部的优质科普资源，以农业生产、医疗健康、生态环保等与农民切身相关的热点为主题，不断生产汇聚优质科普信息化资源，结合线下高素质农民培训探索开展农民网络课堂学习。四是开展农民科学素质网络知识竞赛。联合有关部门，通过知识竞赛、有奖竞答、原创作品征集等方式开展农民网络知识竞答活动，增加农民学习科学知识渠道。

（3）完善科普惠农服务条件

一是编创科普惠农系列制品。依托"三农"科普类宣传媒体等平台，重点支持通俗易懂、适合农民生产生活需求的乡村振兴农民科学素质提升系列作品，编创《乡村振兴农民科学素质读本》等。二是开展专家服务工作。充分发挥全国学会、涉农科研院校的智力优势和人才优势，鼓励各类科技人才对接地方科协和农业农村系统，为基层农业生产、农村发展、农技服务等提供指导和支持。推动中国农村专业技术协会科技小院联盟发展。建立完善专家决策咨询制度，形成科普服务乡村振兴相关研究报告。三是推进乡村科普设施融合建设。推动将科普设施纳入农村综合服务设施、基层综合性文化中心等建设中，加强农村社区科普服务能力。进一步强化农村中学科技馆建设，提高中国流动科技馆、科普大篷车的巡展频率，提升乡村科普公共服务水平。四是遴选推介乡村振兴科普示范基地。通过集成统筹的方式，引导农业科普基地转型升级，遴选推介出包括高素质农民培训、青少年农业科普教育、农业教学科研、农业观光等类型的农业科普示范基地。

3. 加强农村精神文明建设

农村精神文明建设是建设文明乡风、激发亿万农民内生动力的基础性工程，是乡村振兴战略顺利实施的精神保障和动力支撑。2018 年到 2024年的中央 1 号文件都对加强新时代农村精神文明建设作出专门部署。2019

年9月出台的《中国共产党农村工作条例》将加强党对农村社会主义精神文明建设的领导作为主要任务之一。

（1）推进乡村公共文化建设

加强基层文化产品供给、文化阵地建设、文化活动开展和文化人才培养。传承发展提升农村优秀传统文化，加强传统村落保护。结合传统节日、民间特色节庆、农民丰收节等，因地制宜广泛开展乡村文化体育活动。加快乡村文化资源数字化，让农民共享城乡优质文化资源。挖掘文化内涵，培育乡村特色文化产业，助推乡村旅游高质量发展。加强农村演出市场管理，营造健康向上的文化环境。

（2）加强农村思想道德建设

发挥道德模范引领作用。深入实施公民道德建设工程，加强社会公德、职业道德、家庭美德和个人品德教育。大力开展文明村镇、农村文明家庭、星级文明户、五好家庭等创建活动，广泛开展农村道德模范、最美邻里、身边好人、新时代好少年、寻找最美家庭等选树活动，开展乡风评议，弘扬道德新风。

（3）推进移风易俗

一是发挥村民自治作用，支持依据村规民约采取约束性措施，规范村内红白理事会、老年人协会、村民议事会、道德评议会等群众组织运行。二是加强典型示范，以党风政风引领农村新风，营造弘扬文明乡风的实践氛围，广泛开展"婚育新风进万家""敬老月""雷锋日""小手拉大手"等相关主题实践活动。三是推动工作创新，创新青年婚介服务方式、农村养老服务方式、婚丧宴席举办方式。

（六）全面深化农业农村改革

深化改革是解决农业农村发展面临各种矛盾问题的重要法宝。习近平总书记指出，"解决农业农村发展面临的各种矛盾和问题，根本靠深化改革。""要深化农村改革，加快推进农村重点领域和关键环节改革，激发农村资源要素活力，完善农业支持保护制度，尊重基层和群众创造，推动改革不断取得新突破。"习近平总书记关于"三农"工作的重要论述，为全面深化农业农村改革、推进乡村全面振兴提供了根本遵循和行动纲领。

乡村振兴战略实施以来，以习近平同志为核心的党中央全面部署、系统推进农业农村改革，旨在破解长期制约农业农村发展的体制机制障碍，进一步解放和发展农村社会生产力。2024年中央1号文件明确要求强化农村改革创新，在坚守底线前提下，鼓励各地实践探索和制度创新，强化改革举措集成增效，激发乡村振兴动力活力。党的二十届三中全会审议通过的《中共中央关于进一步全面深化改革 推进中国式现代化的决定》（以下简称《决定》）对深化农业农村改革、统筹推进乡村全面振兴进行了全面部署。

1. 巩固和完善农村基本经营制度

有序推进第二轮土地承包到期后再延长三十年试点，深化承包地所有权、承包权、经营权分置改革，发展农业适度规模经营。完善农业经营体系，完善承包地经营权流转价格形成机制，促进农民合作经营，推动新型农业经营主体扶持政策同带动农户增收挂钩。健全便捷高效的农业社会化服务体系。发展新型农村集体经济，构建产权明晰、分配合理的运行机制，赋予农民更加充分的财产权益。

2. 深化农村土地制度改革

改革完善耕地占补平衡制度，各类耕地占用纳入统一管理，完善补充耕地质量验收机制，确保达到平衡标准。完善高标准农田建设、验收、管护机制。健全保障耕地用于种植基本农作物管理体系。允许农户合法拥有的住房通过出租、入股、合作等方式盘活利用。有序推进农村集体经营性建设用地入市改革，健全土地增值收益分配机制。优化土地管理，健全同宏观政策和区域发展高效衔接的土地管理制度，优先保障主导产业、重大项目合理用地，使优势地区有更大发展空间。建立新增城镇建设用地指标配置同常住人口增加协调机制。探索国家集中垦造耕地定向用于特定项目和地区落实占补平衡机制。优化城市工商业土地利用，加快发展建设用地二级市场，推动土地混合开发利用、用途合理转换，盘活存量土地和低效用地。开展各类产业园区用地专项治理。制定工商业用地使用权延期和到期后续期政策。

3. 深化农村集体产权制度改革

推进农村集体产权制度改革，是全面深化农村改革的重要任务和实施乡村振兴战略的重要抓手。按照《中共中央 国务院关于稳步推进农村集体产权制度改革的意见》要求，在各地各相关部门共同努力下，全国农村集体产权制度改革阶段性任务于 2021 年底基本完成。为持续深化农村集体产权制度改革，2022 年以来的中央 1 号文件提出"巩固农村集体产权制度改革成果""健全集体资产监管体系"等要求。为贯彻落实相关部署，2022 年 8 月，农业农村部等有关部门围绕农村集体产权制度改革成果巩固提升工作作出有关部署。

（1）规范农村集体经济组织运行管理

健全农村集体经济组织运行机制，指导农村集体经济组织健全法人治理机制，因地制宜做好集体经济组织换届选举工作，组织开展农村集体经济组织登记赋码信息年检。切实发挥农村集体经济组织功能作用，指导农村集体经济组织重点围绕粮食等重要农产品生产为农户和各类经营主体提供居间服务，指导有条件的地方探索村民委员会事务与集体经济事务分离。

（2）持续强化农村集体资产监督管理

推动开展全国农村集体资产监管提质增效行动，建立健全农村集体资产监督管理制度，逐步建立全国农村集体资产大数据库，建设农村集体资产监督管理平台，推进集体资产管理规范化信息化。落实农村集体经济组织财务制度，组织开展财务管理专题培训。强化集体经济组织负责人任期和离任审计。明确农村集体资产权属，对于开展村庄撤并、建制调整的，稳妥做好集体资产管理衔接工作。

（3）强化农村集体经济组织法治保障

保障农村集体经济组织成员权益，推进农村集体经济组织成员权证发放，稳妥解决农村集体经济组织成员身份重复确认问题，积极探索农村集体经济组织成员财产权利多种实现形式。健全法律体系保障，出台《中华人民共和国农村集体经济组织法》，明确了农村集体经济组织成员的定义、确认、退出及丧失规则，同时规定了农村集体经济组织成员的权利义务；规定了农村集体经济组织的财产经营管理和收益分配制度。农村集体经济组织法对于巩固和衔接产权制度改革成果，完善相关制度建设，持续深化改革提供法治保障。

（4）稳步推进新型农村集体经济发展

在严控风险的前提下，鼓励各地因地制宜探索物业出租、居间服务、资产参股等多样化途径，促进新型农村集体经济健康发展。利用集体资产发展农产品加工、休闲观光、电子商务等新产业、新业态，吸纳更多农民就地就近就业，在提升农民职业技能水平的同时，促进农民收入多元化。鼓励有条件的地区探索开展跨村联合发展，与各类经营主体建立紧密利益联结机制。加强集体经营管理人才的培养，完善激励机制，鼓励各地建立集体经营管理人员聘任管理制度。

4. 完善农业支持保护制度

农业支持保护制度是现代化国家农业政策的核心，也是我国发展现代农业的必然要求。完善农业支持保护制度是实施乡村振兴战略的重要任务之一。《乡村振兴战略规划（2018—2022年)》明确提出，要以提高农业质量、效益与竞争力为目标，强化绿色生态导向，创新完善政策工具和手段，加快建立新型农业支持保护政策体系。2018年以来的中央1号文件持续聚焦"完善农业支持保护制度"，作出一系列重要部署。

（1）深化农产品价格形成机制改革

实行对重要农产品的价格支持，稳妥推进稻谷小麦最低收购价及收储制度改革。改革的总体思路是坚持最低收购价政策框架，进一步增强政策的灵活性和弹性。继2016年开始下调稻谷最低收购价之后，国家从2018年开始下调小麦最低收购价，并从2018年起对有关稻谷主产省份给予适当补贴支持，以保持优势产区稻谷种植收益基本稳定。按照农业供给侧结构性改革的要求，坚持"价补分离"的改革方向，逐步分离价格和收储政策"保增收"的功能，在让价格回归市场的同时，探索建立多元化市场收购新机制，健全农民收益保障机制。

（2）探索建立以绿色生态为导向的农业补贴制度

优化农业补贴政策，强化高质量发展和绿色生态导向。2016年，根据财政部、农业部发布的《关于全面推开农业"三项补贴"改革工作的通知》，我国正式全面推开"三项补贴"改革，在全国范围内展开"三补合一"政策，并将该政策命名为"农业支持保护补贴政策"，政策目标调整为支持耕地地力保护和粮食适度规模经营。"三补合一"改革后，这部分补贴资金不再与农民实际种粮面积挂钩，实际上转变为对农民收入的一种支持。

（3）完善全方位、多层次的农业保险政策体系

政策性农业保险是世界各国为对标WTO相关规则约束最常采用的国内支持政策工具之一，中国也正以其作为重要"抓手"积极推动国内农业政策制定的转型升级。在2018年6省24个产粮大县开展的三大粮食作物完全成本保险和收入保险试点基础上，2021年6月，国务院常务会议决定扩大粮食作物完全成本保险和种植收入保险实施范围。2024年中央1号文件围绕农业保险政策作出4个方面的部署，一是扩大完全成本保险和种植收入保险政策实施范围，实现三大主粮全国覆盖、大豆有序扩面；二是鼓励地方发展特色农产品保险；三是推进农业保险精准投保理赔，做到应赔尽赔；四是完善巨灾保险制度。

第三章

进展成效和实施机制

　　乡村振兴战略实施以来，在以习近平同志为核心的党中央坚强领导下，我国"三农"领域各项工作扎实有序推进，全面推进乡村振兴稳中有进，迈出坚实步伐，农业生产持续发展、农村经济全面繁荣、农民生活显著改善，"三农"面貌发生了翻天覆地的变化。党的十九大以来，党和国家不断加强对"三农"工作的领导，坚持农业农村优先发展、城乡融合发展的理念，扎实推进乡村发展、乡村建设、乡村治理等重点任务，加快建设宜居宜业和美乡村。在农业产业结构优化、农民增收、乡村基础设施建设、乡村治理水平提升等方面取得了一系列可喜成效，开创了乡村振兴的新局面。

一、农业增长和农村发展模式日益优化

（一）政策框架和制度体系不断健全

　　党的十九大提出实施乡村振兴战略以来，乡村振兴顶层设计不断完善、相关支持政策法规相继出台，乡村振兴领域政策框架和制度体系不断健全。总体而言，已出台的政策法规具有两方面的特点：第一，政策主题丰富、结构完善，既有全局性、统领性的统筹规划，也有具体的、细致的指导意见；第二，多部门联合发文占比较高，表明乡村振兴工作是一项系统性工程，需要多部门通力合作、共谋共促①。

1. 乡村振兴制度"四梁八柱"确立，顶层设计不断完善

　　在乡村振兴顶层设计中，最具基础性的支撑主要涵盖战略规划、党的

---

① 吴惠芳：《2023年中国乡村振兴推进报告》，社会科学文献出版社，2023年版，第329页。

农村工作领导体制和机制、乡村振兴法律体系建设。党的十九大以来，乡村振兴领域的体制机制、法律体系和战略规划持续完善。

一是党领导"三农"工作体制机制持续健全。实施乡村振兴战略领导责任制，建立了省、市、县、乡、村五级书记抓乡村振兴的体制机制，压实了地方党委（支部）书记抓乡村振兴的主体责任，强化了绩效考核和监督。中央先后出台《中国共产党农村工作条例》《乡村振兴责任制实施办法》，对于加强党对"三农"工作的全面领导，巩固党在农村的执政基础，确保新时代"三农"工作始终保持正确政治方向具有十分重要的意义。乡村振兴战略与以往农村发展政策呈现出的最大不同就是强调党的组织领导和政治保障功能，形成上下齐抓共管的新局面。

二是乡村振兴法律制度体系不断丰富健全。乡村振兴领域的第一部法律文件出台，为全面实施乡村振兴战略提供有力法治保障。《中华人民共和国乡村振兴促进法》于 2021 年 6 月起正式施行。该法是我国第一部直接以"乡村振兴"命名的法律，是关于乡村振兴战略全局性、系统性的法律保障。作为"三农"领域一部固根本、稳预期、利长远的基础性法律，该法以法律形式体现了党对"三农"工作的主张，自施行以来，对我国乡村产业发展、人才支撑、文化繁荣、生态保护、组织建设以及城乡融合发展等方面都起到了积极促进作用。

三是关于乡村振兴战略的系统性规划文件出台。2018 年 9 月，中共中央、国务院印发的《乡村振兴战略规划（2018—2022 年）》对实施乡村振兴战略作出阶段性谋划，明确了时间表、任务书和路线图，为各地各部门分类有序推进乡村振兴提供了重要依据。自此之后，各地区各部门根据要求，结合地方和工作实际，突出规划的系统性、前瞻性、指导性、约束性，制定了地方规划和专项规划，形成完整的规划体系①。

---

① 《新时代加快农业农村现代化的行动指南》，求是网，http：//www.qstheory.cn/qshyjx/2021-12/08/c_1128142112.htm.

2. 乡村振兴的相关支持政策相继出台，政策框架逐步健全

乡村振兴是包括产业、文化、生态、组织、人才的全面振兴，是"五位一体"总体布局、"四个全面"战略布局在"三农"工作的体现，涉及的政策贯穿乡村生产生活生态的各个层面。党的十九大以来，我国乡村振兴政策框架逐步健全，中央和相关部委先后出台了若干支持性政策文件，为积极落实乡村振兴战略提供了重要指导。

一方面，围绕五大重点任务的相关政策有序出台。结合乡村振兴战略提出的"产业兴旺、生态宜居、乡风文明、治理有效、生活富裕"总要求，中央和各级有关部门密集出台了相关政策。一是产业兴旺方面，中共中央、国务院及各部门聚焦于推动农业高质量发展和促进乡村产业融合发展，先后出台《关于促进乡村产业振兴的指导意见》《国家质量兴农战略规划（2018—2022年）》《全国乡村产业发展规划（2020—2025年）》《关于拓展农业多种功能　促进乡村产业高质量发展的指导意见》等规划文件。二是生态宜居方面，中共中央、国务院及国务院各部门出台了《关于全面推进美丽中国建设的意见》《农业农村污染治理攻坚战行动方案（2021—2025年）》《关于创新体制机制推进农业绿色发展的意见》等指导性文件。三是乡风文明方面，中央农办、农业农村部等11部委联合印发《关于进一步推进移风易俗建设文明乡风的指导意见》，明确提出"有效遏制陈规陋习，树立文明新风，不断提升农村精神文明建设水平"。2023年中央1号文件对"加强农村精神文明建设""提升乡村治理效能"提出了明确要求。四是乡村治理方面，构建现代乡村社会治理体制，这是乡村振兴政策的新内容。此类政策的重点内容包括党组织建设、乡村法治和德治建设、村级组织服务能力提升以及人才队伍建设[①]。中共中央办公厅、国务院办公厅于2019年6月印发的《关于加强和改进乡村治理的指导意见》和中共中央、国务院于2021年7月印发的《关于加强基层治理体系和治

---

① 杨梦然，贺超：《中国乡村振兴政策：逻辑需求与供给特征——基于2013—2023年涉"三农"政策文本的量化分析》，《北京林业大学学报（社会科学版）》，2024年第2期，第52页。

理能力现代化建设的意见》，都是推进基层治理建设的纲领性文件。五是共同富裕方面，2024年，农业农村部发布《增强内生动力提升发展能力促进脱贫群众增收致富和脱贫地区高质量发展的意见》，为脱贫地区如何持续巩固成果、促进经济发展提供了详细的政策指导。

另一方面，乡村振兴领域专项行动方案密集出台。有关政策总体上保持循序渐进、稳步提升的推进思路。例如，乡村建设方面，中共中央办公厅、国务院办公厅印发了《乡村建设行动实施方案》。改善农村人居环境方面，中共中央办公厅、国务院办公厅先后发布《农村人居环境整治三年行动方案》《农村人居环境整治提升五年行动方案（2021—2025年）》等方案文件。围绕数字乡村建设，国家有关部门还先后出台《数字乡村发展行动计划（2022—2025年）》《2024年数字乡村发展工作要点》等文件。

3. 各类要素保障性政策体系不断完善，配套制度不断成熟

随着乡村振兴战略顶层设计的持续健全，重点领域各项任务的不断明晰和推进，乡村振兴领域围绕"人、地、钱、技"各类要素支撑保障及综合治理政策也在不断丰富和完善。

第一，乡村人才支撑方面。2021年2月，中共中央办公厅、国务院办公厅印发《关于加快推进乡村人才振兴的意见》（以下简称《意见》），将乡村人才振兴的工作重点聚焦于农业生产经营、农村二三产业发展、乡村公共服务、乡村治理和农业农村科技这五类缺口型人才培养，为"三农"人才培养工作明确了基本方向[1]。同时，《意见》还强调要充分发挥高校等主体在"三农"人才培养中的作用，提出完善高等教育人才培养体系，加快发展面向农村的职业教育。《意见》进一步提出完善乡村人才培养制度，强调推动职业院校涉农专业和特色工艺班建设，以定向培养方式精准对接基层单位和用工企业；支持高校与各级政府有关部门加强人才培养合作，鼓励"订单式"培养"三农"人才。2021年底，农业农村部印发《"十四五"农业农村人才队伍建设发展规划》，对分类施策、分层推

---

① 吴惠芳：《2023年中国乡村振兴推进报告》，社会科学文献出版社，2023年版，第351页。

进、分工协作抓好乡村人才培养提出具体细化要求。2024年初，农业农村部印发《乡村人才振兴工作指引（试行）》，对现有的工作内容、所涉部门、政策文件和项目清单进行细化梳理，为地方结合实际推进乡村人才工作提供参考。

第二，土地要素保障方面。2023年中央1号文件明确提出，积极盘活存量集体建设用地，优先保障农民居住、乡村基础设施、公共服务空间和产业用地需求，出台乡村振兴用地政策指南。自然资源部就全面做好乡村振兴土地要素保障，出台了《乡村振兴用地政策指南（2023年）》等一系列文件和一揽子政策举措，明确了科学推进村庄规划编制管理，加强建设用地计划指标保障，改进耕地保护措施，完善增减挂钩节余指标跨省域调剂政策，盘活利用集体建设用地等支持政策。党的二十届三中全会通过的《中共中央关于进一步全面深化改革　推进中国式现代化的决定》要求深化土地制度改革。改革完善耕地占补平衡制度，各类耕地占用纳入统一管理，完善补充耕地质量验收机制，确保达到平衡标准。完善高标准农田建设、验收、管护机制。健全保障耕地用于种植基本农作物管理体系。允许农户合法拥有的住房通过出租、入股、合作等方式盘活利用。有序推进农村集体经营性建设用地入市改革，健全土地增值收益分配机制。2024年，中共中央办公厅、国务院办公厅印发了《关于加强耕地保护提升耕地质量完善占补平衡的意见》，进一步严密规范耕地占补平衡制度。

第三，资金投入保障方面。逐步建立了财政优先保障，金融重点倾斜，社会力量助力的资金投入保障体系。一是坚持把农业农村作为财政优先保障领域，加大财政资金统筹力度，稳步提高土地出让收入用于农业农村比例，将符合条件的乡村振兴项目纳入地方政府债券支持范围，保障财政投入力度不断增强，与乡村振兴目标任务相适应。比如，2020年中共中央办公厅、国务院办公厅印发了《关于调整完善土地出让收入使用范围优先支持乡村振兴的意见》，要求调整完善土地出让收入使用范围，提高用于农业农村比例。2022年印发了《关于加强中央财政衔接推进乡村振兴补助资金使用管理的指导意见》，进一步细化衔接资金政策。二是通过综合运用多种货币政策工具，加强信贷政策指导，建立完善多层次、广覆盖、可持续的现代农村金融服务体系，推进乡村全面振兴。2023 年，中国人民银行等五部门联合发布《关于金融支持全面推进乡村振兴　加快建设农业强国的指导意见》，对做好粮食和重要农产品稳产保供金融服务、强化巩固拓展脱贫攻坚成果金融支持、加强农业强国金融供给等九个方面提出具体要求。2024 年，中国人民银行等五部门联合发布《关于开展学习运用"千万工程"经验 加强金融支持乡村全面振兴专项行动的通知》，实施金融保障粮食安全、巩固拓展金融帮扶成效、金融服务乡村产业发展、金融支持乡村建设、金融赋能乡村治理五大专项行动。

第四，科技支撑保障方面。一是强化科技创新和制度创新"双轮驱动"乡村振兴战略实施。科技部党组出台《关于创新驱动乡村振兴发展的意见》，并编制印发《创新驱动乡村振兴发展专项规划（2018—2022年)》，细化实化任务举措，形成指导工作落实的重要依据。2018 年 9 月，农业农村部办公厅印发了《关于乡村振兴科技支撑行动实施方案》，聚焦五大任务推进农业农村科技创新，分别是：突破一批重大基础理论问题，创新一批关键核心技术和装备，集成应用一批科技成果和技术模式，打造一批乡村振兴的科技引领示范区，做好实用技术、专业技能和创业培训。二是构建新型农业科技服务体系，推动科技与乡村振兴紧密融合。2022年，中国科协、原国家乡村振兴局发布《关于实施"科技助力乡村振兴行动"的意见》，组织实施"科技助力乡村振兴行动"，旨在推进搭建科技助力乡村振兴平台，壮大科技助力乡村振兴队伍，丰富科技助力乡村振兴资源。2023 年，中共中央组织部等 6 部委发布《关于向国家乡村振兴重点帮扶县选派科技特派团的通知》提出，要统筹产业技术指导服务、品种技术引进推广、技术瓶颈集中攻关、乡土人才培养帮带和农业产业功能拓展，支撑乡村产业全面振兴。

（二）增长方式和发展模式不断优化

乡村振兴战略实施以来，党和国家坚持产业兴农、质量兴农、绿色兴农的发展理念，深入推进农业供给侧结构性改革，强化科技和改革双轮驱动，加快构建现代农业产业体系、生产体系、经营体系，推动农业增长方式和农村发展模式不断优化。如今，农村产业正朝着多元产业融合的方向发展，农业正逐步建设成为现代化大产业。

1. 农业产业结构持续优化

近年来，我国加大强农惠农富农政策力度，深入推进农业供给侧结构性改革，大力推进农业绿色化、优质化、特色化、品牌化，加快推动农业发展质量变革、效率变革、动力变革，取得了明显成效，农业现代化建设迈上新台阶。

农业产业结构持续优化，农业发展更加协调。随着农业生产方式的变革，农林牧渔业不仅规模不断扩大，其产业结构也进一步优化升级，林业与渔业的经济活动持续增长，特别是农林牧渔专业及辅助性活动显著增加。我国农业生产实现了向"农林牧渔全面、多元、协调发展"的结构转变，多元化食物供给体系加快构建。2023年，我国农林牧渔业总产值158 507亿元，农业产值占农林牧渔业总产值的54.9%，比2014年增加1.1个百分点；林业产值占4.4%，增加0.09个百分点；牧业产值占24.6%，下降1.4个百分点；渔业产值占10.2%，上升0.3个百分点[①]。农林牧渔专业及辅助性活动占农林牧渔业总产值的比重为5.9%，农业服务呈蓬勃发展态势。

2. 科技改革双轮驱动作用日益凸显

一方面，科技支撑体系不断健全，科技服务提质为农业发展赋能。乡村振兴战略实施以来，科技创新日益成为农业农村经济增长的重要驱动力。2018年以来连续几年的中央1号文件，都对强化农业科技支撑作了重点部署。我国加快实现高水平科技自立自强，培育发展农业新质生产力，农业科技事业加快发展，创新体系更加健全，创新能力显著增强。农

---

① 《2023年我国农林牧渔业总产值》，国家统计局门户网站，https://data.stats.gov.cn/easyquery.htm? cn=C01.

业科技进步贡献率不断提升，从 2017 年的 57.5% 提升到 2023 年的 63.2%，6 年时间提升了 5.7 个百分点，农业科技整体水平跨入世界第一方阵。农业关键核心技术攻关不断突破，核心种源"卡脖子"问题得到缓解，畜禽、水产核心种源自给率分别超过 75% 和 85%，农作物良种覆盖率超过 96%，对粮食增产贡献率达 45% 以上[①]。近年来，随着科学技术的快速发展，物联网、大数据、人工智能、区块链等新一代信息技术与农业产业深度融合，数字农业、智慧农业已成为农业生产向现代化转型升级的重要驱动力，科技兴农、科技助农成为现代农业的主旋律。

另一方面，农村改革持续深化，有效激发乡村振兴活力。2017 年以来，我国农村改革持续深化，在坚守底线的前提下，鼓励各地实践探索和制度创新，强化改革举措集成增效。一是农村土地制度改革取得积极进展。农村基本经营制度巩固完善，承包地"三权分置"制度初步建立，第二轮土地承包到期后再延长 30 年试点扎实推进，农村集体经营性建设用地入市改革有序展开。二是农村集体产权制度改革持续深化，阶段性任务基本完成。初步构建起归属清晰、权能完整、流转顺畅、保护严格的中国特色社会主义集体产权制度，农村集体资产家底基本摸清，集体经济组织成员基本确认，农村集体经济组织基本建立，新型农村集体经济发展不断深化。改革积极探索了农村集体所有制有效实现形式，创新了农村集体经济运行机制，保护了农民的集体资产权益，壮大了集体经济实力，对于推动农村经济社会发展产生了深远影响[②]。65.5 亿亩集体土地资源、9.14 万亿元集体资产上了"户口"，确认了约 9 亿成员，农民获得感、幸福感不断提高。《中华人民共和国农村集体经济组织法》正式颁布，自 2025 年 5 月 1 日起施行，为维护农村集体经济组织及其成员的合法权益、规范农

---

① 《中华人民共和国中央人民政府. 农业发展阔步前行 现代农业谱写新篇——新中国 75 年经济社会发展成就系列报告之二》，国家统计局门户网站，https：//www. gov. cn/lianbo/bumen/202409/content_ 6973429. htm.

② 《农村集体产权制度改革取得阶段性重要成效》，中国政府网，https：//www. gov. cn/xin-wen/2020－08/21/content_ 5536464. htm.

村集体经济组织及其运行管理、促进新型农村集体经济高质量发展提供了法律保障。

3. 现代农业生产经营体系不断健全

一是土地流转有序推进，适度规模经营稳步发展。伴随农业现代化进程加速，我国持续构建立体式复合型现代农业经营体系，推动土地经营权有序流转，促进农业从传统劳动密集型产业向多种形式适度规模经营的现代农业转变。2023 年，全国农村土地承包经营权转让面积 1 563.83 万亩，土地承包经营权互换面积 1 108.57 万亩。全国家庭承包耕地土地经营权流转总面积达 5.91 亿亩，占家庭承包经营耕地面积的 37.76%。其中，以出租（转包）方式流转土地经营权 5.26 亿亩，占土地经营权流转总面积的 88.87%；以入股方式流转土地经营权 3 012.03 万亩，占比 5.09%；以其他形式流转土地经营权 3 571.32 万亩，占比 6.04%[①]。我国农业规模化水平显著提升，2023 年，我国生猪养殖规模化率超过 68%，鸡蛋和肉鸡养殖规模化率超过 80%，奶牛养殖规模化率达到 76%，有力促进了我国农业标准化、规模化、集约化发展。

二是新型农业经营主体发展壮大，农业社会化服务加快推进。近年来，我国新型农业经营主体不断发展壮大，质量效益稳步提高，服务带动效应持续增强。截至 2023 年 10 月末，纳入全国家庭农场名录管理的家庭农场近 400 万个，农林牧渔业法人单位达到 250 万家。全国超过 107 万个组织开展农业社会化服务，服务面积超过 19.7 亿亩次，服务小农户9 100 多万户，服务范围从大宗农作物向经济作物拓展，从种植业向养殖业等领域推进，从产中向产前产后各环节延伸[②]。

三是新型生产模式快速发展，设施农业日新月异。随着农业现代化水平的不断提升，以设施农业为代表的新型农业生产模式快速发展。

---

① 农业农村部政策与改革司.《中国农村政策与改革统计年报（2023 年）》，中国农业出版社，2024 年，第 5 页。

② 《新型农业经营主体保持良好发展势头》，农业农村部门户网站，https：//www.moa.gov.cn/xw/zwdt/202312/t20231219_6442997.htm.

2023 年 6 月，农业农村部联合国家发展改革委、财政部、自然资源部制定印发《全国现代设施农业建设规划（2023—2030 年）》，这是我国出台的第一部现代设施农业建设规划，对促进设施农业现代化具有重要指导意义。我国设施农业规模连年扩大，产品种类日益丰富，产业效益持续提升。截至 2023 年底，我国现代设施种植面积已超过 4 000 万亩，占世界设施农业总面积的 80% 以上，成为设施农业第一大国，约 70% 的肉蛋奶和 52% 的养殖水产品由设施养殖提供。我国设施生产技术装备研发进程加快，自主化、国产化设施装备体系初步形成，90% 的日光温室配备了自动卷帘机，71% 的日光温室和塑料大棚实现机械耕整地，基于云技术、无线传感器的温室物联网技术在部分现代化设施中率先使用。现代设施农业涵盖种子、机械、农艺、材料、信息等众多领域，设施种植机械化率超过 40%[①]。

四是新产业新业态竞相涌现，发展潜能持续释放。近年来，我国积极培育壮大农业新业态，凝聚新动能，引领新发展，持续释放现代农业发展潜能。全国累计培育县级以上农业产业化龙头企业超过 9 万家，培育全产业链产值超 10 亿元的强镇超 350 个，培育乡村特色产业专业村镇 4 068 个，实现总产值 9 000 多亿元。产业融合水平不断提升，数字农业、订单农业、休闲农业等农业新业态方兴未艾，农业多功能性日益显现。全国许多地方依托资源优势，打破传统农业生产边界，立足乡土特色、对接市场需求，催生出一批有特色、有热度、有前景的乡村新产业、新业态，成为推动乡村全面振兴的强大力量。

（三）城乡均衡发展不断取得新突破

党的十九大以来，一系列有利于城乡融合发展的重大改革举措相继推出，我国在推动新型城镇化、农业农村现代化方面取得重大进展，农业转

[①]《我国现代设施种植面积达 4 000 万亩》，中国政府网，https：//www.gov.cn/lianbo/bumen/202404/content_6945722.htm。

移人口市民化成效显著，城乡要素自由流动程度稳步提升，工农城乡发展协调性、平衡性明显增强。通过一系列政策措施和实践探索，我国城乡发展差距逐步缩小，农业农村发展活力不断增强，农民生活水平持续提高。

1. 新型城镇化战略取得历史性进展

一是城镇化水平不断提高。党的十九大以来，以促进人的城镇化为核心、提高质量为导向的新型城镇化战略深入推进，取得历史性成就。全国城镇人口从2017年的8.13亿人增加至2023年的9.33亿人，常住人口城镇化率从58.52%提高至66.16%，提前3年实现了"十四五"规划提出的"常住人口城镇化率提高到65%"的目标，为我国经济社会高质量发展提供了重要基础。城镇基本公共服务供给扩面提质。国家基本公共服务对非户籍常住人口覆盖范围不断扩大，截至2022年底，义务教育阶段随迁子女在公办学校或政府购买学位就读比例超过95%，公共卫生、文化体育领域基本公共服务实现全覆盖①。

二是农业转移人口市民化取得新突破。推动农业转移人口进城落户是推进以人为核心的新型城镇化的关键一环。户籍制度改革取得重大突破，城市落户门槛大幅降低。2023年户口迁移政策全面放开放宽，城区常住人口300万以下城市的落户限制基本取消，35个城区常住人口300万人以上城市的落户条件有序放宽。东部地区除极少数超大特大城市、中西部地区除个别省会（首府）城市外，全面放开放宽落户限制。大多数实行积分落户政策的超大特大城市已实现社会保险缴纳年限和居住年限分数占主要比例，超过1.5亿农业转移人口和其他常住人口在城镇落户。居住证制度全面实施，累计向城镇非户籍常住人口发放居住证超过1.4亿张，居住证上附着的公共服务和办事便利项目不断增加。2019年以来，5 000万农业转移人口进城落户，2023年底全国户籍人口城镇化率达到48.3%②。

---

① 《教育部：进城务工人员随迁子女在公办学校就读比例超95%》，教育部门户网站，http://www.moe.gov.cn/fbh/live/2024/55831/mtbd/202403/t20240301_1117763.html.

② 《2014年以来1.5亿农业转移人口进城落户》，农业农村部门户网站，https://www.moa.gov.cn/ztzl/ymksn/xhsbd/202408/t20240828_6461403.htm.

2. 农村居民生活条件得到明显改善

一是农村居民收入水平不断提高。农村居民人均可支配收入持续较快增长，城乡居民收入差距逐渐缩小。2023 年，我国农村居民人均可支配收入达 21 691 元，实际增长 7.6％，高于城镇居民人均可支配收入增速 2.8 个百分点。城乡居民人均可支配收入比持续缩小，从 2017 年的 2.7∶1 下降到 2023 年的 2.39∶1（表 3-1）[1]。2023 年，脱贫县农村居民人均可支配收入 16 396 元，实际增长 8.4％[2]。总的来看，农村居民收入增长速度高于城镇居民，脱贫县高于全国农村平均水平。

表 3-1　2017—2023 年我国城乡居民人均可支配收入增长情况

单位：元，%

年份	城镇居民人均可支配收入	实际增长	农村居民人均可支配收入	实际增长
2017	36 396	6.5	13 432	7.3
2018	39 251	5.6	14 617	6.6
2019	42 359	5.0	16 021	6.2
2020	43 834	1.2	17 131	3.8
2021	47 412	7.1	18 931	9.7
2022	49 283	1.9	20 133	4.2
2023	51 821	4.8	21 691	7.6

数据来源：根据国家统计局统计数据库历年数据整理。

二是农村居民消费水平不断提高。2023 年，农村居民人均消费支出 18 175 元，实际增长 9.2％。受新冠疫情防控影响，2022 年出现城镇居民消费支出略降而农村居民消费支出继续增长的情况。按照常住地进一步区分，2022 年我国城镇居民人均消费支出达 30 391 元，增长了 0.3％，扣除价格因素，实际下降了 1.7％；农村居民人均消费支出达 16 632 元，增长 4.5％，扣除价格因素，实际增长 2.5％（表 3-2）。随着"口袋"鼓起

---

[1] 《2022 年居民收入和消费支出情况》，中国政府网，http://www.gov.cn/xinwen/2023-01/17/content_5737487.htm.

[2] 《中华人民共和国 2023 年国民经济和社会发展统计公报》，国家统计局门户网站，https://www.stats.gov.cn/sj/zxfb/202402/t20240228_1947915.html.

来，农村居民主要耐用消费品拥有量稳步增长，2023 年，平均每百户农村居民拥有电冰箱 105.7 台、彩电 108.8 台、洗衣机 97.6 台、空调 105.7 台，特别是移动电话 271.2 部，高于城镇居民近 32 部①。

表 3-2　2017—2023 年我国城乡居民人均消费支出增长情况

单位：元，%

年份	城镇居民人均消费支出	实际增长	农村居民人均消费支出	实际增长
2017	24 445	4.1	10 955	6.8
2018	26 112	4.6	12 124	8.4
2019	28 063	4.6	13 328	6.5
2020	27 007	−6.0	13 713	−0.1
2021	30 307	11.1	15 916	15.3
2022	30 391	−1.7	16 632	2.5
2023	32 994	8.3	18 175	9.2

数据来源：根据国家统计局统计数据库历年数据整理。

三是城乡基础设施与公共服务水平差距不断缩小。城乡基础设施一体化建设深入推进，城镇基础设施向农村进一步延伸，2023 年底，全国农村自来水普及率达到 90%，农村卫生厕所普及率超过 73%，农村地区互联网普及率为 66.5%，农村居民生活条件得到较大改善②。城乡基本公共服务普惠共享，向制度接轨、质量均衡、水平均等的方向迈进，统一的城乡居民基本养老保险、基本医疗保险、大病保险制度基本建立。2023 年底，基本医疗保险参保覆盖面稳定在 95% 以上，基本养老保险参保人数达 10.66 亿人③。

3. 城乡间要素的双向流动日益频繁

党的十九大以来，我国在推动城乡融合发展方面取得了显著成效。通

① 国家统计局：《中国统计年鉴 2024》，中国统计出版社，2024 年版。
② 《我国农村自来水普及率达到 90%》，中国政府网，https://www.gov.cn/lianbo/bumen/202401/content_6925449.htm。
③ 《图表：约 13.34 亿人！我国医保参保率稳定在 95% 以上》，中国政府网，https://www.gov.cn/zhengce/jiedu/tujie/202404/content_6944683.htm。

过一系列政策措施和实践探索，城乡发展鸿沟逐步缩小，各类要素持续向乡村流动，人才、土地、资金、产业、信息在乡村汇聚的良性循环机制逐步形成。

一是现代生产要素向乡村集聚。信息和数据等新的生产要素借助互联网、大数据等新型技术进入乡村，农村电商蓬勃发展。随着农村网络基础设施不断完善，农村网民规模不断扩大，农村电商市场规模持续扩大，2023年我国农村网络零售额达到2.49万亿元。此外，大数据、人工智能、区块链等新兴技术，在农业发展、农村金融和乡村治理等领域的广泛应用，破解了乡村发展的诸多瓶颈[1]。

二是人才双向流动更加畅通。随着户籍制度改革的深入推进，农村人才向城市流动的渠道和条件不断改善，城市人才资源的规模和质量不断提升。同时，农村创业环境持续优化，农村人才政策不断完善，农村地区人才培养和引进的力度不断加大，农村人才资源的结构和水平不断提高。从2012年到2022年底，返乡入乡创业人员累计达1 220万人，带动农村新增就业岗位超过1 000万，高校毕业生回流返乡创业投身农村地区创业创新比例持续增高。城乡人口劳动生产率差距继续缩小，2022年全国农业转移人口的劳动生产率为城镇人口的45.6%，比2021年提高1.2个百分点[2]。

三是资金投入力度不断加大。一方面，财政支农力度持续增强，2016—2019年4年间全国财政一般预算中，包括农业农村相关支出6.07万亿元，年均增长率8.8%，高于全国一般公共预算支出平均增幅。2021年开始，每年超万亿资金投入乡村振兴，重点用来保障国家粮食安全，支持乡村基础设施建设、公共服务供给和现代农业发展等。2023年，全国一般公共预算农林水支出23 967亿元，同比增长6.5%。另一方面，涉农金融服务提质增速，银行、保险业支持力度加大。一是涉农贷款投放力度

① 周立，汪庆浩，罗建章：《工农城乡关系的历史演进、时代特征与未来展望》，《福建论坛（人文社会科学版）》2022年第9期，第54页。

② 《挖掘产业优势 推进乡村振兴》，人民日报2023年3月27日第八版。

持续加大，2023 年末，本外币涉农贷款余额 56.6 万亿元，同比增长 14.9%，领先金融机构人民币各项贷款余额同比增速 4.3 个百分点，涉农贷款成为支持农业农村发展的重要举措。二是农业保险提质扩面，2023 年，我国农业保险保费收入 1 430 亿元，增速达 17.31%，为农业生产提供了 4.98 万亿元的风险保障，累计赔付 1 124 亿元，惠及农户 5 772 万户。

（四）经济社会生态协调发展持续加强

乡村振兴战略实施以来，我国持续不断推进乡村全面振兴顶层设计和制度体系建设，通过制度保障、资源整合和创新驱动，统筹推进"五位一体"总体布局和协调推进"四个全面"战略布局，积极补齐乡村各领域短板，推动乡村面貌发生翻天覆地的变化，逐步形成了乡村经济社会生态协调发展的良好态势。

1. 农村精神文明建设取得重要进展

党的十九大以来，一条崭新的农村精神文明建设政策脉络逐步形成。从政策文件上看，2018 年至 2022 年的中央 1 号文件均对农村精神文明建设作了专题安排与决策部署。2018 年 7 月，中央全面深化改革委员会第三次会议审议通过了《关于建设新时代文明实践中心试点工作的指导意见》，为推动乡村振兴战略、加强农村精神文明建设提供了重要载体。此外，2019 年出台的《中国共产党农村工作条例》与 2021 年出台的《中华人民共和国乡村振兴促进法》，对加强农村精神文明建设提出了明确要求。

公共文化服务不断优化，村民文化获得感更强。各地深挖文化资源，积极改造公共文化设施，创新基层公共文化服务，形成了富有乡村特色、适合地域发展的服务模式。文化馆、图书馆、乡镇文化站、基层综合性文化服务中心等公共文化场馆和机构作为重要服务阵地，其功能的盘活也为乡村文化注入新活力，提高了村民的参与积极性和文化获得感。农民群众的文化生活更加丰富充实，"送戏下乡"让老百姓在田间地头也能看到好戏；公共文化数字化建设持续加强，城乡群众足不出户就能在线享受文艺展演、专题讲座等公共数字文化产品。

2. 绿色发展理念引领乡村健康发展

绿色发展理念既是对可持续发展的继承与创新，也是新时代实现乡村全面振兴的内在要求。乡村振兴战略实施以来，我国积极统筹农业稳产保供与绿色发展，农业绿色转型持续深化，农业绿色发展水平稳步提升，为国家粮食安全和乡村振兴提供了重要基础支撑。

一方面，农业绿色发展步伐加快。化肥农药施用持续减量增效，畜禽粪污综合利用率、秸秆综合利用率、农膜处置率分别超过78%、88%、80%。长江十年禁渔取得重要阶段性成效，23万多退捕渔民安置保障实现全覆盖，禁捕水域管理秩序总体平稳，长江水生生物资源和多样性呈现恢复向好态势。2023年农业生产和农产品质量提升取得新成效，新认证登记绿色、有机和名特优新农产品1.5万个，全国农产品质量安全监测总体合格率达到97.8%。聚焦生态"农业+"，农业结构持续优化。截至2023年底，认定绿色、有机农产品超过6.8万个，农产品及加工副产物综合利用率稳步提升。2021年以来，农业农村部启动实施绿色种养循环农业试点，在畜牧大省、粮食和蔬菜主产区、生态保护重点区域299个县整县推行①。

另一方面，农村生态环境持续改善。在乡村治理实践中，党中央坚持精准治污、科学治污、依法治污，农村垃圾和生活污水治理体系逐步健全。一是农村垃圾综合治理扎实推进，全力推动城乡环卫一体化发展。2023年，生活垃圾得到收运处理的行政村比例保持在90%以上，全国开展清洁行动的村庄超过95%。二是全面开展农村生活污水和黑臭水体治理，2023年全国农村卫生厕所普及率超过73%，农村生活污水治理（管控）率达到40%以上。三是因地制宜全面改善村容村貌，农村公路发展由规模速度型向质量效益型转变，农村基础设施不断完善，公共服务设施配套得以改善，传统村落保护、传承和活化利用"齐步走"，生态宜居的

---

① 《2023中国经济年报丨2023农业农村发展稳中向好 粮食生产再创新高！》，光明网，https://economy.gmw.cn/2024-01/23/content_37105987.htm.

和美乡村建设扎实推进①。

二、乡村产业发展水平稳步提升

乡村振兴战略实施以来，我国农业发展保持稳中向好、稳中提质的势头，农业生产基础不断夯实，农业质量效益和竞争力不断提升，现代农业经营体系逐步建立。同时，乡村特色产业规模不断壮大，新产业新业态蓬勃发展。

（一）农业生产基础条件不断夯实

1. 粮食和重要农产品供给稳定，粮食安全保障水平不断提高

（1）粮食产量稳定增长，中国人的饭碗端得更稳更牢

一方面，通过实行粮食安全党政同责，深入实施"藏粮于地、藏粮于技"战略，我国粮食综合生产能力稳步提升，总体保持了粮食产量增、结构优、储备足的态势，粮食安全得到有效保障（图3-1、图3-2）。一是生产连年丰收。2023年，全国粮食总产量达到13 908.2亿斤*，再创历史新高，连续9年稳定在1.3万亿斤以上；人均粮食占有量超过490千克，连续15年保持在国际粮食安全标准线以上。粮食播种面积17.85亿亩，比上年增长0.5%；粮食单产390千克/亩，比上年增长0.8%。二是品种结构优化。口粮连年产大于需，绝对有保障，优质水稻、专用小麦供给增加。需求增量多的玉米，产量增加也较多，供需形势明显改观。大豆扩种成效明显，自给率水平进一步提高。三是粮食库存充裕。目前，我国粮食库存消费比远高于联合国粮食及农业组织提出的17%～18%的安全水平②。

---

① 马明冲：《奋力绘就宜居宜业和美乡村建设的生态新画卷》，《红旗文稿》2024年第11期，第45页。

  ＊ 1斤＝500克。

② 《国新办2023年农业农村经济运行情况新闻发布会图文实录》，国务院新闻办公室门户网站，http://www.scio.gov.cn/live/2024/33237/tw/index.html.

千公顷

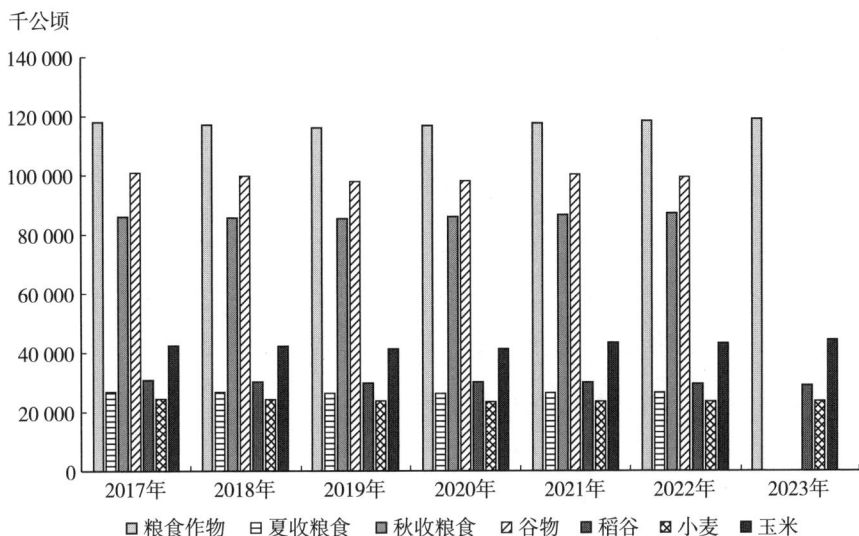

图 3-1 2017—2023 年主要粮食作物播种面积
数据来源：国家统计局统计数据库。

万吨

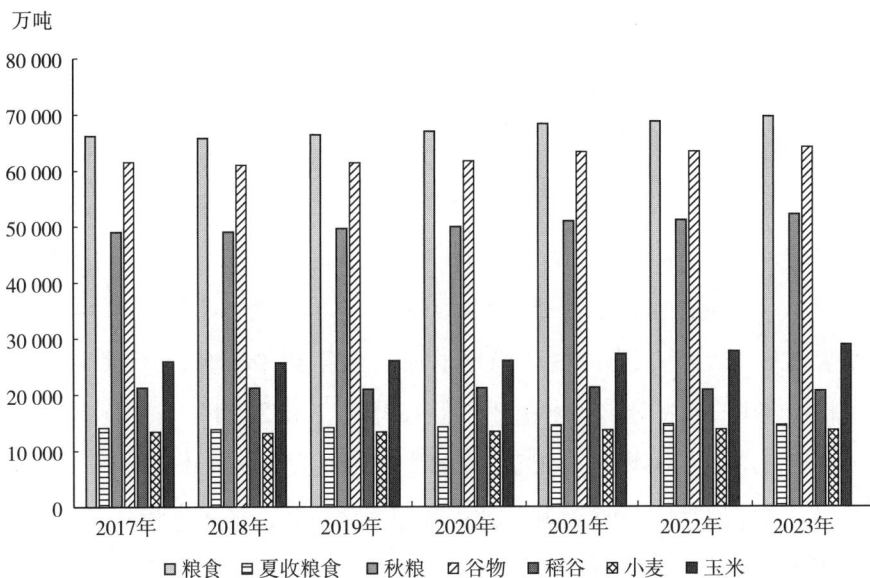

图 3-2 2017—2023 年主要粮食作物产量
数据来源：国家统计局统计数据库。

另一方面，我国已经建立了生产、储备与进口协调机制，确保国内粮食稳定供应。近年来，我国粮食储备体系进一步完善，政府储备粮规模结构布局持续优化，36个大中城市主城区和市场易波动地区成品粮油储备充足。各类粮食企业库存处于较高水平，部分企业商品库存较前些年明显增加，再加上农户手中存粮，全社会储粮层次更加丰富，保障更加有力。粮食应急保障体系不断健全，基本建立了涵盖储运、加工、配送、供应等全链条粮食应急保障体系，成为保障国家粮食安全的重要支撑。粮食流通高效顺畅持续，全国标准粮食仓房完好仓容近7亿吨，仓储条件总体达到世界较先进水平，粮食物流网络更加健全[①]。

（2）重要农产品供给保持稳定

2017年，我国建立"菜篮子"市长负责制考核制度，各地认真落实市长主体责任，积极推进"菜篮子"工程高质量发展。"菜篮子"产品供给充足、品种丰富、质量提高，市场体系逐步完善，目前我国以批发市场为中心的"菜篮子"产品市场流通体系不断健全，多元化、多主体、多形式开放竞争的大市场、大流通格局已基本形成，较好保障了市场稳定安全供给。

2023年，全国"菜篮子"产品供应充足，市场运行总体平稳（图3-3至图3-5）。据统计，2023年全国肉类产量9 748万吨、禽蛋产量3 562万吨、奶类产量4 196万吨、水果产量3.27亿吨、蔬菜产量8.29亿吨、茶叶产量355万吨、水产品产量7 116万吨。牛羊禽肉、牛奶全面增产，蔬菜水果供应充足。牛羊禽生产稳定发展，全年猪牛羊禽肉产量9 641万吨，比上年增长4.5%。生猪出栏保持增长，2023年，全国生猪出栏72 662万头，比上年增长3.8%。家禽生产加快发展，禽肉禽蛋产量增加，2023年，禽肉产量2 563万吨，比上年增长4.9%；禽蛋产量3 563万吨，比上年增长3.1%。牛奶产量持续增长，2023年，牛奶产量4 197万吨，

---

① 《国家粮食和物资储备局：中国标准粮食仓库完好仓容近7亿吨，政府粮食储备数量足质量好》，央视网，https://news.cctv.com/2023/05/11/ARTI15cLayPUqmWUiqxotjir230511.shtml.

比上年增长 6.7%。全国蔬菜播种面积和产量继续增长，2023 年 12 月下旬在田面积 7 800 多万亩、旬产量 2 100 多万吨，同比分别增加 80 多万亩、60 多万吨。

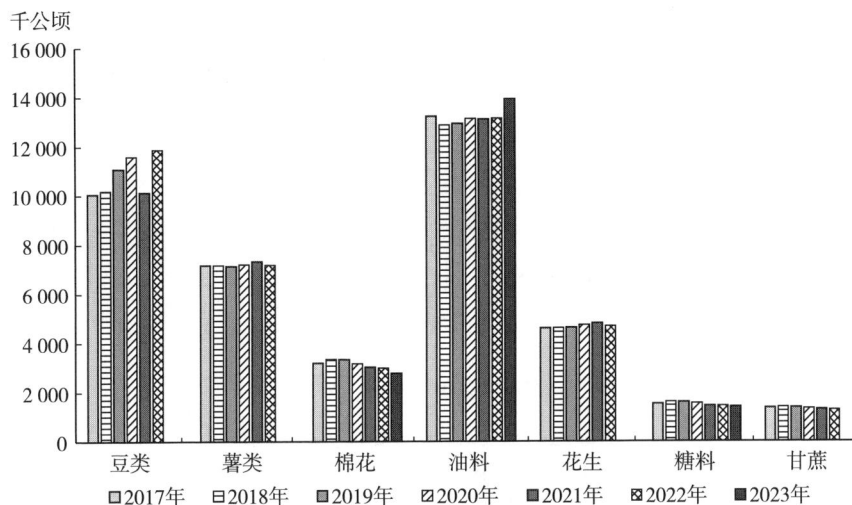

图 3-3 2017—2023 年重要农产品播种面积

数据来源：国家统计局统计数据库。

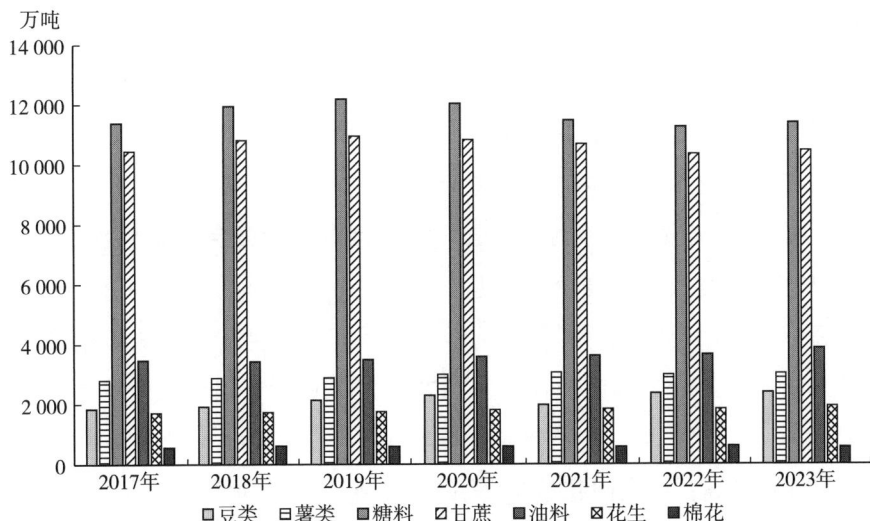

图 3-4 2017—2023 年重要农作物产量

数据来源：国家统计局统计数据库。

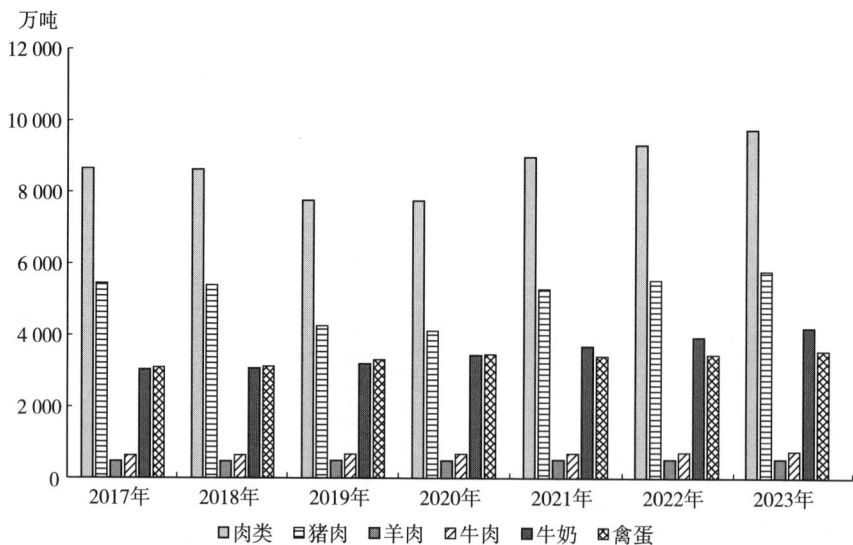

图 3-5 2017—2023 年重要肉蛋奶产品产量

数据来源：国家统计局统计数据库。

农产品市场供应充足，生产者价格同比下降。2023 年，全国农产品生产者价格总水平比上年下降 2.3%。分类别看，农林牧渔四大类产品价格比上年均有所下降，分别下降 0.8%、2.7%、8.3% 和 0.6%。分品种看，稻谷、玉米价格分别上涨 1.7%、1.6%，小麦、大豆价格分别下降 2.7%、1.9%，蔬菜价格下降 4.1%，水果价格上涨 2.3%。2023 年，生猪价格持续低位运行，生猪生产者价格同比下降 14.0%。

2. 农业基础设施建设持续加强，巩固提升粮食安全保障能力

（1）高标准农田建设稳步推进

高标准农田建设取得了显著成效，农田建设任务全面完成，制度标准体系不断完善，资金筹措途径有效拓宽，为保障国家粮食安全发挥了重要作用。2018—2022 年，共新建高标准农田 4.56 亿亩，截至 2023 年底，全国已累计建成高标准农田超过 10 亿亩，建成各类田间灌排渠道 1 000 多万千米、小型农田水利设施 2 700 多万处，建成了一大批旱涝保收、高产稳产的优质良田，有效破解了人多地少水缺的资源制约瓶颈，为全国粮食产量连续 9 年稳定在 1.3 万亿斤以上提供了重要支撑①。2023 年，全年新建和改造提升高标准农田面积 574 万公顷，新增高效节水灌溉面积 164 万公顷②。当前，中国高标准农田面积约占全国耕地面积的 52%，已经可以稳定保障 1 万亿斤以上粮食产能。

同时，我国致力于构建集中统一高效的农田建设管理新体制，中央有关部门先后印发《关于切实加强高标准农田建设提升国家粮食安全保障能力的意见》《全国高标准农田建设规划（2021—2030 年）》《高标准农田建设通则》等，这一系列制度设计为高标准农田建设明确了方向、目标、路径，彻底改变了农田建设领域"五牛治田"的局面，守住了耕地红线，防止了耕地"非农化""非粮化"，为统筹抓好高标准农田建设工作奠定了坚实基础。

（2）农田水利建设取得新进展

党的十八大以来，习近平总书记站在实现中华民族永续发展的战略高度，提出"节水优先、空间均衡、系统治理、两手发力"治水思路，确立了国家"江河战略"，谋划了国家水网宏伟蓝图。十年来，全国新增水利工程供水能力约 2 000 亿立方米，是上一个十年的 3 倍，新增耕地灌溉面积约 8 700 万亩，全国耕地有效灌溉面积达到 10.55 亿亩，农村自来水普及率达到 90%③。截至 2023 年底，高效节水灌溉面积已达 4.1 亿亩，全国农业用水量从 2014 年的 3 869 亿立方米下降到 2023 年的 3 600 多亿立方米，耕地灌溉亩均用水量由 402 立方米下降到不足 350 立方米，农田灌溉水有效利用系数从 0.530 提高到 0.576。累计建成大中型灌区 7 300 多处，建成泵站、机井、塘坝等各类小型农田水利工程 2 200 多万处，为保障国家粮食安全发挥了重要作用。2023 年，在确保工程质量和安全的前

---

① 《抓好三大领域改革重点任务，持续激发农业农村发展活力》，中国政府网，https://www.gov.cn/lianbo/bumen/202407/content_6964330.htm.

② 《中华人民共和国 2023 年国民经济和社会发展统计公报》，国家统计局门户网站，https://www.stats.gov.cn/sj/zxfb/202402/t20240228_1947915.html.

③ 《水利部：十年来全国新增水利工程供水能力约 2000 亿立方米》，人民网，http://env.people.com.cn/n1/2024/0618/c1010-40259075.html.

提下，我国全力加快水利基础设施建设，提前一个月实现全国水利建设完成投资 1 万亿元以上的年度目标任务，超过 2022 年水平，再创新的历史纪录①。

一是新开工水利项目创历史新高，一批重大工程开工建设。2023 年 1—11 月，全国新开工水利项目 2.73 万个，较 2022 年同期增加 2 585 个、增长 10.5%；其中，投资规模超过 1 亿元的项目 1 879 个，比 2022 年同期多 528 个②。

二是水利建设落实投资、完成投资为历史最多。在争取各级财政投入的同时，深化水利投融资改革，积极争取金融信贷、社会资本投入水利建设，多渠道筹集建设资金。2023 年 1—11 月，全国落实水利建设投资 11 565 亿元，同比增长 0.9%；其中，落实银行贷款 2 064 亿元，较 2022 年同期增长 19.7%；社会资本 1 140 亿元，较 2022 年同期增长 26.2%。完成水利建设投资 10 938 亿元，同比增长 8.5%，已超过 2022 年全年完成的规模。其中，广东、湖北、山东等 11 个省份，完成投资超过 500 亿元。2023 年全年完成水利建设投资 11 996 亿元，较上年增长 10.1%③。

三是水利工程建设全面提速，一批重大工程实现了重要节点目标。2023 年，陕西引汉济渭工程、甘肃引洮供水二期工程实现通水，福建平潭及闽江口水资源配置工程、江西花桥水库工程建成。南水北调中线引江补汉工程、淮河入海水道二期工程、环北部湾水资源配置等重大工程加快推进。全国实施 3 628 座病险水库除险加固、999 条中小河流治理、598 处大中型灌区建设与现代化改造，提升 8 213 万农村人口供水保障能

---

① 《全国已建成大中型灌区 7300 多处，今年农业灌溉面积超 4 亿亩——粮食安全水利基础不断夯实》，中国政府网，https：//www.gov.cn/yaowen//liebiao/202406/content_6956629.htm.

② 《今年前 11 月全国完成水利建设投资超 1 万亿元》，中国政府网，https：//www.gov.cn/lianbo/bumen/202312/content_6919772.htm.

③ 《2023 年我国完成水利建设投资创新高》，中国政府网，https：//www.gov.cn/lianbo/bumen/202401/content_6925475.htm.

力，治理水土流失面积 1.27 万平方千米[①]。

（3）黑土地保护工作成效显著

中国东北地区黑土地保护性耕作以点带面、梯次铺开的态势已经形成，保护性耕作带来的农业经济生态综合效应正逐步显现。农业农村部、财政部从 2020 年开始共同实施东北黑土地保护性耕作行动计划，2024 年实施面积已超过 1.12 亿亩，有 34 个项目实施县实施面积在 100 万亩以上，保护性耕作减少风蚀水蚀、改善土壤肥力、提高作物产量、降低作业成本等方面的效果持续显现。第三次全国国土调查结果显示，吉林省黑土耕地面积 9 811 万亩，占全省耕地面积的 87%。2023 年，吉林省保护性耕作面积扩大到 3 700 多万亩，每千克黑土耕地土壤有机质平均含量达到 26.86 克，粮食产量连续三年超过 800 亿斤。黑土地面积最广的黑龙江省以积极的金融政策支持黑土地保护，截至 2023 年 11 月底，全省黑土地保护类贷款余额 509.34 亿元，比上期增长 42.3%[②]。

（4）供应链基础设施建设成效明显

农产品供应链物流作为连接农业生产与市场需求的关键环节，对于提高农产品流通效率、降低流通成本、保障农产品质量安全具有重要作用。现代物流基础设施的建设一直是制约农产品供应链物流发展的关键因素。农村寄递物流体系建设是党中央、国务院推进乡村全面振兴、缩小城乡差别、促进城乡共同繁荣发展作出的重大决策部署，对促进行业高质量发展、激活农村消费市场、畅通城乡经济循环、满足人民现实需求具有重要意义。近年来，从中央到地方，加快推进快递进村的有关政策密集出台，全行业铆足劲、抓落实，充分发挥连接线上线下、服务全程全网的网络优势，通过实施"快递下乡""快递进村""邮政快递业服务现代农业品牌创建""农村电商与快递协同发展示范项目创建"等工作，积极推进快递服

---

① 《国务院新闻办就 2023 年水利基础设施建设进展和成效举行发布会》，中国政府网，https://www.gov.cn/lianbo/fabu/202312/content_6919796.htm.

② 《稳居全国首位 吉林省去年保护性耕作面积扩大到 3 700 多万亩》吉林省人民政府网，http://www.jl.gov.cn/szfzt/jlssxsxnyxdh/gzjz/202405/t20240528_3168149.html.

务现代农业，助力农民致富增收。"十三五"末期，乡镇快递网点覆盖率达到98％，全国范围内基本实现了"县县有分拨、乡乡有网点"。"十四五"以来，"开放惠民、集约共享、安全高效、双向畅通的农村寄递物流体系"建设取得重要进展。2023年，全国农村网络零售额达2.5万亿元，比2014年增长近13倍；全国农产品网络零售额达5 870.3亿元，同比增长12.5％①。柞水木耳、大同黄花菜、广西螺蛳粉等项目背后，都有行业服务支撑的作用，实现了小产品大市场、小产业大作为。2024年快递进村情况普查数据显示，截至2024年10月，全国累计建设33.78万个"一点多能、一站多用"的村级寄递物流综合服务站，农村寄递"最后一公里"服务实现有效拓展。

3. 现代农业科技和装备支撑不断巩固

一是农业科技支撑稳步增强，科技支撑14亿多人的饭碗端得更牢。党的十九大以来，我国全力改善农业科技装备设施条件，推动农业现代化水平持续提升。农业科技创新取得丰硕成果，我国农业科技整体水平已迈入世界第一方阵，科技助力我国农业生产效率效益持续提升，已成为我国农业农村发展的基础性战略性支撑。主要农作物良种覆盖率、农作物耕种收综合机械化率分别从2017年的95％、67.2％提升到2023年的96％、73％。主粮作物收获已基本实现机械化。物联网、大数据等在农业中加快应用。2023年，我国有力应对多重挑战，再夺粮食丰收。启动粮油等主要作物大面积单产提升行动，搭建全国技术集成创新平台体系，聚焦100个大豆和200个玉米重点县整建制推进，集成组装良田、良种、良法、良机、良制，形成"一县一策"综合技术方案，支撑全国粮食亩产提高2.9千克，实现了"以丰补歉""以秋补夏"。

科技服务提质，激发农业发展活力。我国加强农业与科技融合，坚持人才下沉、科技下乡、服务"三农"，强化先进适用技术的示范推广，鼓

---

① 《推动农村电商高质量发展实施意见出台——为农村电商发展再加把劲》，中国政府网，https://www.gov.cn/zhengce/202403/content_6939868.htm? ddtab=true。

励发展各类社会化农业科技服务组织，创新市场化农技推广模式，打通科技进村入户"最后一公里"。比如，围绕产业特色、粮食安全、绿色发展等推动乡村全面振兴、助力农业农村现代化建设的"科技小院"，吸引越来越多的院校、科研院所、政府部门、企业、社会服务组织等加入科技小院建设行列中，呈现出发展速度快、服务能力强、参与主体多等鲜明特点。截至 2024 年 5 月，全国已有 157 个研究生培养单位积极参与，牵头建设了 1 800 多个科技小院，覆盖 31 个省份和新疆生产建设兵团[①]。

二是农机装备广泛应用，生产效率大幅提高。乡村振兴战略实施以来，我国农业装备和农业机械化水平实现了跨越式发展，农机装备总量持续增长、作业水平不断提升、社会化服务能力显著增强。2023 年，我国农业机械市场规模达到 5 857 亿元，近五年平均年增长率达到 8.4%（图 3-6）。2023 年，全国农业机械总动力为 11.4 亿千瓦，同比增长 2.96%（图 3-7）；机械类型结构优化，农用大中型拖拉机数量超过 525 万台，呈现同比增长趋势，而小型拖拉机数量为 1 619 万台，呈现同比减少趋势。截至 2023 年，全国农作物耕种收综合机械化率达到 74.3%，小麦、水稻、玉米三大主粮基本实现机械化，分别达到 97.81%、88.03%、91.67%，畜牧水产养殖、农产品初加工、设施农业等领域机械化水平持续提升。先进适用农机装备水平不断提升，装有北斗定位作业终端的农机装备达 220 万台（套）。短板农机装备取得突破，320 马力[*] 无级变速拖拉机、山地玉米播种机等短板机具陆续量产，大型大马力、丘陵小型适用机具这"一大一小"和智能化农机研发应用取得阶段性突破，植保无人机总量近 20 万架，年作业面积 21 亿亩次，一些领域实现了从"无机可用"到"有好机用"的跨越，加速了农业社会化服务发展，将广大农户更好更快

---

① 《2024 年全国科技小院大会召开〈全国科技小院发展报告（2024）〉发布》，科学网，https：//news. sciencenet. cn/htmlnews/2024/5/522269. shtm.

* 1 马力≈735.5 瓦特。

引入现代农业发展的快车道①。

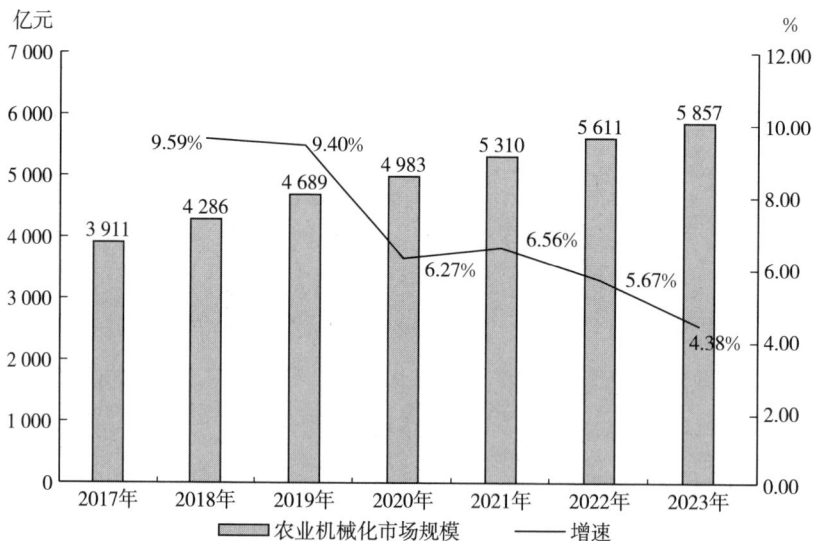

图 3-6　2017—2023 年中国农业机械市场规模统计

数据来源：农业农村部官方网站。

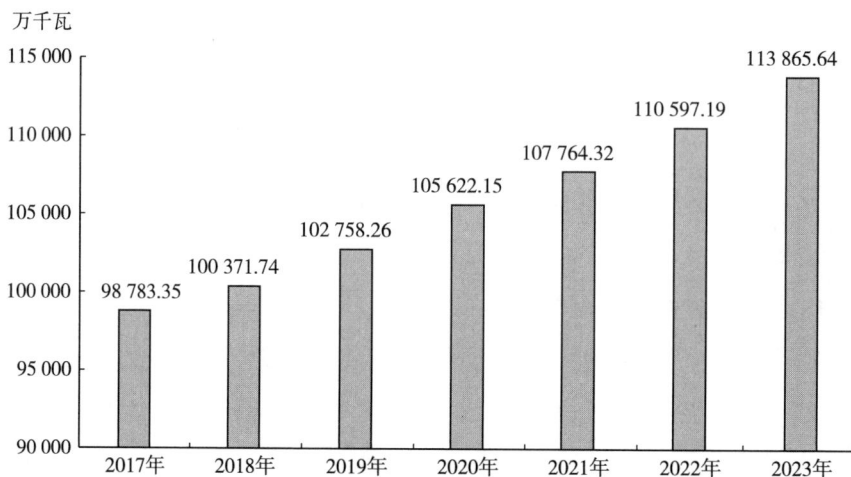

图 3-7　2017—2023 年中国农业机械总动力变化情况

数据来源：国家统计局统计数据库。

---

① 《科技助力，农业发展更有活力》，中国政府网，https：//www. gov. cn/yaowen/liebiao/202402/content _ 6933115. htm.

三是种业振兴行动取得突破性进展。生物育种产业化步伐加速推进，种业振兴行动阶段性成效明显。经过 3 年努力，于 2023 年完成新中国规模最大的全国农业种质资源普查，全国新收集农作物、畜禽、水产资源约 53 万份，对 746 份濒危农作物资源开展抢救性收集保护，发布 80 个具有潜在利用价值的农作物、畜禽、水产优异种质资源；216 个农作物制种基地县、300 个种畜禽场站、91 个水产原良种场积极推进良种繁育，供种保障率达 75％以上。具有自主知识产权的白羽肉鸡新品种市场占有率达到 25％[1]。我国是全球排名第二的种质资源大国，我国主选育品种的种植面积高达 95％以上，其中水稻、小麦两大口粮作物品种实现了完全自给，真正做到了"中国粮用中国种"。2023 年，我国自主培育的高产蛋鸡、白羽肉鸡种鸡首次走出国门，也是国产畜禽品种服务国际市场迈出的关键一步。在农业育种领域，自 1997 年建立植物新品种保护制度以来，截至 2023 年底，农业植物新品种权累计申请量达 7.7 万件，累计授权量超过 3 万件，其中自主选育品种占比近 94％，为从源头上保障国家粮食安全作出重大贡献[2]。

4. 种粮农户收益保障机制持续健全

构建收益保障政策体系，增加农民种粮信心。我国已逐步构建起了一个针对种粮农民的补贴、价格、保险"三位一体"的收益保障政策体系，为我国种粮农民提供了更为有效的灾害风险兜底保障。我国从 2018 年开始探索完全成本和种植收入保险，2023 年将这两个高保障保险拓展至所有产粮大县，2024 年在全国全面覆盖。目前，全国的保险费率平均水平是 4.9％，农业"基本险"的保障水平大约是每亩 525 元，保费每亩 25.5 元，农民自缴约 20％，每亩承担 5.1 元。而完全成本和种植收入保险的保障水平大约每亩 1 125 元，同样的方式计算，农户每亩自缴约 10.9 元。

---

① 《种业振兴行动取得阶段性成效》，中国政府网，https：//www.gov.cn/lianbo/bumen/202312/content_6921412. https：//www.gov.cn/lianbo/bumen/202312/content_6921412. htm.

② 《我国农业植物新品种权授权量突破 3 万件 自主选育品种占比近 94％》，农业农村部门户网站，https：//www.moa.gov.cn：10443/ztzl/ymksn/rmrbbd/202402/t20240207_6448456. htm.

2023 年，全年各种自然灾害造成的农作物受灾面积 1.58 亿亩，农业保险整体赔付了 1 100 多亿元。在灾害发生以后，保险赔付金额能够支持种粮农户尽快恢复生产，尽量挽回损失①。

（二）现代农业经营体系逐步建立

党的十九大以来，各地区各部门强化政策支持和责任落实，加快构建新型农业经营体系，通过主体联农、服务带农、政策强农，逐步将小农户引入现代农业发展轨道，我国初步形成以家庭农场为基础、农民合作社为中坚、农业产业化龙头企业为骨干、农业社会化服务组织为支撑，引领带动小农户发展的立体式复合型现代农业经营体系。

1. 新型农业经营主体数量稳步提升

乡村振兴战略实施以来，我国新型农业经营主体不断发展壮大。2023 年，农业农村部坚持加快培育新型农业经营主体重大战略，深入实施新型农业经营主体提升行动，以内强素质、外强能力为重点，突出抓好农民合作社和家庭农场两类农业经营主体发展。截至 2023 年 10 月末，纳入全国家庭农场名录管理的家庭农场近 400 万个，依法登记的农民合作社 221.6 万家，组建联合社 1.5 万家，辐射带动全国近一半的农户。截至 2023 年底，全国有种粮家庭农场 176.5 万个、种粮合作社 54.2 万家，占新型农业经营主体总数的 37.5%。新型农业经营主体发展适度规模经营，种粮家庭农场场均种粮面积 148.8 亩，农民合作社社均拥有土地经营权作价出资面积 460.1 亩。

2. 农业经营服务带动效应持续增强

一是经营业务范围扩大。新型农业经营主体业务涵盖粮棉油、肉蛋奶、果蔬茶生产经营，其中，88% 的新型农业经营主体从事种养业。家庭农场和农民合作社从事生猪产业的分别有 21.7 万个、13.2 万家，比上年

---

① 《多种粮、种好粮，有底气！"三位一体"收益保障为农民种粮兜底》，央视网，https://news.cctv.com/2024/06/01/ARTIcZx7a6r4ssbt3izc9LVU240601.shtml.

分别增长 17.1% 和 1.9%，从事农机植保服务业的数量持续增长，从事电子商务、休闲农业和乡村旅游等新产业新业态的发展势头强劲。

二是经营服务水平提升。半数以上的家庭农场年经营收入在 10 万～50 万元，平均每个家庭农场年净利润 11.6 万元。农民合作社年经营收入 6 309.2 亿元，成员人均可获得盈余二次返还 1 460.4 元。全国农民合作社成员中的普通农户占比 95.5%，农民合作社为成员提供年经营服务总值 8 773.5 亿元，成员人均享受合作社统购统销服务 1.5 万元。

三是规范运营程度提高。全面实行家庭农场"一码通"管理服务制度，截至 2023 年底，全国已有 19.6 万个家庭农场获得"一码通"赋码，以"一码定场"实现直接获客；开发推广"家庭农场随手记"免费记账软件，11.5 万个家庭农场注册应用，规范财务收支和成本核算。全国县级及以上农民合作社示范社达 20.9 万家、示范家庭农场达 20.2 万个[①]。

3. 小农户与现代农业发展有机衔接

通过培育提升一批，不断加强技术推广、示范引领、设施改善、装备升级，一大批小农户的农业综合生产经营能力得到有效提升，率先成长为创业致富带头人。通过服务带动一批，引导小农户与各类新型农业经营主体融合发展，有效导入现代生产要素，提高小农户生产经营的组织化程度，加快融入现代农业大格局。通过培养转化一批，引导一批有素质、有条件、有意愿的小农户从农业生产中脱离出来，投身农产品加工、流通和相关服务等领域，转化为现代农业产业链和服务体系中的产业工人。

2017 年以来，中央财政累计投入超 270 亿元，实施农业生产社会化服务项目，针对小农户开展农业生产的多样化需求，因地制宜发展单环节、多环节等多种服务模式，促进农业生产作用不断凸显。2021 年 8 月，农业农村部以促进小农户和现代农业有机衔接为主线，在全国选择 100 个县（市、区）和 100 个服务组织，开展为期三年的农业社会化服务创新试

---

① 《新型农业经营主体保持良好发展势头》，农业农村部门户网站，https://www.moa.gov.cn/ztzl/2023fzcj/202312/t20231219_6442993.htm。

点工作。同时，还开展了"农服进万家"等活动。这一系列举措推动了农业社会化服务迅速兴起，使农业社会化服务成为现代农业高质量发展的重要牵引力量。2023 年，全国超过 107 万个组织开展农业社会化服务，服务面积超过 19.7 亿亩次，服务小农户 9 100 多万户[①]，持续解决小农户干不了、干不好、干了不划算的难题，有力促进小农户和现代农业有机衔接。

（三）乡村特色产业规模不断壮大

1. 乡村特色品牌快速发展，加速农村产业转型升级

推进农业品种培优、品质提升、品牌打造和标准化生产（农业生产"三品一标"）是促进农业高质量发展的重要举措，也是推动农业发展全面绿色转型的重要抓手。截至 2022 年 8 月底，全国绿色有机地理标志农产品总数超过 6.3 万个，较 2012 年底增长了 320%。"十三五"以来产品数量年均增速保持在两位数，每年向社会提供的品牌农产品实物总量超过 2 亿吨[②]。2023 年，全国农业生产和农产品"三品一标"再获新成效，新认证登记绿色、有机和名特优新农产品 1.5 万个[③]。2023 年，农业农村部门"严""优"并重，以农产品"三品一标"四大行动为抓手，提品质、创优质，绿色、有机、名特优新和地理标志农产品认证登记数量达到 8 万个，同比增加 6.7%，带动农产品生产向绿色化、优质化迈进。近年来，全国各地以绿色化、优质化、特色化、品牌化为主攻方向，加强统筹协调，健全工作机制，强化措施落实，形成了一系列可复制、易推广的成功经验，为全面推进乡村振兴、加快建设农业强国提供有力支撑。2023 年，我国新认定全国"一村一品"示范村镇 395 个，至此，全国"一村一品"示范

---

① 《新型农业经营主体保持良好发展势头》中国政府网，https：//www.gov.cn/lianbo/bumen/202312/content _ 6921803. htm.

② 《我国绿色有机地理标志农产品超过 6.3 万个》，央视网，https：//content - static. cctvnews. cctv. com/snow - book/index. html? item _ id=1017361212357028506&track _ id=384b3a53 - 295b - 484d - 9cb0 - 2950c59e5c9b.

③ 《国务院新闻办发布会介绍 2023 年农业农村经济运行情况》，中国政府网，https：//www. gov. cn/zhengce/202401/content _ 6927914. htm.

村镇累计达到 4 068 个，已覆盖 31 个省份以及新疆生产建设兵团①。其中产值超 10 亿元的镇 199 个、超亿元的村 306 个，有效推动了乡村产业集聚化、标准化、规模化、品牌化发展，助力乡村产业振兴。

2. 乡村特色产业集群效应持续扩大，激活乡村振兴"新引擎"

近年来，在政府的鼓励支持下，乡村特色产业蓬勃发展。各地纷纷建立了自身的特色农产品新品牌，推出新产品，培育新品类，乡村特色产业逐渐朝专业化、规模化、标准化以及市场化方向转变，因此乡村特色农产品在产品品质、技术水平、区域布局、市场竞争力方面都有了质的提升。近年来，我国深入实施品牌强农战略，从培育数量看，全国省级农业农村部门重点培育农产品区域公用品牌 3 000 个；从品牌效益看，省级重点培育的区域公用品牌平均溢价率超过 17%。更多"土特产"打响了品牌，也促进了特色产业集聚升级。2023 年，我国各地新建 40 个、续建 51 个优势特色产业集群，培育全产业链产值超 100 亿元的集群 139 个、超500 亿元的 14 个、超 1 000 亿元的 3 个，实现从业农民人均可支配收入平均提高 4 000 多元。各地培育乡村特色产业专业村镇 4 068 个，实现总产值 9 000 多亿元②。中央财政持续支持特色产业发展，2023 年支持新创建了 40 个优势特色产业集群，推动乡村产业布局更优化、结构更合理、链条更完整；支持新创建 50 个国家现代农业产业园，提升农业产业链供应链现代化水平；支持新创建 200 个农业产业强镇，促进主导产业转型升级，增强市场竞争力和可持续发展能力。乡村特色产业集群规模扩大。截至 2023 年 8 月，全国已建设 140 个优势特色乡村产业集群，全产业链产值超过 3.8 万亿元，辐射带动 1 000 多万农户，一个个"土特产"变身大产业③。

---

① 《我国"一村一品"示范村镇累计达到 4 068 个》，央视网，https：//news.cctv.com/2023/01/29/ARTIj7Fuw2z9AS3jVxMUAa5e230129. shtml.

② 《中央一号文件鼓励各地发展特色产业、打造乡土特色品牌——让乡村"土"味香飘更远》，中国政府网，https：//www.gov.cn/zhengce/202402/content_6934395.htm.

③ 《构建现代乡村产业体系 带动乡村振兴全面发展》，人民网，http：//politics.people.com.cn/n1/2023/0810/c1001-40053744.html.

3. 产业融合主体规模不断扩大，集群效应显著增强

农业产业融合主体整体数量及投资规模都在快速增长。一是农业专业合作社蓬勃发展。合作社保持良好发展势头，呈现出服务水平提升、产业结构优化、规范水平提高、社会功能强化等特征，在稳产保供、带农增收、完善产业链条等方面的作用更加突出。截至 2023 年 10 月，全国共有近 400 万个家庭农场和 221.6 万家农民合作社，全国县级及以上的农民合作社示范社达 20.9 万家，示范家庭农场达 20.2 万个，工商资本每年对乡村产业的投资总量都在万亿元以上[①]。二是农业产业化国家重点龙头企业迅猛增长。近年来，我国农业企业稳步发展，呈现出数量质量双向提升，产业韧性不断增强，在推动乡村产业全链条升级，增强市场竞争力和可持续发展能力方面，不断向高质量发展迈进的特征。在国内国际双循环的新发展格局下，农业企业展现出强大的生命力，已经成为促进乡村产业融合，拓宽农民增收渠道，助力农业农村现代化，推进乡村全面振兴，建设农业强国的关键力量。截至 2023 年底，累计培育全国县级以上农业产业化龙头企业 9 万多家，其中市级以上龙头企业近 7 万家、省级龙头企业近 2 万家、国家重点龙头企业 1 952 家，市级以上龙头企业带动稳定就业约 1 400 万人，构建了国家、省、市、县四级联动的龙头企业队伍[②]。

4. 乡村产业融合载体蓬勃发展，产业抗风险能力提升

近年来，乡村产业的融合载体蓬勃发展，农业产业强镇规模不断扩大，国家现代农业产业园建设持续推进，优势特色产业集群持续发力，农村产业融合发展示范园总量持续增长。

一是国家现代农业产业园建设持续推进，成为引领农业农村现代化的排头兵、乡村产业兴旺的新样板。国家现代农业产业园是在规模化种养基础上，通过"生产＋加工＋科技"，集聚现代生产要素，创新体制机制，

[①] 《发挥新型农业经营主体带动效应》，农业农村部门户网站，https://www.moa.gov.cn/zt-zl/ymksn/jjrbbd/202404/t20240425_6454364.htm.

[②] 《做好"土特产"文章 推动乡村产业全链条升级》，中国政府网，https://www.gov.cn/lianbo/bumen/202312/content_6920659.htm.

形成清晰的地理界限和特定的区域范围，建设水平比较领先的现代农业发展平台，其建设目的是"做大做强主导产业，建设优势特色产业引领区""促进生产要素集聚，建设现代技术与装备集成区""推进产加销、贸工农一体化发展，建设一二三产业融合发展区""推进适度规模经营，建设新型经营主体创业创新孵化区"，引领农业现代化发展。自 2017 年国家开始启动现代农业产业园建设工作到 2023 年，共批准创建了 7 批 288 个国家现代农业产业园（图 3-8）。

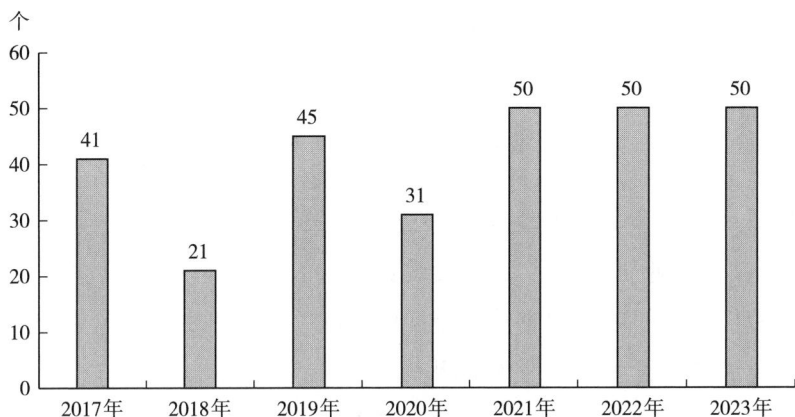

个

60						
50					50	50	50
41		45				
40						
	21		31			

图 3-8 2017—2023 年中国国家现代农业产业园批准创建数量
数据来源：农业农村部官方网站。

二是优势特色产业集群蓬勃发展，成为推动乡村经济发展的重要力量。优势特色产业集群结合农村农业发展的地域特点，是政策集成、要素集聚、企业集中的乡村产业融合发展高地。2020 年 3 月，农业农村部、财政部启动优势特色产业集群建设。中央财政采取先建后补、以奖代补等方式，对基地建设、仓储保鲜、产地初加工、精深加工、现代流通、品牌培育等全产业链建设给予适当补助。截至 2023 年底，国家共批准建设 180 个优势特色产业集群（图 3-9）。

三是农业产业强镇规模不断扩大，发挥着乡镇上连城市、下接乡村的纽带作用。我国高度重视农业产业强镇建设，为深入贯彻党中央、国务院关于促进乡村产业振兴、打造产业融合载体的决策部署，2018 年起，农

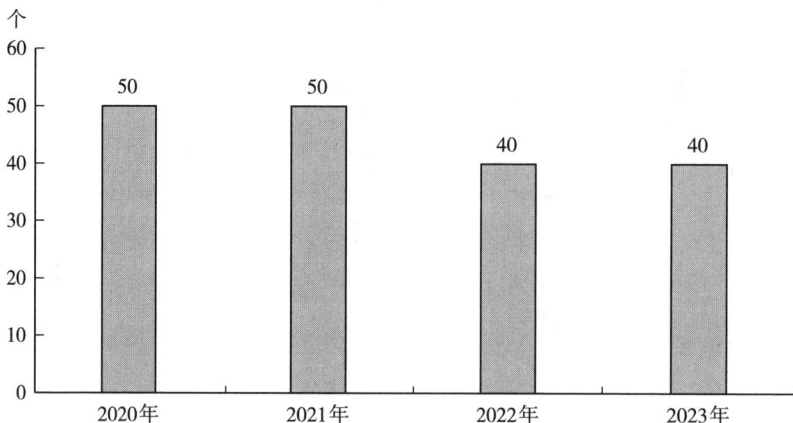

图 3-9　2020—2023 年中国优势特色产业集群数量

数据来源：农业农村部官方网站。

业农村部、财政部引导各地建设农业产业强镇，2018—2023 年累计建设 1 509 个农业产业强镇，各地加大政策支持，指导建设乡镇立足主导产业，补短板、强弱项、固底板、锻长板，推进主体集中、服务集合、要素集聚，建成了一批主导产业优势明显、产业链条深度融合、经营主体蓬勃发展、农民就业增收显著的农业产业强镇（图 3-10）。2023 年 8 月，农业农村部将北京市平谷区峪口镇等 770 个乡镇认定为国家农业产业强镇。

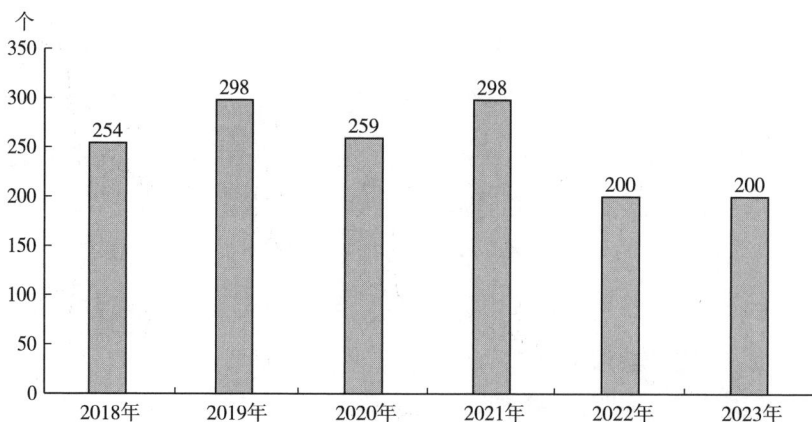

图 3-10　2018—2023 年中国农业产业强镇认定数量

数据来源：农业农村部官方网站。

四是农村产业融合发展示范园总量持续增长，聚焦农村一、二、三产业融合发展，发挥示范引领作用。为充分发挥示范引领作用，加快推进农村一、二、三产业融合发展，国家决定开展农村产业融合发展示范园创建工作，要求各省份结合实际，充分挖掘地区特色，围绕农业内部融合、产业链延伸、功能拓展、新技术渗透、产城融合、多业态复合等六种类型，有针对性地创建农村产业融合发展示范园。国家农村产业融合发展示范园项目于 2017 年启动，至 2023 年底，共批准创建单位 493 个。

（四）乡村新产业新业态蓬勃发展

近年来，各地各级农业农村部门挖掘乡村多元价值，推动乡村产业全链条升级、全环节增值，产业融合水平不断提升，新业态方兴未艾，农业多功能性日益显现。

1. 乡村休闲旅游蓬勃发展，成为乡村经济发展新引擎

党的十八大以来，休闲农业和乡村旅游呈现持续较快增长态势，为农业农村经济发展和农民就业增收发挥着越来越重要的作用。党的十八大以来，全国乡村旅游人次从近 8 亿跃升到 30 亿，年均增速超 20%[①]。2023 年末，全国开展休闲农业和乡村旅游接待的村占比为 14.7%，50 万农户开展了休闲农业和乡村旅游经营，年接待游客超过 30 亿人次，休闲农业营业收入达 8 400 亿元。2023 年，中国乡村旅游业产值超 9 000 亿元，农民人均旅游产值 1 903 元。乡村旅游业对乡村经济振兴、实现农民增收意义重大。2024 年一季度，农村地区接待游客近 8 亿人次，创同期历史新高。旅游业直接及间接创造就业岗位超 6 000 万个，是创造农民就业岗位的重要产业[②]。

第一，乡村文旅实现多元化发展。随着乡村振兴工作向纵深推进，乡

---

① 《把旅游业打造成为具有显著时代特征的民生产业、幸福产业》，求是网，http://www.qstheory.cn/dukan/hqwg/2024-11/13/c_1130219025.htm.

② 《人民网评：乡村休闲旅游稳健前行，未来可期》，人民网，http://opinion.people.com.cn/n1/2024/0813/c223228-40297991.html.

村旅游已成为促进乡村产业兴旺、生态宜居、乡风文明、治理有效、生活富裕的重要抓手和可行路径。2023年中央1号文件提出要"举全党全社会之力全面推进乡村振兴,加快农业农村现代化""实施文化产业赋能乡村振兴计划"和"乡村休闲旅游精品工程,推动乡村民宿提质升级",对文化产业和乡村旅游的融合发展作出规划和部署。在乡村旅游发展的过程中,乡村文旅通过良好的生态和特色的文化来吸引游客并满足其旅游需求。作为新的旅游业态,在文旅融合持续推进的进程中,乡村文旅从过去的农家乐、农业采摘、乡村自然观光及乡村民宿体验向乡村非遗、乡村旅拍、乡村民俗、乡村文化体验等形式转变,各种乡村文旅新业态新场景的涌现为乡村文旅的发展注入了新的活力,农文旅的深度融合更是为乡村的发展及振兴提供了新的途径。特别是2023年,"村BA""村超"等"村味"体育活动、村头律动的广场舞、具有乡土文化气息的"村晚"、乡村非遗展演、艺术乡建以及农业文化遗产等,都在为乡村文旅新业态赋能。相关统计数据显示,2023年,全国"村晚"示范展示活动累计参与人次约1.3亿[①]。在丰富乡村文旅业态的过程中,村落空间成为展演舞台,突出了乡村的文化性、生活性和生产性,更好地传承了乡村文脉,使人们记住"乡愁"。全国近6万个行政村开展乡村旅游经营活动,涵盖了观光、休闲、康养、避暑、冰雪、耕读、研学、娱乐等诸多产品体系,有效带动了特色种植、生态养殖、土特产加工、民俗展演、旅游装备租赁、直播带货、乡村电商、物流配送、民居修缮等新业态发展,已成为居民周末休闲消遣的主要选择和常态化方式。

第二,发展视野拓宽,迈向多元化、标准化、国际化道路。休闲农业与乡村旅游在多元化、标准化、品牌化、国际化发展道路上迈出了坚实步伐,探索出众多可持续发展的路径,为国际乡村旅游创新发展提供"中国样本"。多元化乡村旅游目的地体系将田园乡村与文旅、休闲、艺术、时

[①] 《1.3亿人次参与2023年全国"村晚"示范展示活动》,新华网,http://www.news.cn/politics/2023-12/14/c_1130026756.htm。

尚、科技、研学、餐饮、民宿等多重元素叠加，围绕乡宿、乡游、乡见、乡识、乡味等5大主题，补齐产业链、服务链、价值链、创新链，实现乡村旅游的全面升级，形成"望得见山、看得见水、记得住乡愁、留得住人"的乡村旅游发展新格局。乡村旅游标准化、品牌化进程加速推进。2023年，农业农村部遴选认定中国美丽休闲乡村（中国村落）256个，农家乐特色村79个。截至2023年10月，文化和旅游部会同国家发展改革委遴选出四批全国乡村旅游重点镇（乡）198个，全国乡村旅游重点村1 399个。中国村落、农家乐特色村、全国乡村游重点镇村、全国乡村旅游精品线路的建设认定推广，对我国乡村旅游服务品质的提质增效、休闲农业产业提档升级具有重要指导意义。皖南徽派古村、江南水乡、云贵乡村景区等优质的乡村旅游资源还走出了国门、走向了世界。2023年10月19日在乌兹别克斯坦玛尔罕召开的第25届联合国世界旅游组织全体大会上公布2023年"世界最佳旅游乡村"名单，中国江西婺源县江湾镇篁岭村、浙江淳安县枫树岭镇下姜村等村入选，加上2021年首批入选的浙江安吉县天荒坪镇余村、安徽黟县西递镇西递村和2022年入选的广西龙胜各族自治县龙背镇大寨村、重庆武隆区仙女山镇荆竹村，截止到2023年底，中国入选乡村总数达到8个，位列世界第一。

2. 数字乡村建设成效显著，农村电商发展取得新突破

随着农村物流设施和服务短板持续加快补齐，近年来，农村电商蓬勃发展，在农产品产销对接、农业转型升级方面成效显著。尤其是2018年中央1号文件《中共中央　国务院关于实施乡村振兴战略的意见》首次明确提出"实施数字乡村战略"以来，我国数字乡村建设开始全面提速，数字技术与农业农村现代化各领域融合的广度和深度不断拓展，新型乡村数字经济体系和乡村数字治理体系逐步形成。

一是农村电商规模不断扩大，我国已成为世界第一大农产品电商国。2023年，农产品电商销售额超过7 300亿元，超过100万农户通过网络销售农产品，农村网络零售额达2.49万亿元，增长12.9%，呈现出东中西部竞相发展、各类农产品加速覆盖的良好态势（图3-11）。其中，农村实物商品网络零售额为 2.27 万亿元，增长 12.1%。分品类看，服装鞋帽针纺织品、日用品、粮油食品网络零售额位居前三，占比分别为 27.9%、18.4% 和 8.7%。分地区看，东、中、西部和东北地区农村网络零售额占全国农村网络零售额比重分别为 75.5%、15.7%、6.7% 和 2.1%。2023 年全国农产品网络零售额达 5 870.3 亿元，比上年增长 12.5%。分品类看，休闲食品、滋补食品和粮油网络零售额位居前三，占比分别为 17.1%、13.3% 和 13.3%。分地区看，东、西、中部和东北地区农产品网络零售额占全国农产品网络零售额比重分别为 63.9%、15.7%、14.9% 和 5.5%。中国农产品物流总额再创新高，2023 年农产品物流总额超过 5.3 万亿元，同比增长 4.1%，从 2021 年到 2023 年，农产品物流总额连续三年超过 5 万亿元。农产品物流成本持续降低，物流费率由 2012 年的 18% 下降到 2023 年的 14.4%[①]。

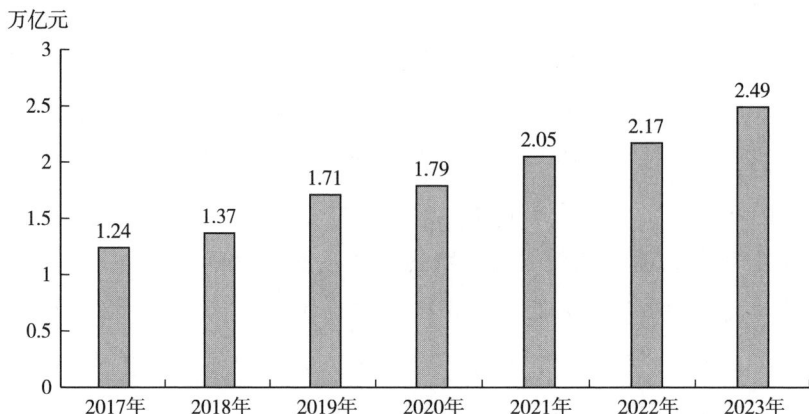

图 3-11 2017—2023 年中国农村网络零售额
数据来源：商务部官方网站。

二是数实融合新模式更加丰富，"数商兴农"成效显著。直播助农作为乡村振兴和网络帮扶深度融合发展的新兴产物，正在引领农村电商模式

---

① 《2023 年中国网络零售市场发展报告》，商务预报网，https://dzswgf.mofcom.gov.cn/news/phone/5/2024/1/m-1706682497927.html。

不断创新。商家、农户依靠短视频和直播等新型电商媒介来促销与推广优质农产品，农村主播的数量快速增长，总量达到数千万人。2022年中央1号文件首次提及"直播带货"，推动乡村直播的快速发展，涌现县长带货、网红明星助农带货、乡村直播达人带货等诸多方式的直播，帮助优质农产品快速走向全国消费者的餐桌。阿里巴巴、京东、拼多多等部分电商平台创新发展农业经营模式，在多地打造农产品直采基地，依靠数字化技术赋能农产品品种研发、生产过程优化以及农产品标准制定，促进农业产业链各链条资源充分利用与配置，实现产业联动创新。农村电商深入发展，依托所积累的数字化产销渠道、数据资源要素和数字技术应用场景等资源，正在成为促进数字农业发展的重要基石。与此同时，生活服务电商也在快速发展。大型电商平台不断下沉，为县域生活服务业商户提供线上经营渠道，推动农村传统商超、小卖店加速数字化改造。根据抖音电商发布的《2023丰收节抖音电商助农数据报告》，2023年，抖音电商里挂车售卖农产品的短视频数量为2 186万条，直播间里农特产商品讲解总时长达3 778万小时，货架场景带动的农特产销量同比增长了137％。仅一年间，平台销售的农特产种类就同比增长了188％。通过短视频、直播、货架商城等电商模式促进农产品的产销对接，这一商业模式在过去几年中已经被不断验证过。而农产品直播又凭借其源头的沉浸式场景，以及农民主播的淳朴真诚成为农产品电商销售全链条中的"王牌"之一。"村播"正在成为带动农产品销售、创新农业品牌营销、推动乡村旅游的新手段。

3. 供销综合改革不断深化，助力集体经济迈上新台阶

随着乡村振兴的推进，供销合作社在改革中重新进入人们的视野。2021年中央1号文件明确提出深化供销合作社综合改革，开展生产、供销、信用"三位一体"综合合作试点，健全服务农民生产生活综合平台。2022年中央1号文件明确：要聚焦关键薄弱环节和小农户，加快发展农业社会化服务，支持农业服务公司、农民合作社、农村集体经济组织、基层供销合作社等各类主体大力发展单环节、多环节等服务，开展订单农业、加工物流、产品营销等，提高种粮综合效益。同时支持供销合作社开展县域流通服务网络建设提升行动，建设县域集采集配中心。由此，供销合作社被赋予新的内涵。

供销合作社从四方面推进深化综合改革：一是围绕服务保障国家粮食安全，构建供销合作社现代农业服务体系；二是围绕扩大国内需求，不断提升供销合作社现代流通服务水平；三是围绕促进县域城乡融合发展，加快提升供销合作社基层组织服务能力；四是围绕增强核心竞争力和为农服务实力，持续深化社有企业改革。近年来，供销合作社持续深化供销合作社综合改革，不断提升为农服务能力和水平，加快成为服务农民生产生活的综合平台。

2023年，全国供销社合作系统有序投放1000多万吨国家和省级商业储备肥，在春耕、三夏、秋冬种等重要农时有效保障了农业生产用肥需求。供销总社加快健全农资网络，编制出台农资网络体系建设规划，指导推动有关省级社恢复发展农资龙头企业。深入实施"绿色农资"升级行动，在31个省级社组织开展试点工作，持续提升农资供应和技术服务能力。聚焦助力巩固拓展脱贫攻坚成果，供销总社采用多种方式开展帮扶。数据显示，2023年"832平台"全年交易额169.9亿元，成立以来累计交易额突破510亿元，累计带动320多万农户增收[①]。

4. 乡村产业融合业态提档升级，赋能农业农村现代化

在中央和各级地方政府的推动下，我国农村产业融合发展成效显著，涌现出农业内部融合、产业链延伸、功能拓展、新技术渗透、多业态复合、产城融合等产业融合发展新模式，为乡村产业振兴奠定了良好基础。近年来，我国全力推动乡村产业全链条升级，乡村产业振兴呈现良好势头。2023年，我国现代农业园区建设不断推进，新建50个国家现代农业产业园、40个优势特色产业集群、200个农业产业强镇。2024年，农业

---

① 《全国供销合作总社：为农服务能力和水平不断提升》，农业农村部门户网站，www.moa.gov.cn/ztzl/ymksn/gmrbbd/202401/t20240131_6446860.htm.

农村部启动实施了农产品加工业发展行动，1 至 6 月，规模以上农产品加工业企业实现营业收入 8.7 万亿元，同比增长 1.1%[①]。

在乡村产业融合发展过程中，与国家重要战略相关的绿色科技、数字技术等得到了广泛应用。在互联网加持下，我国的数字化转型逐步深化，呈现三个特征：第一，互联网基础设施建设水平提升；第二，数字技术与农业生产不断融合，在农业生产领域应用越加广泛；第三，农村电商繁荣发展，城乡之间的消费循环被打通。农村产业融合也推动了业态持续创新。农业与文化、生态、旅游、教育、康养等深度融合，发展出创意农业、休闲农业等农文旅融合的新业态。通过培育乡村新产业新业态，农民就业增收渠道不断拓展。2023 年，农村居民人均可支配收入达 21 691 元，城乡居民收入比从 2013 年的 2.81 缩小到 2.39。

三、乡村建设行动成效明显

近年来，各地各部门深入学习贯彻党的二十大精神和习近平总书记关于乡村振兴的重要指示批示精神，落实党中央国务院决策部署，坚持以学习运用"千万工程"经验为引领，主动作为、真抓实干，扎实有力推进宜居宜业和美乡村建设，不断完善政策体系，因地制宜建立组织领导、规划引领、项目管理、要素保障、考核评估等机制，农村人居环境持续改善，乡村公共基础设施和农村基本公共服务水平不断提高，乡村建设行动取得积极成效。

（一）乡村规划布局不断优化

国土空间规划是整合主体功能区规划、土地利用规划、城乡规划等空间规划的"多规合一"的新规划。国家将原分属不同部门的主体功能区规

---

① 《产业振兴呈现良好势头》，中国政府网，https：//www.gov.cn/yaowen/shipin/202408/content＿6968166.htm.

划、土地利用规划、城乡规划等职责统一整合到自然资源部，由其负责建立国土空间规划体系并监督实施。

1. 县域国土空间一体规划

我国乡村规划建设布局持续优化，县域国土空间规划一体化取得显著进展。在国家层面的统筹下，省市县级国土空间规划编制工作已全面完成，这标志着我国在乡村规划建设方面迈出了坚实的步伐。自然资源部以"三调"及年度变更调查成果为统一底图，同步建立了国家、省、市、县"数、线、图"一致的国土空间规划"一张图"。

2. "三区三线"全部划定

"三区三线"作为国土空间规划的重要内容，其划定和启用对于保障乡村建设布局的安全底线具有重要意义。通过"三区三线"的划定，不仅明确了各类区域的功能定位，也为乡村建设提供了清晰的边界和管控要求。2023年，国家将超过30%的陆地国土和15万平方千米的海域划为生态保护红线，率先在全球实施生态保护红线制度①。

3. 全国村庄规划有序推进

村庄规划取得显著进展，超过12万个村庄已完成村庄规划编制，占有条件、有需求编制规划村庄总数的一半以上。不仅提升了村庄的建设质量和管理水平，也为乡村经济社会发展提供了有力支撑。村庄规划的有序推进，得益于各级政府的高度重视和科学决策。在规划编制过程中，充分考虑了各地区的自然条件、资源禀赋和发展潜力，确保了规划的科学性和可操作性。同时，广泛征求了村民、专家和相关部门的意见和建议，使规划更加符合实际需求和发展趋势。

（二）乡村基础设施不断提升

乡村振兴战略实施以来，我国农村公共基础设施建设加快推进，乡村

---

① 《深化"多规合一"改革　构建国土空间开发保护新格局》，中国政府网，https://www.gov.cn/lianbo/bumen/202311/content_6915763.htm.

建设水平持续提高。乡村基础设施完备度、公共服务便利度和人居环境舒适度不断提高，广大农民群众的获得感、幸福感、安全感更加充实、有保障。

1. 农村交通条件得到极大改善

截至 2023 年底，全国农村公路总里程达到 460 万千米，其中县道 69.7 万千米、乡道 124.3 万千米、村道 265.9 万千米。2014 年至 2023 年，全国新改建农村公路超 250 万千米，累计解决了 821 个乡镇、7.06 万个建制村通硬化路难题①。过去一些地区存在的通乡、通村及村内道路破损、年久失修的情况大为改善。全国具备条件的乡镇和建制村全部通硬化路、通客车，通达深度也不断增加。2023 年末，全国 99.4% 的村进村主要道路路面为水泥或柏油（沥青）；98.5% 的村村内主要道路路面为水泥或柏油（沥青），农村道路养护管理布局日趋完善。

2. 生产生活用水得到全面保障

2021 年 8 月，水利部联合国家发展改革委等 8 个部门印发《关于做好农村供水保障工作的指导意见》，要求各地在"十四五"期间稳步推进农村饮水安全向农村供水保障转变，确保全国农村自来水普及率 2025 年达到 88%，2035 年基本实现农村供水现代化。2023 年末，全国有 96% 的村通自来水，全国农村居民有安全饮用水的户比重为 98.7%，分别比 2013 年提高 20 个和 24 个百分点。2023 年全国农村自来水普及率达到 90%，意味着全国农村自来水普及率达到 88%，这一目标已提前两年实现。2023 年，农村供水保障水平稳步提升，全国开工建设农村供水工程 2.3 万处，提升了 1.1 亿农村人口供水保障水平②。2021 年到 2023 年底，完成农村供水工程建设投资 3 979 亿元，巩固提升了 2.8 亿农村人口的供

---

① 《2014 年至 2023 年我国新改建农村公路超 250 万公里》，中国政府网，https://www.gov.cn/yaowen/liebiao/202405/content_6954435.htm.

② 《农村发展取得历史成就 乡村振兴开启崭新篇章——新中国 75 年经济社会发展成就系列报告之十八》，国家统计局门户网站，https://www.stats.gov.cn/sj/sjjd/202409/t20240923_1956627.html.

水保障水平，截至 2023 年底，全国共有农村供水工程 563 万处，服务农村人口 8.7 亿人，规模化供水工程覆盖农村人口比例达 60%①。

3. 农村物流配送体系逐步健全

商务部会同财政部等部门实施电子商务进农村综合示范，截至 2024 年 2 月，累计支持 1 489 个县建成县级电商公共服务中心、物流配送中心近 3 000 个，村级电商服务站点超 15.8 万个，建立起覆盖县乡村的电子商务公共服务和物流配送体系。2023 年，累计建成 1 267 个县级公共寄递配送中心、28.9 万个村级寄递物流综合服务站和 19 万个村邮站。邮快合作建制村覆盖率超 70%，新增交邮联运邮路 1 300 余条，农村邮路汽车化率同比提升 9 个百分点②。

4. 农村电力保障水平持续提升

经过近 20 年建设，我国农村电力发展经历了由慢到快、由落后到先进、由分散到集中的发展过程。近年来，随着农村电网建设投入持续加大，农网规模和覆盖范围不断扩增，农村地区用电质量逐步提升。农村电气化有序推进，农村用电量由 1952 年的 0.5 亿千瓦时增加到 2023 年的 7 991.9 亿千瓦时。农村充电基础设施快速建设，随着新能源汽车下乡、引导农村地区居民绿色出行等政策效应持续释放，近十年来农村充电公共基础设施建设经历了从无到有的发展历程，截至 2023 年末，全国已有 10.2% 的村安装了新能源电动汽车公共充电桩。

（三）乡村公共服务显著改善

建立健全城乡基本公共服务均等化的体制机制，推动公共服务向农村延伸、社会事业向农村覆盖，是党中央决策部署的重要内容。中央有关部门先后印发《关于构建优质均衡的基本公共教育服务体系的意见》《关于

---

① 《我国在解决农村饮水安全问题上取得重大进展》，农业农村部门户网站，http://www. moa. gov. cn/ztzl/ymksn/xhsbd/202409/t20240929_6463617. htm.

② 《商务部流通发展司负责人解读"商务部等 9 部门关于推动农村电商高质量发展的实施意见"》，商务部门户网站，https://m. mofcom. gov. cn/article/zcjd/jdgnmy/202403/20240303481032. shtml.

加快发展农村养老服务的指导意见》《关于进一步深化改革促进乡村医疗卫生体系健康发展的意见》等一系列加快农村教育、医疗、养老事业高质量发展的政策文件，逐步健全农村公共服务政策体系。

1. 农村教育质量不断提升

在教育领域，近年来，我国持续深化基础教育综合改革试验区建设，强化区域统筹和改革攻坚，加大对普惠性非基本公共教育服务支持力度，完善普惠性学前教育保障机制，提高县域普通高中办学水平，整体提升公共教育服务能力，推动农村教育质量不断提升。

一是乡村学前公共服务网络逐步建立。2021 年全国学前教育毛入园率达 88.1%，全国有幼儿园 29.5 万所，农村幼儿园数量占 66.21%[①]。二是义务教育更加优质均衡。各地通过优质学校挖潜扩容，推进优秀校长、骨干教师有序交流轮岗，集团化办学和城乡学校共同体建设等多种方式，扩大优质教育资源，提升薄弱学校、农村学校办学条件。据初步统计，2023 年全国新增义务教育优质学校 1 736 所，新增优质学位 199.9 万个。全国共有 1.6 万个义务教育阶段教育集团和 1.5 万个城乡学校共同体。三是教师学历和能力水平持续提升。截至 2022 年，我国农村义务教育阶段本科以上学历专任教师占比达 76.01%，比 2012 年增长 35.29 个百分点。农村义务教育阶段学校教师特设岗位计划实施以来，累计有 109.5 万名高校毕业生赴中西部农村学校任教，其中本科以上学历占比达 84.8%[②]。

2. 农村医疗卫生条件不断改善

在医疗卫生领域，近年来，我国持续健全卫生健康、党委农村工作部门牵头，机构编制、发展改革、教育、财政、人力资源社会保障、自然资源、农业农村、乡村振兴、医保、疾控、中医药等部门和单位参与的工作推进机制，形成支持乡村医疗卫生体系建设的工作合力，推动农村医疗卫

---

① 《全国学前三年毛入园率达到 88.1%　学前教育实现基本普及》，中国政府网，https：//www.gov.cn/xinwen/2022－04/28/content_5687602.htm.

② 《2023 年全国新增义务教育优质学校 1 736 所，新增优质学位 199.9 万个》，教育部门户网站，http：//www.moe.gov.cn/fbh/live/2024/55831/mtbd/202403/t20240301_1117766.html.

生条件不断改善。

一是县乡村三级医疗卫生服务网络不断健全，基本实现城乡居民基本医疗卫生服务全覆盖。截至2022年底，全国有基层医疗卫生机构98万个，其中乡镇卫生院3.4万个，村卫生室58.8万个，社区卫生服务中心超1万个。2023年，全国乡镇卫生院向村卫生室派驻医师超过20万人次，有效提升了村级医疗卫生服务水平[①]。从2019年以来，累计建设紧密型县域医共体试点区县828个。2023年，1 928家县医院牵头组建县域医共体，双向转诊人次达到832万人次，较2022年度增长14.90%[②]。

二是农村社会保障能力持续增强。2023年全国纳入监测范围农村低收入人口参保率稳定在99%以上。各项医保综合帮扶政策惠及农村低收入人口就医1.86亿人次，减轻农村低收入人口医疗费用负担1 883.5亿元[③]。2023年，342万名乡村振兴部门防止返贫监测对象纳入低保或特困供养，占防止返贫监测对象总人数的49%，另有17万人获得临时救助。

三是乡村医疗卫生人才队伍建设稳步推进。截至2022年底，全国共有村医114.1万人，其中50.2万人具有执业（助理）医师资格，比例达44%[④]。2023年，实施"大学生乡村医生专项计划"，共招聘大学生乡村医生超过5 000人，农村免费订单医学生有4 800多人完成住院医生规范化培训，进入乡镇基层岗位工作[⑤]。

3. 农村养老助残服务得到优化

在养老领域，近年来，由精神文明建设部门、民政部门和农业农村等

---

① 《2023年全国乡镇卫生院向村卫生室派驻医师超20万人次》，中国政府网，https://www.gov.cn/lianbo/bumen/202406/content_6957968.htm。

② 《国家卫健委：紧密型县域医共体试点县建设取得积极进展》，人民网，http://health.people.com.cn/n1/2024/0112/c14739-40157885.html。

③ 《2023年全国医疗保障事业发展统计公报》，中国政府网，https://www.gov.cn/lianbo/bumen/202407/content_6964551.htm。

④ 《2022年卫生健康和体育》，中国政府网，https://www.gov.cn/guoqing/2023-03/10/content_5745876.htm。

⑤ 《对十四届全国人大二次会议第1868号建议的答复》，国家卫生健康委员会门户网站，http://www.nhc.gov.cn/wjw/jiany/202407/fad8ddb63ab64357a5667e6851cca145.shtml。

多部门协同配合，将发展农村养老服务、建设养老服务体系、加强养老孝亲宣传等纳入部门工作重点内容，营造农村养老助老良好氛围，强化工作督促指导，推动农村养老助残服务不断优化。

一是农村养老服务设施建设不断加强。截至 2024 年，全国农村敬老院共 1.6 万个，床位 168.1 万张。农村互助养老服务设施约 14.5 万个，逐步形成布局科学、配置均衡、服务完善的农村养老服务设施网络[①]。"十四五"以来完成 71.1 万户农业户口困难重度残疾人家庭无障碍改造。

二是县乡村相衔接的三级服务网络建设进程加快。实现县域集中供养和失能照护全覆盖，满足农村特困人员、特别是失能特困老年人集中供养需求。拓展乡镇敬老院功能，逐步使乡镇敬老院转型成为具有全日托养、日间照料、上门服务、区域协调、服务转介等功能的区域综合养老服务中心，在满足本乡镇特困人员集中供养需求的前提下，将专业养老服务延伸至村级邻里互助点、农村幸福院和居家老年人。发挥村级互助养老服务设施前沿阵地作用，支持发展互助式养老。

（四）数字乡村建设不断深化

自 2018 年中央 1 号文件提出"实施数字乡村战略"以来，我国数字乡村建设取得显著进展，数字乡村建设的制度体系不断完善，数字基础设施不断完善，智慧农业、乡村数字经济、数字惠民服务等重点领域应用广泛，乡村生产生活更加便捷。

1. 数字乡村建设制度体系不断完善

近年来，我国数字乡村建设的政策制度体系不断完善，协同推进的体制机制基本形成，标准体系建设加快推进，试点示范效应日益凸显。一是制度体系不断完善。《中华人民共和国乡村振兴促进法》在法律层面规定了"推进数字乡村建设"。在规划层面，"十四五"规划等均对数字乡

[①]《民政部养老服务司有关负责人就〈关于加快发展农村养老服务的指导意见〉相关问题答记者问》，中国政府网，https://www.gov.cn/zhengce/202406/content_6957141.htm。

村建设作出部署。在行动计划层面，连续多年的中央一号文件对数字乡村建设作出安排。同时，《数字乡村发展行动计划（2022—2025年）》等先后印发，对数字乡村建设的目标任务、政策举措作了进一步细化完善。二是协同推进的体制机制基本形成。2021年，中央网信办会同农业农村部、国家发展改革委等部委建立了数字乡村发展统筹协调机制，部分省、市、县（区）党委政府也组建了推进机制，形成了完善的工作体系。三是标准体系建设加快推进。《数字乡村标准体系建设指南》发布实施，为营造标准支撑和引领数字乡村发展的良好局面奠定了基础。四是数字乡村试点示范效应日益凸显。2020年和2024年先后开展两批数字乡村试点工作，探索出一批具有区域特色的数字乡村建设新模式、新路径。

2. 乡村数字基础设施建设加快推进

在通信基础设施方面，我国已实现全部行政村通宽带，通光纤、通4G比例均超过99%，基本实现农村城市"同网同速"，脱贫地区通信难等问题得到了历史性解决。截至2023年底，我国农村网民规模达3.26亿，农村地区互联网普及率达到66.5%[①]。农村地区信息沟通及视频娱乐类应用普及率与城市网民基本持平，互联网医疗、在线教育等数字化服务供给持续加大，促进乡村地区数字化服务提质增效。在无线网络覆盖方面，5G加速向农村延伸，截至2023年底，我国5G基站累计达到337.7万个，并启动全球首个5G异网漫游试商用，5G网络覆盖所有县城城区、96%以上的乡镇镇区和80%行政村，实现"县县通5G"。广电5G网络正式开通运营，700MHz 5G网络已实现乡镇以上区域连续覆盖、热点农村区域全部覆盖。在宽带接入方面，截至2023年底，全国农村宽带用户总数达1.92亿户，全年净增1 557万户，比上年增长8.8%，增速较城市宽带用户高1.3%，农村地区宽带FTTH接入端口和FITH用户数比

---

① 《农村地区互联网普及率达到66.5%，有哪些推动因素？》，农业农村部门户网站，http://www.scs.moa.gov.cn/xxhtj/202404/t20240424_6454290.htm。

例均超过城市①。在广播电视基础设施方面，截至 2023 年底，农村广播节目综合人口覆盖率 99.7％，农村电视节目综合人口覆盖率 99.8％，广播电视节目综合人口覆盖率持续提升②。

3. 乡村数字经济新业态新模式不断涌现

农村电商服务体系基本形成。一是电商与农业融合水平进一步加深，从初期的销售端网络化逐渐向流通端、生产端的数字化、智能化推进。阿里巴巴、京东、拼多多等头部电商平台，通过打通农产品供应链，改造乡村产业链，推进电商与农业深度融合。北京市平谷区依托阿里巴巴、盒马鲜生、抖音等互联网企业，加强平谷大桃品牌建设和特色营销，2022 年实现网络销售额占比达 20.5％，全区大桃种植户累计增收1.7 亿元。二是农村物流体系进一步完善。根据国家邮政局数据，截至2023 年 5 月底，"快递进村"工程已覆盖 31 个省 32.9 万个建制村，覆盖率 67.1％。2014 年以来，商务部会同财政部、原国家乡村振兴局（国务院扶贫办）共同开展电子商务进农村综合示范，累计支持 1 489个县，支持地区累计建设县级电子商务公共服务中心和物流配送中心超2 800 个，村级电商服务站点 15.9 万个。三是农村电商模式更加多样。各地大力发展农产品电商直采、定制生产等模式，通过建设农副产品直播电商基地，助农直播影响力不断加深，以淘宝、抖音、快手为主的农村直播电商迅猛发展。淘宝直播的"村播计划"启动以来，超过 11 万农民主播在淘宝累计开展直播 330 万场，带动农产品上行超过 150亿元③。

---

① 《2023 年通信业统计公报解读》，工业和信息化部门户网站，https：//wap.miit.gov.cn/gx-sj/tjfx/txy/art/2024/art＿c3f0194a3a8141488885fc26ca5c98fd.html.

② 《2023 年全国广播电视行业统计公报》，国家广播电视总局门户网站，https：//www.nrta.gov.cn/art/2024/5/8/art＿113＿67383.html.

③ 《数字乡村发展实践白皮书（2024 年）》，中国信息通信研究院门户网站，http：//www.caict.ac.cn/kxyj/qwfb/bps/202406/P020240604545842789562.pdf.

四、乡村生态建设持续深化

党的十八大以来，以习近平同志为核心的党中央从中华民族永续发展的战略高度出发，深刻把握生态文明建设在新时代中国特色社会主义事业中的基础性地位和全局性意义，系统推进生态文明理论创新、实践创新、制度创新，创造性提出一系列新理念、新思想、新战略，形成了习近平生态文明思想。在习近平生态文明思想指引下，近年来，我国生态环境保护政策和制度体系日臻完善，生态环境保护力度持续加大，生态环境综合治理有序开展，乡村生态振兴取得阶段性成效。

（一）农村人居环境持续改善

近年来，各地牢固树立"绿水青山就是金山银山"的理念，积极推进美丽宜居乡村建设，总结推广"千万工程"经验，深入实施乡村建设行动，有序推进农村人居环境整治提升，从根本上扭转了农村长期以来存在的脏乱差局面，大大提高了农村居民的生活质量。

一是农村生活垃圾治理持续加力。为加快农村人居环境整治提升，中共中央办公厅、国务院办公厅印发了《农村人居环境整治提升五年行动方案（2021—2025年）》。2022年5月，住房和城乡建设部等六部门联合印发《关于进一步加强农村生活垃圾收运处置体系建设管理的通知》提出，到2025年明显提升农村生活垃圾无害化处理水平，有条件的村庄实现生活垃圾分类、源头减量。2023年，全国开展清洁行动的村庄超过95%，生活垃圾得到收运处理的行政村比例保持在90%以上。2023年末，全国有87.6%的村生活垃圾集中处理，比2013年末提高37.5个百分点。《农村人居环境整治三年行动方案》的目标任务也已于2021年底全面完成，农村人居环境得到了明显改善，从普遍的脏乱差转变为基本干净整洁有序的状态。与此同时，乡村居民的环境卫生观念也在潜移默化的改变，生活质量也普遍提升。

二是农村乱排乱放污水现象得到有效治理。2023 年末，全国有 63％
的村生活污水集中处理或部分集中处理，其中 34.8％的村生活污水集中
处理，比 2013 年末提高 23.2 个百分点。2023 年，农村生活污水治理
（管控）率达到 40％以上。

三是农村厕所改造取得明显成效。农村厕所改造也是人居环境整治的
重点领域，是农民群众幸福感提升的重要影响因素。2018—2021 年，全
国已累计改造 4 000 多万户农村户厕，到 2023 年，全国农村卫生厕所普
及率超过 73％[①]。

（二）绿色兴农取得积极进展

乡村振兴战略实施以来，在习近平生态文明思想引领下，农业绿色发
展体制机制不断完善，农业绿色发展方式加快转变，绿色兴农取得了明显
成效。

1. 农业资源保育能力稳步增强

耕地质量逐步提升，截至 2022 年底，全国已建成高标准农田 10 亿
亩，耕地平均等级达到 4.76，比 10 年前提高了 0.35 个等级，相当于每亩
提升了 35 千克的粮食产能。建设农业节水灌溉面积达 5.91 亿亩，农田灌
溉用水的有效利用系数达到了 0.572，年节水能力超过了 480 亿立方米[②]。
黑土地保护工程深入实施，2023 年，黑龙江、吉林、辽宁、内蒙古四省
份实施保护性耕作面积已超过 9 000 万亩。"十四五"期间我国将完成 1
亿亩黑土地保护利用任务，黑土耕地质量明显提升，预计土壤有机质含量
平均提高 10％以上。建成农作物种质资源保护体系，长期保存种质资源
53.9 万份。建设 227 个国家畜禽遗传资源保种场（区、库），实现 159 个

---

① 《我国农村人居环境整治提升取得新成效》，中国政府网，https://www.gov.cn/lianbo/bu-
men/202402/content_6934790.htm.

② 《2022 年底全国已累计建成 10 亿亩高标准农田》，中国政府网，https://www.gov.cn/xin-
wen/2023-01/16/content_5737126.htm.

国家级保护品种活体保护全覆盖①。

2. 农业产地环境得到明显改善

截至 2023 年，我国主要农作物病虫害绿色防控面积覆盖率达54.1%，水稻、小麦、玉米三大粮食作物统防统治面积覆盖率达45.2%。全国化肥农药施用持续减量增效，化肥、农药利用率均超过 41%，2023 年全国农用化肥施用量 5 022 万吨，比 2012 年减少817.1 万吨，下降 14.0%；2023 年全国农药使用量 115 万吨，比 2012 年减少 65.1 万吨，下降 36.1%。实施畜禽粪污资源化利用整县推进项目，畜禽粪污综合利用率达 78.3%。2023 年，中央预算内投资 20 亿元，新增支持 66 个养殖大县实施畜禽粪污资源化利用整县推进工程。整建制建设秸秆综合利用重点县，秸秆综合利用率超过 88%。农膜回收处置率稳定在 80% 以上，重点地区"白色污染"得到有效防控，过去的生态包袱现在正在变为绿色财富。

3. 农业绿色产业链条加快打造

农业生产和农产品"三品一标"再获新成效，绿色、有机、名特优新、地理标志农产品总数达到了 7.8 万个，2023 年新认证登记绿色、有机和名特优新农产品 1.5 万个，全国农产品质量安全例行监测合格率连续稳定在 97% 以上，总体合格率达到 97.8%。统筹农产品初加工、精深加工和副产物综合利用，农产品及加工副产物综合利用水平稳步提升。加工减损推进成效突出，粮食加工损耗率 3.7%，比 2015 年降低约 1 个百分点，实现粮食年均减损 100 多亿斤。农产品绿色流通体系逐步建立，特别是很多主产区产地冷藏保鲜设施的规模明显扩大，蔬菜、水果等鲜活农产品在保存、运输、储运环节的整体损耗大幅降低。休闲农业精品工程稳步实施，农事体验、观光采摘、特色乡宿、研学科普等新业态得到不断拓展和丰富，截至 2023 年，全国已建设 120 个全国休闲农业重点县，

---

① 《黑土地保护法施行一年多来，黑土地力稳步回升——把黑土地用好养好》，新华网，http://www.xinhuanet.com/local/2023-11/16/c_1129977701.htm.

2022 年中国乡村休闲旅游营业收入超过 7 000 亿元，带动近 900 万农户发展[①]。

（三）农村污染防治稳步推进

土壤、地下水和农业农村生态环境保护关系着生态安全、粮食安全和美丽中国建设。近年来，我国以实施《"十四五"土壤、地下水和农村生态环境保护规划》、落实《农业农村污染治理攻坚战行动方案（2021—2025 年)》为抓手，强化源头预防、风险管控、分类施策、协同治理、先行先试，持续深入打好净土保卫战和农业农村污染治理攻坚战，取得明显成效。

1. 农用地土壤环境状况有所改善

深入推进净土保卫战，2018 年颁布《中华人民共和国土壤污染防治法》，土壤污染加重趋势得到初步遏制，全国受污染耕地和重点建设用地安全利用得到有效保障。"十四五"时期，我国继续坚持土壤污染风险管控。截至 2024 年 7 月底，我国已在 23 个省份划定 210 余个区域，执行污染物特别排放限值，支持地方实施 400 余个土壤污染源头防治项目，全国受污染耕地安全利用率稳步提升，达到 91％，全国农用地土壤环境状况总体稳定。

2. 农村污水横流状况大幅减少

全国各地深入学习贯彻"千万工程"经验，推进因地制宜、分类施策治理农村污水，人工修复与自然恢复结合治理农村黑臭水体，农村污水治理取得积极成效。截至 2024 年 6 月，农村生活污水治理（管控）率达到 45％以上，"十四五"以来，完成 3 400 余个国家监管农村黑臭水体治理。通过坚持分类施策，全国已有 2 700 余个涉农县制定农村生活污水治理专项规划（方案），建立了年度重点治理村庄清单并动态更新，

---

① 《农业绿色发展取得积极进展》，农业农村部门户网站，https：//www.moa.gov.cn/ztzl/zyncgzh2023/pd2023/202312/t20231222_6443340.htm.

• 179 •

集中治理人口集中、群众反映强烈、污染问题突出、生态环境敏感的重点村庄[1]。

（四）农村生态系统逐步恢复

在习近平生态文明思想指引下，近年来，我国生态环境保护政策和制度体系不断完善，生态环境保护力度持续加大，生态系统保护修复取得新成效，田园、林草、重点流域生态系统持续恢复。

1. 生态资源得到有效保护

建成全球单体量最大、保存能力最强的国家农作物种质资源库，建设了一批国家畜禽遗传资源保种场、水产种质资源保护区。对 1.72 亿公顷天然林资源进行了有效保护，2023 年完成森林抚育任务 105.9 万公顷。设立了首批 5 个国家公园，建成首个国家植物园、种子库，300 多种珍稀濒危野生动植物野外种群数量稳中有升。

2. 国土绿化行动取得明显成效

近年来，我国持续推进山水林田湖草沙一体化保护和修复工程，林草资源总量明显增加，森林、草原、湿地、荒漠生态系统质量和稳定性不断提升，重点区域生态状况持续向好。截至 2023 年 6 月，累计完成防沙治沙 2.78 亿亩、种草改良 6 亿亩，在世界上率先实现荒漠化土地和沙化土地面积"双减少"。自然保护地和陆域生态保护红线面积分别占全国陆域国土面积的 18％和 30％。累计完成造林 10.2 亿亩，森林覆盖率提高到 24.02％，成为全球森林资源增长最多最快和人工造林面积最大的国家，人工林保存面积达到 13.14 亿亩，森林面积和森林蓄积连续 30 多年保持"双增长"，草原综合植被盖度达到 58％，为全球贡献了最多的新增绿化面积[2]。

---

[1] 《我国农村污水治理成效明显》，中国政府网，https://www.gov.cn/lianbo/bumen/202407/content_6965170.htm.

[2] 生态环境部：《以美丽中国建设全面推进人与自然和谐共生的现代化》，《求是》2023 年第 15 期，第 53 页。

3. 流域生态系统质量持续改善

2018年，我国全面推行河长制，以保护水资源、防治水污染、改善水环境、修复水生态为主要任务，更好地维护了河流健康生命，改变了众多河流的面貌。强化依法治水扎实推进，《中华人民共和国长江保护法》和《中华人民共和国黄河保护法》分别于2021年和2023年先后施行，江河治理取得积极进展。2023年，新增水土流失治理面积6.3万平方千米，建设生态清洁小流域505条。一是长江流域生态保护与修复取得明显成效，河流水质不断改善，岸线生态持续好转，"十年禁渔"行动取得重要阶段性成效，23万多退捕渔民安置保障实现全覆盖，水生生物资源和多样性逐步恢复[①]。推进长江经济带2.5万余座小水电清理整改，消除减脱水河段9万余千米。二是黄河流域生态保护和高质量发展取得新进展，黄河以占全国2%的水资源支撑了全国12%的人口和17%的耕地，在黄河流域生态保护和高质量发展政策指引下，生态环境质量明显改善，生态屏障功能稳固提升。上游产水区天然生态系统完整性得到有效维护，流域水土流失面积和强度双下降，黄土高原主色调由"黄"变"绿"，河口三角洲生物多样性明显提高，全流域生态廊道功能显著提升[②]。

五、乡村治理效能显著提升

乡村治，百姓安，国家稳。乡村治理是国家治理的基石，也是乡村振兴的基础。近年来，我国乡村治理工作坚持党建引领，尊重农民群众主体地位，完善治理体制，健全治理体系，创新治理方式，移风易俗持续推进，精神文明不断提高，人才队伍逐步增强，推动了乡村社会朝着治理有

---

① 《坚定不移推进长江十年禁渔 长江水生生物资源恢复向好》，农业农村部门户网站，https://www.moa.gov.cn：10443/ztzl/zyncgzh2023/pd2023/202312/t20231221_6443181.htm.

② 《"黄河很美，将来会更美"——习近平总书记在甘肃、陕西考察并主持召开全面推动黄河流域生态保护和高质量发展座谈会纪实》，人民网，http：//politics.people.com.cn/n1/2024/0915/c1001-40320952.html.

效不断迈进。

（一）乡村治理体系日趋完善

乡村治理，作为国家治理体系的基石，其完善程度直接关系到乡村振兴战略的成败与乡村社会的和谐稳定。近年来，我国在乡村治理领域进行了深入探索与实践，形成了党建引领下自治、法制、德治相结合的现代治理体系，取得了显著成效，乡村治理体系逐步呈现出系统化、科学化、民主化、法治化的特点。

1. 基层党组织进一步夯实巩固

党的十九大以来，以习近平同志为核心的党中央立足新的历史方位，高瞻远瞩、统筹谋划，更加注重党的组织体系建设，就推进全面从严治党向基层延伸，扎实做好抓基层、打基础、固基本的工作，作出一系列重要指示，系统回答了新时代基层党建工作怎么看、抓什么、怎么抓等重大理论和实践问题，为建强乡村治理堡垒、夯实执政之基指明了前进方向、提供了根本遵循。在理论创新和实践探索的过程中，中国共产党坚持夯实党在基层的执政根基，把基层党建贯穿基层治理全过程各方面，建立了上下贯通、执行有力的包括党的中央组织、地方组织、基层组织在内的严密组织体系，形成了乡村治理重党建、抓基层、强基础的导向，基层党建在乡村治理工作的水平不断提升。抓党建促乡村振兴，强化党建引领农村基层治理，党的组织优势在乡村振兴战略中得到充分彰显，党员先锋模范作用得到充分发挥，进一步巩固党在基层的执政地位。

2. 村党组织带头人队伍提能增效

村党组织是村级组织的领导核心，村党组织带头人是推动农村发展的"领头雁"，是现代化乡村治理体系建设的关键力量。党中央高度重视村党组织带头人队伍建设，2024年中央1号文件中明确提出，"加强村干部队伍建设，健全选、育、管、用机制，实施村党组织带头人后备力量培育储备三年行动"。2020年10月以来，中央有关部门协同推进全国各地乡村"两委"集中换届工作，在此基础上，发展了大量懂发展、善治理、有干劲、会干事的优秀人员成为农村基层党组织成员，提高农村领导班子的素质和能力。一大批懂发展、善治理、有干劲、会干事、群众认可的优秀人员成为村"两委"成员，村班子结构特别是带头人队伍实现整体优化。2022年，全国村"两委"集中换届完成后，村"两委"成员高中（中专）以上学历的占74%[①]。抓党建促乡村振兴扎实推进，村党组织带头人队伍建设不断加强，截至2023年底，48.8万名村党组织书记中，大专及以上学历的占44.0%，比上年提高1.5个百分点。持续派强用好驻村第一书记，现任驻村第一书记20.6万名，覆盖全国42.2%的行政村。高学历、年轻化的组织结构为乡村治理效能提升提供了人才支撑和保障。党领导基层治理的体制机制进一步健全完善，党建引领乡村治理整体效能不断提升[②]。

3. "三治融合"治理效能持续提升

通过创新载体形式，推动乡村治理能力水平迈上新台阶。围绕健全党组织领导的自治、法治、德治相结合的乡村治理体系，在乡村治理中推广运用积分制、清单制、接诉即办、"村民说事"等务实管用乡村治理方式，不断扩大乡村治理方式覆盖面，有效提升了乡村治理效能。聚焦加快补齐乡村治理人才短板，组织引导社会力量开展"耕耘者"振兴计划，2023年培训乡村治理骨干3.6万人，提升了基层治理人员实战能力。开展第三批"百乡千村"乡村治理示范村镇创建，认定了100个全国乡村治理示范乡镇和1 001个全国乡村治理示范村，征集第五批全国乡村治理典型案例，指导各地学习交流，充分发挥典型的示范带动作用，干群和睦、治理精细的和美乡村画卷穿珠成链、由线及面。

村民自治实践持续深化。民主选举与决策机制更加健全，各地按规定开展村委会换届选举，全国村"两委"换届工作中，群众参选率达

---

① 《在增强政治功能和组织功能上持续用力——"组织振兴引领保障乡村振兴"调研报道之一》，人民网，http：//henan.people.com.cn/n2/2023/0713/c351638-40492016.html.

② 《党旗在基层一线高高飘扬 | 全国村"两委"集中换届完成49.1万个村发力全面推进乡村振兴》，共产党员网，https：//www.12371.cn/2022/05/23/ARTI1653260994726936.shtml.

90.2%，村党组织、村委会一次性选举成功率分别达 99.7%、98.3%。民政部在各地申报和省级遴选推荐基础上，确立了 497 个全国村级议事协商创新实验试点单位，推进"四议两公开""一事一议"等制度在村级议事协商中的实践创新。实践中，如广东省佛山市的"榕树下议事会"、四川省彭州市的"坝坝会"等创新形式，拉近了镇村干部和群众的距离，及时帮助群众解决难题和矛盾，有力地促进了乡村振兴。

法治乡村建设成效显著。司法部自 2021 年 5 月至 2023 年 5 月在全国开展"乡村振兴　法治同行"活动。通过这项活动的开展，乡村公共法律服务网络已全面覆盖。截至 2022 年底，全国共建成村级公共法律服务实体平台 54.9 万个，依托司法所建立乡镇公共法律服务工作站 3.8 万个，60 多万个村（社区）配备法律顾问。活动开展以来，全国各级各类公共法律服务平台提供涉农法律咨询服务 1 083 万余人次。全国司法鉴定机构积极支持鉴定服务美丽乡村建设，共提供涉农环境损害司法鉴定服务 5 724 件，对涉农纠纷提供法医临床、文书、痕迹等鉴定服务 10.5 万件。自 2021 年以来，全国已培育 383 万余名乡村"法律明白人"，针对婚姻家庭、邻里关系、房屋宅基地、山林土地、高价彩礼等农村地区常见矛盾纠纷类型，开展法治宣传，及时排查微风险、化解微矛盾，维护乡村社会和谐稳定。各地还持续开展"公证进乡村"活动，在乡村公共法律服务工作站（室）设立公证咨询联络点 12 万余个，乡村法律服务多元化专业化水平不断提升。

乡村德治水平持续提升。村风民风进一步改善，村规民约实现行政村全覆盖，从生产生活秩序、社会治安、法律义务、社会主义精神文明建设等方面引导村民加强自我约束、自我管理。农村公共文化建设进一步加强，全国村级综合性文化服务中心覆盖率达 96%，县级以上文明村、文明乡镇占比分别超过 65%、80%，设立农民丰收节，举办"村超"、"村BA"等具有乡土特色的文体活动，极大丰富了乡村文化生活，农民精气神得到有效提振。农村思想道德建设得到加强，文明乡风、良好家风、淳朴民风广泛培育，家庭纠纷、邻里纠纷、土地纠纷等得到有效化解，充满活力、和谐有序的善治乡村加快形成。

（二）人才队伍建设逐步加强

近年来，随着我国乡村振兴战略的深入实施、国家政策的持续倾斜和社会各界的共同努力，乡村治理人才队伍建设逐步增强，成为推动乡村全面振兴的重要支撑。

1. 人才振兴制度体系进一步完善

近年来，党和国家高度重视乡村治理人才队伍建设，2018 年以来，国家有关部门持续加强乡村人才振兴相关制度设计，健全相关法律法规，编制专项规划，人才工作的科学性和协同性进一步提高。从中央 1 号文件到农业农村部发布的专项文件，再到地方各级政府的配套措施，形成了较为完整的政策体系。这些政策文件不仅明确了乡村治理人才队伍建设的目标、任务和路径，还提供了具体的政策支持和保障措施。

一是乡村人才振兴顶层设计不断完善。2021 年，中共中央办公厅、国务院办公厅发布《关于加快推进乡村人才振兴的意见》，提出培养造就一支懂农业、爱农村、爱农民的"三农"工作队伍。

二是相关法律法规不断健全。2019 年，中共中央印发《中国共产党农村基层组织工作条例》，2021 年，第十三届全国人民代表大会常务委员会第二十八次会议审议通过的《中华人民共和国乡村振兴促进法》，为推进乡村人才振兴提供了法治保障。

三是农业农村人才队伍建设专项规划出台。2021 年，农业农村部发布了《"十四五"农业农村人才队伍建设发展规划》，就"十四五"时期农业农村人才工作进行部署，吸引各类人才在乡村振兴中建功立业。实施"头雁"工程、"神农英才"计划、乡村振兴人才支持计划、乡村振兴青春建功行动、乡村振兴巾帼行动、科技特派员制度等专项计划与行动，选拔和培养了一批具有示范引领作用的乡村治理人才。同时，建立了乡村人才信息库和需求目录，搭建了乡村引才聚才平台，为乡村治理人才队伍建设提供了精准对接和有效服务。

2. 乡村人才引进机制不断完善

一方面，通过实施"乡村人才回流计划"，积极引导高校毕业生、在外务工经商人员、退役复员军人等本土人才返乡创新创业或担任村干部，壮大了乡村人才队伍，为现代乡村发展、建设与治理引入了新鲜血液和先进理念。在党和国家的高度重视和大力推动下，我国乡村人才队伍建设取得了显著成效。一是乡村人才规模不断壮大。据统计，2023 年我国农村实用人才超过 2 300 万人，累计培育高素质农民 800 万人，新型农业经营主体数量达 620 万家[①]。二是乡村人才素质不断提升。通过教育培训和实践锻炼，乡村人才在农业生产、经营管理、科技创新等方面的能力显著提高，为乡村全面振兴提供了有力的人才保障。2023 年，紧密围绕全面支撑粮食和重要农产品稳定安全供给，扎实开展高素质农民培育工作，聚焦主要粮油作物全产业链技术推广，培训种粮大户 30.19 万人。全力服务产业兴旺目标，培育各类产业发展带头人 18.7 万人，为各地因地制宜发展特色产业提供了坚实人才基础。聚焦提升农民综合素质素养，培训专项行动扎实开展，覆盖 4 937 个行政村、培训 21.74 万人。一大批高素质农民成长为全国十佳农民、全国农业劳模、全国三八红旗手。

另一方面，通过"三支一扶""西部志愿者""特岗教师"等基层服务项目，引进外部人才，从源头上为乡村振兴提供长效人才支撑。2021 年第四轮高校毕业生"三支一扶"计划实施以来，全国已选派 12.17 万名毕业生到基层服务，对引导鼓励青年到基层工作、加强基层人才队伍建设、助力乡村全面振兴等发挥了积极作用[②]。根据 2024 年"三支一扶"计划工作部署，2024 年中央财政支持招募 3.44 万名高校毕业生到基层从事支教、支农、支医和帮扶乡村振兴等服务[③]。

---

① 《不断壮大乡村人才队伍》，中国经济新闻网，https：//www.cet.com.cn/wzsy/ycxw/10017933.shtml.

② 《新华视点 | 解读 2024 年高校毕业生"三支一扶"计划》，新华网，http：//www.hb.xinhuanet.com/20240514/5e6addf67e054cf98f11de23856e19ca/c.html.

③ 《图表：2024 年"三支一扶"计划拟招毕业生 3.44 万名》，中国政府网，https：//www.gov.cn/zhengce/jiedu/tujie/202405/content_6950748.htm.

在人才引进过程中，我国坚持刚性引才与柔性引才并重。刚性引才主要体现在通过完善人才引进政策，吸引各类高层次人才落户乡村。而柔性引才则鼓励科研院所、高校专家以多种形式参与乡村发展建设，如建立科技小院、院士工作站等，通过提供增值服务获取合理取酬，盘活乡村人才"蓄水池"。通过刚性引才与柔性引才的方式，拓展了乡村多元化引才渠道，有效解决了我国乡村治理人才总量少、招才引智难的问题。

3. 乡村人才培育体系持续优化

一方面，教育与培训体系不断完善。我国大力发展农村基础教育和职业教育，全面提升乡村人才素质。农村学校建设加强，确保农村孩子能够享受到优质的教育资源，农村教育质量提高。实施农民教育培训提质增效行动，推动农民队伍素质不断提升。鼓励返乡入乡创业人员等群体参加创业培训，返乡人才创业意识和创业能力得到明显提升。

另一方面，产教融合与校企合作持续深化。我国积极搭建农业产业与教育合作平台，推动了乡村人才培养与产业发展深度融合，包括产教融合、校企合作。通过建设乡村振兴学院、乡村产学研示范基地、乡村创新创业基地等，推动了乡村旅游、休闲农业、健康养老等特色产业的发展。此外，职业院校主动融入地方产业发展规划，优化或调整专业方向，为培育乡村人才提供有力支撑。

4. 人才激励与保障机制持续健全

在人才激励方面，人才激励机制不断完善，进一步激发了乡村人才的工作积极性和创造力。一方面，深化乡村人才激励制度改革，完善人才服务乡村正向激励机制。通过落实乡镇工作补贴政策、提高乡村干部待遇等方式，激发了乡镇机关工作人员积极性。另一方面，组织各类职业技能竞赛、优秀人才评选等活动，打通人才的流动和晋升通道，为乡村人才提供更多发展机会。

在人才保障方面，我国注重为乡村人才提供全方位的支持和保障。通过加强基础设施建设，优化乡村人才生活环境，如加强道路交通、公共照明、新型能源、数字网络等基础设施建设，提升了农村通信网络质量和覆盖范围。同时加强乡村教育、医疗、文化等公共服务设施建设，为乡村人才施展才华提供良好的工作生活环境。

通过加大改革创新力度，优化公共服务人才管理方式，如医疗卫生人员"县管乡用、乡聘村用"、乡村教师"县管校聘"等制度改革，打通城市人才下乡通道，推动城乡人才双向流动，鼓励城市各类专业技术人才下乡服务，为乡村全面振兴提供了人才支撑。

（三）农村精神文明不断提升

乡村振兴战略实施以来，我国农村思想道德建设不断加强，以社会主义核心价值观为引领，培育文明乡风、良好家风、淳朴民风，农村居民文化生活极大丰富，农村文化事业实现长足发展，农民精神风貌明显改善。

1. 移风易俗持续有效推进

移风易俗治理作为乡村振兴战略的重要组成部分，对于推动农村精神文明建设、减轻农民负担、促进社会和谐具有重要意义。2021年以来，中央1号文件连续四年对高额彩礼、大操大办等移风易俗重点领域突出问题作出工作部署，并强调坚持疏堵结合、标本兼治，创新移风易俗抓手载体，发挥村民自治作用，强化村规民约激励约束功能。各地区各部门持续发力推进移风易俗，农民家庭人情负担切实得到减轻，乡村焕发文明新气象。

一是移风易俗理念深入人心。各地综合利用广播、电视、网络等媒体平台，广泛宣传移风易俗的重要性和意义。通过户外广告、宣传栏、LED显示屏、微信群、小喇叭等多种线上线下宣传方式，让移风易俗的理念深入人心。随着移风易俗工作的持续推进，群众思想观念得到积极转变，村民对移风易俗工作的认知显著提升，传统陈规陋习逐渐淡出视野，婚事新办、丧事简办、喜事俭办的新风尚逐步成为群众自觉践行的生活方式。2023年，农业农村部推介49个全国"乡风文明建设"优秀案例，引导广大农民践行新风尚、自觉抵制大操大办、厚葬薄养等陋习。"县乡长说唱移风易俗"活动遴选了一批优秀节目，以各地最具特色的曲艺形式为载体，创新形式寓教于乐，现场展演播放量达 1 025 万人次，农民群众喜闻乐见、入脑入心①。

二是突出问题专项治理成效显现。专项治理工作开展以来，各地区各部门压紧压实责任，修订完善村规民约，将移风易俗的具体要求纳入其中，明确红白事操办的标准和流程，实现了规范化管理，有效遏制了过度消费与盲目攀比之风。建立健全红白理事会、村民议事会、道德评议会等群众自治组织，发动群众参与移风易俗工作，减轻了村民的经济压力。设立移风易俗公示栏和"红黑榜"，通过正向激励和反面警示，营造文明新风比学赶超的良好氛围。移风易俗专项行动的深入实施，阻断了封建迷信、赌博等不良风气的扩散路径，丰富了村民的精神文化生活，促进了邻里和谐与乡村社会的文明进步。

2. 乡村文化生活极大丰富

文化振兴是乡村振兴的重要内容和力量源泉。自乡村振兴战略实施以来，我国在乡村文化建设方面取得了明显成效。

一是乡村公共文化服务设施逐步完善。近年来，我国加大了对农村公共文化设施建设的投入力度，村级综合性文化服务中心、农家书屋等公共文化设施加快建设，为农民提供了便捷的文化活动场所，满足了农民日益增长的精神文化需求。截至 2022 年底，全国共有乡镇（街道）综合文化站 33 932 个，所有行政村都有了农家书屋、电子阅览室和文化活动室②。乡村公共文化服务覆盖面和实效性持续提高，2023 年末，超过 91% 的乡镇有文化站，超过 71% 的村有农民业余文化组织；全国平均每个乡镇拥有文化站 1.1 个，比 2013 年末增长 8.2%，农民群众精神文化需求得到更好满足③。

---

① 《农村社会事业稳步发展》，农业农村部门户网站，http://www.moa.gov.cn/ztzl/2023fzcj/202312/t20231218_6442913.htm.

② 《中华人民共和国文化和旅游部 2022 年文化和旅游发展统计公报》，文化和旅游部门户网站，https://zwgk.mct.gov.cn/zfxxgkml/tjxx/202307/t20230713_945922.html.

③ 《农村发展取得历史成就 乡村振兴开启崭新篇章——新中国 75 年经济社会发展成就系列报告之十八》，国家统计局，https://www.stats.gov.cn/sj/sjjd/202409/t20240923_1956627.html.

二是文化活动更加丰富。各地乡村结合实际情况，创新文化活动形式和内容，举办了丰富多彩的文化活动，如"送戏下乡""送电影下乡"等文化惠民工程。通过将城市文化资源引入农村，将优秀文化产品送到农民家门口，满足了农民群众的文化需求，推动了农村文化的繁荣与发展。各地结合当地风土人情，挖掘非物质文化遗产、传统美德等文化因子，孵化出一批主题小品、曲艺等优质文艺作品，通过群众喜闻乐见的方式传递正能量。2023 年，全国"村晚"示范展示活动共举办 2 万余场，参与人次约 1.3 亿。文化和旅游部联合农业农村部开展"大地欢歌乡村文化活动年"，在全国举办 12 项主体活动和 80 多项示范活动，打造"四季村晚""大地欢歌"等群众文化活动品牌①。近年来，国家有关部门组织开展"新时代乡村阅读季"活动，推出了一批农民乐于参加、便于参加的精品阅读推广活动；组织"县乡长说唱移风易俗"活动，通过农民喜闻乐见的艺术形式，围绕倡导婚事新办、孝老爱亲、勤俭持家等文明风尚，展示各地文明乡风建设新举措、新成效。

---

① 文化和旅游部：《2023 年全国"村晚"活动参与人次约 1.3 亿》，农民日报 2023 年 12 月 18 日第四版。

第四章

发展趋势和政策建议

党的十九大提出乡村振兴战略以来，乡村振兴取得了明显进展，有力促进了农业全面升级、农村全面进步、农民全面发展。与此同时，我们也应该清醒认识到，现阶段农业基础还不稳固，城乡区域发展和居民收入差距依然较大，外部环境依然严峻复杂，不确定性不稳定性因素依然较多。在新阶段新形势下，推进乡村全面振兴、农业强国建设拥有良好的基础，面临新的发展机遇，但也存在诸多不容忽视的现实问题与挑战。

一、推进乡村全面振兴面临的优势机遇

百年未有之大变局下，稳住农业基本盘、筑牢"三农"压舱石，对稳定经济社会发展大局具有重要意义。党的十八大以来，习近平总书记就实施乡村振兴战略、做好"三农"工作发表一系列重要讲话、作出一系列重要指示批示，深刻阐述了乡村振兴战略的内涵要义、方向道路、工作布局、基本任务和原则要求，为推进乡村全面振兴提供了根本遵循。近年来，社会各界重视程度不断提高，有关政策措施持续显效，各类要素争相涌入乡村趋势向好，一系列配套改革持续深入推进，乡村全面振兴迎来前所未有的历史机遇。

（一）全党全社会重视程度空前，政策支持力度不断增强

党中央明确提出"坚持农业农村优先发展"的乡村振兴战略总方针，

坚持把农业农村作为国民经济发展的优先项，推动乡村全面振兴的政策支持力度持续增强。《中华人民共和国乡村振兴促进法》以法律的形式明确要求"坚持农业农村优先发展，在干部配备上优先考虑，在要素配置上优先满足，在资金投入上优先保障，在公共服务上优先安排"，保证了惠农利农政策连续性，为高质量推进乡村全面振兴提供了资金、人才等各类要素的有力支撑。一是推进乡村全面振兴的资金投入得到保障。各级政府在坚持农业农村优先发展总方针要求下，持续加大财政资金投入，为推动乡村全面振兴提供资金保障。二是财政补贴、税收优惠、金融支持等多措并举，降低了农民创业和农业经营的成本，激发了农村经济发展的内生动力。三是农村基础设施建设加速推进，交通、水利、电力、通信等基础设施不断完善，城乡公共服务差距不断缩小，为农村产业发展和农民生活改善奠定了坚实基础。

（二）人民日益增长的美好生活需要对乡村发展提出新要求

进入新时代，我国社会主要矛盾已经转化为人民日益增长的美好生活需要和不平衡不充分的发展之间的矛盾。新形势下，农业主要矛盾已经由总量不足转变为结构性矛盾，主要表现为阶段性的供过于求和供给不足并存。农业农村发展进入新的历史阶段。我国农村人口近 6 亿，即便将来城镇化率达到较高水平，仍会有几亿人生活在农村。促进乡村振兴，把农村建设好，农民才能安居乐业，也才能为城镇居民提供差异化、多元化的良好环境。农村的风光、文化、产品等都将是城镇居民消费、分享的内容。繁荣、富裕、美丽的现代化农村，不仅属于农民群众，也属于城镇居民。新时代人民对美好生活向往为乡村全面振兴提供机遇。随着居民收入和生活水平不断提高，对农产品和农业的生态、社会、文化、休闲等多功能性提出了更高的要求，农业产业发展提升的空间被打开。人民群众对乡村旅游、休闲农业的消费需求更加旺盛，美丽乡村建设、农旅融合、一二三产业融合发展具有很好的市场前景和巨大的发展空间。

（三）现代生产要素集聚为乡村全面振兴提供强力支撑

随着乡村振兴战略深入推进，各类人才、先进技术、资源要素等纷纷进入农业农村，为全面推进乡村振兴注入了源源动力。一是返乡入乡人才涌动。近几年，随着农村人居环境不断改善，农村基础设施和公共服务水平不断提升，基本生活条件与城市的差距持续缩小，社会各界对乡村建设的关注度也不断升高，越来越多的大学生、退役军人、农民工等选择回到家乡创业发展。截至 2022 年底，全国各类返乡入乡创业人员达 1 220 万人。二是乡村创新动力日益强劲。新型工业化、信息化、城镇化进程加快，带动农业农村资源配置不断优化，农业农村现代化集聚效应正在加快形成。新一轮科技革命和产业变革深入发展，以大数据、物联网、人工智能、虚拟现实等为代表的新技术飞速发展，在农业农村领域应用更加广泛，互联网创新成果与农业生产、经营、管理、服务加速融合，农业农村发展质量变革、动力变革、效率变革的转型升级动力持续增强。三是乡村日渐成为投资兴业热土。预计未来 5 到 10 年，农业农村投资需求近 15 万亿元[①]。为加大政策引导撬动力度，吸引社会力量助力乡村振兴，一些地方出台了"真金白银"的支持政策，对社会力量助力乡村振兴给予财政奖补。

（四）绿色发展理念为乡村发展绿色转型提供行动指引

乡村振兴高质量推进意味着在实现乡村五大振兴过程中，要打破原有路径依赖，变革现有农业农村生产生活方式，最终实现农业农村现代化。践行"绿水青山就是金山银山"的理念是当前生态乡村建设的重要遵循，这有助于实现我国乡村绿色发展，从而促进人与自然和谐共生。"双碳"目标的提出并上升为国家战略，为乡村地区加快形成资源节约和保护环境

---

① 《预计未来 5 到 10 年农业农村投资需求近 15 万亿元》，央视网，https://news.cctv.com/2023/04/20/ARTIZGvSKZTyLQjE9fQmOuTs230420.shtml.

的产业结构，培育符合新时代绿色发展要求的乡村人才，推动乡村生态振兴指明了方向。一是"双碳"战略的实施有利于加速乡村产业结构调整，推动乡村产业实现绿色发展、循环发展、低碳发展，真正实现将乡村地区生态优势转化为产业优势、可持续发展优势。二是"双碳"战略实施有利于倒逼乡村地区加快构建新型绿色人才体系，培养具有绿色发展理念、掌握绿色生产技术技能的农业人才和高素质农民，为实现"双碳"目标和高质量推进乡村振兴提供人才支撑和智力保障。三是"双碳"战略的实施有利于推动各类资源向乡村生态建设流动，为推进农业绿色发展、改善农村人居环境和加强乡村生态保护与修复提供资源支持。

（五）全面深化改革为乡村振兴持续注入强劲动能

一是推动经济体制改革，激活乡村发展动力。党的二十届三中全会强调，要聚焦构建高水平社会主义市场经济体制，这为乡村振兴提供了坚实的制度保障。乡村经济长期以来受制于市场准入、资源配置等瓶颈，而经济体制改革正是要打破这些壁垒，让乡村经济活起来、强起来。比如，通过深化农村土地制度改革，激活农村沉睡的土地资源，促进土地经营权有序流转，为现代农业发展注入新动力。同时，鼓励社会力量助力乡村振兴，支持农村创新创业，培育乡村新产业新业态，让乡村经济焕发勃勃生机。二是加强民生保障，提升农民幸福感与获得感。全会指出，要聚焦提高人民生活品质，这直接关联到乡村振兴的成色和温度。通过完善农村社会保障体系，提高农村教育、医疗、养老等公共服务水平，让农民享受到更加公平可及的基本公共服务。同时，加强农村基础设施建设，改善农村人居环境，让乡村成为宜居宜业的美好家园。三是完善社会治理，构建乡村善治新格局。全会强调聚焦建设更高水平平安中国，这为乡村社会治理提出了更高要求。乡村是社会治理的末梢神经，也是矛盾纠纷的易发多发地。要通过深化乡村治理体系改革，建立健全自治、法治、德治相结合的乡村治理体系，提升乡村治理能力现代化水平。加强农村基层党组织建设，发挥其在乡村治理中的领导核心作用，引导农民群众积极参与乡村治理，形成共建共治共享的良好局面。

二、推进乡村全面振兴面临的困难挑战

党的十八大以来，党中央把解决好"三农"问题作为全党工作的重中之重，推动我国"三农"事业发展取得历史性成就。但也要清醒地看到，与新型工业化、信息化、城镇化相比，我国农业农村现代化明显滞后，农业农村仍然是我国现代化建设的短板，推进乡村全面振兴仍然面临着诸多问题和现实挑战。当前，我国农业发展的基础还不稳固，城乡区域发展差距较大，农村在基础设施、公共服务、社会治理等方面还存在短板，这些都是需要在新发展阶段发力解决的问题。

（一）农业增长与农村发展方式转型阻力大

我国农业经济正处于新旧动能转换时期，工业化、城镇化、市场化进程快速推进，城乡之间、农业与非农产业之间联系日趋紧密，国内外经济形势变化对农业发展的影响越来越大，对农业基础性支撑作用的要求越来越高，加快转变农业增长与农村发展方式刻不容缓。现阶段，我国现代农业发展起步晚、基础较为薄弱，要素市场化配置效率和农村资源要素利用效率不高等情况，对农业增长与农村发展方式转型构成了较大阻力。

第一，现代农业发展基础仍不稳固。总体上，由于我国现代农业发展起步较晚，现阶段农业生产方式和技术水平还相对滞后，存在较多短板。农民的种植、养殖等生产方式仍然依赖传统劳动力和传统农具。缺乏现代化的农业设施、科学技术支持和市场化运作，限制了农业的发展和农民收入的增加。近年来，我国粮食生产连年丰收，粮食产量连续 9 年稳定在1.3 万亿斤以上，但也要看到，农业生产基础仍不稳固，高标准农田占比有待提高，种粮比较效益仍然不高，大豆等部分农产品自给率偏低，保障国家粮食安全仍面临巨大挑战。新型农业经营主体"小散弱"仍是提高农业质量效益所面临的瓶颈，农业产业化国家重点龙头企业相比国际农业企业

巨头还有很大差距，产业发展底子薄、基础弱的问题仍未得到根本性改变。

第二，要素市场化配置效率亟待提高。当前，农村要素市场建设在要素市场化配置范围、要素市场体系与市场秩序几个方面都有改进空间。一方面，农村要素市场体系尚不完备。健全的市场体系是要素高效配置的基础。一个比较完备的农村要素市场体系应该包括土地市场、劳动力市场、资本市场、技术市场和数据市场等。现实地看，我国农村各类要素市场发育普遍滞后，特别是劳动力、金融、土地等市场发育不充分，导致要素价格难以真实灵活地反映市场供求关系、资源稀缺程度。另一方面，要素市场基础制度建设滞后。要素市场制度建设涉及市场化交易平台、要素交易规则、要素交易监管等。市场秩序和规范的确立有利于降低市场运行成本。在我国农村各类要素市场建设中，产权保护、市场准入等基础制度还存在明显短板，农村土地、技术、数据市场交易管理制度还不健全或者缺位，各类市场主体平等使用生产要素、公平参与市场竞争、同等受到法律保护的局面尚未完全形成。此外，农村产权关系和产权保护制度尚不健全，这也是制约市场作用更好发挥的重要因素，对要素自主有序流动和优化配置带来不利影响①。

第三，乡村资源要素利用效率不高。伴随着新型城镇化、工业化的推进，大量农村人口从乡村流出，随之而来的是更多资源资产的闲置与低效利用。如何唤醒和盘活用好庞大的乡村资源资产以实现保值增值，如何打通乡村资源变资金、资金变资产的渠道，激发乡村资源资产利用效能，成为推进农业农村现代化进程中必须解决好的一个关键问题。一方面，人与自然和谐共生关系下，乡村自然资源面临生态保护与开发利用的冲突。生态保护红线的落地，为加强乡村自然生态系统的保护修复提供了有力保障，但一定程度上也挤压了乡村产业开发的扩展空间。相比于城市，农村土地类型和利用情况更加复杂，乡村发展受人地关系限制大。另一方面，乡村土地、房屋等实物资产闲置与低效利用情况普遍。国家鼓励集体经济

---

① 涂圣伟：《完善农村要素市场化配置》，经济日报 2022 年 3 月 30 日第十版。

发展的同时，受制于各种因素影响，集体资产运营缺少组织化管理和人才等关键支撑，加之乡村产业效益回报不高、对各类要素吸引力度不足，在此过程中，出现集体资产闲置、低效利用等情况。

（二）乡村公共服务提质增效任务依然艰巨

一方面，农村基础设施建设还存在薄弱环节。传统设施配置不合理，新型配套设施不充分。近几年，我国农村基础设施建设有了明显改善，江浙一带的部分美丽宜居乡村建设得不比城市差。但总体上往村覆盖、往户延伸方面还存在不少薄弱环节。如农村生活污水治理率远低于县城，55%左右的农村生活污水还没有得到有效治理；近30%的农户没有使用卫生厕所，中西部地区卫生厕所普及率总体偏低；农村供水质量和稳定水平、农村电网供电能力、信息网络建设等相比于城市还存在一定差距。同时，一些地方还存在重建设、轻管理的问题，有的农村生活污水垃圾处理设施存在"晒太阳"现象，有钱建、没钱养。

另一方面，医疗、教育、养老等服务质量有待提高。城乡居民公共服务差距越来越小，但客观上差距依然存在。一是乡村医疗、教育等资源配置不均衡，不同地区差异较大，设施简陋、硬件落后、布局不合理等问题仍较突出。比如，2023年我国农村每万人医疗卫生机构床位数为65.23张，为城市80.17张的81.36%；2021年乡村拥有幼儿园9.9万所，是城镇幼儿园数量的50%左右，超过80%的村没有独立幼儿园。二是乡村教育、医疗等人才队伍建设薄弱，人才短缺问题突出。人才引进难、留住难，乡村教育、医疗人员结构不合理，整体学历、技术能力、资质持证率等均偏低。比如，2023年我国农村每千人口执业（助理）医师数为2.74人，是城市每千人口执业（助理）医师数4.13人的66.34%。三是农村人口老龄化趋势更突出，但农村养老服务建设滞后，部分地区农村老人没有得到有效照护。同时，城乡居民基本养老保险与城镇职工养老保险标准差别较大，2023年，农村居民养老金平均为2 671元/年，只相当于城镇职工养老金平均发放水平44 912元/年的5.95%。

（三）农业资源与环境双重约束日益趋紧

人多地少、水资源紧缺是我国基本国情农情。人均耕地面积只有世界平均水平的 1/2，人均水资源不到世界平均水平的 1/4。未来工业化城镇化持续推进，水土等资源约束还会越来越紧。我国农业绿色发展区域差异大、质量不高，乡村生态环境协同治理格局尚未形成，生态与资源环境面临双重压力。尽管我国在农业生态环境保护和资源利用方面取得了较大成效，但农业绿色化发展水平不高和人均耕地资源不足形成的双重压力依然是农业农村现代化发展所面临的重要约束[①]。

一方面，农业绿色化发展水平与现代农业要求仍然存在一定差距。近年来，我国化肥、农药减量增效成果显著，2019 年我国三大粮食作物的农药和化肥利用率分别达到 39.8% 和 37.8%，生态环境突出问题得到初步遏制。但是，由于我国农业生产经营过程中长期使用化肥、农药等化学投入品，导致生态环境存量欠债较多，农业面源污染形势依然严峻。此外，我国化肥、农药使用强度明显高于国际安全上限标准和世界平均水平。这表明，转变农业生产方式、增强农业可持续发展能力势在必行。

另一方面，我国农业生产经营过程中分散小农户依然占据较大比例，人均耕地资源不足对农业适度规模经营发展形成了现实制约。从耕地资源来看，我国人均耕地面积不足 1.5 亩，不到世界平均水平的 1/2；一至三等耕地面积占耕地总面积比重不足 1/3。现代农业的发展有赖于土地集中连片和适度规模经营，但人均耕地资源不足的"大国小农"现实国情农情阻碍了农业农村现代化发展进程。尽管近年来耕地质量持续改善，但质量总体不高的情况尚未得到根本性改变。从质量等级看，耕地质量平均等级仅为 4.76 等，其中 7 等至 10 等低质量耕地占比 22%、数量超过 4 亿亩。从空间分布看，耕地资源空间分布不均衡，水土热资源不匹配，具备灌溉条件耕地仅占约一半。从区域形态看，碎片地、斜坡地占比大，南方耕地

---

① 涂圣伟：《中国乡村振兴的制度创新之路》，社会科学文献出版社，2019 年版，第 85 页。

的酸化、北方耕地的盐碱化以及东北黑土地的退化等问题突出，成为我国耕地治理的关键区域。

（四）乡村治理环境和基础条件发生变化

随着经济社会发展，乡村治理的内外部环境和基础条件发生明显变化，乡村治理呈现新的特征，给现代乡村治理带来新的挑战。

首先，乡村治理的内部环境发生变化，即人口结构变化、乡村发展模式、社会观念变迁。一是人口结构变化。乡村青壮年劳动力、人才大量外流，留守老人、妇女和儿童增多，加剧了村庄人口老龄化和空心化趋势，造成乡村治理人才支撑不足及内生力量弱化。二是乡村发展模式转变。农业转型发展过程中，各类新型农业经营主体不断涌现，要求乡村治理在土地流转、农业产业化发展等方面提供更好的制度保障和服务支持。同时，乡村旅游、农村电商等新兴产业的兴起，对乡村基础设施、市场监管、品牌建设等方面提出了更高要求。三是社会观念变迁。村民的民主意识、法治观念不断增强，对乡村治理的参与度和透明度要求更高。

其次，乡村治理的外部环境发生变化。主要是科技水平不断提高。互联网、大数据、人工智能等信息技术在乡村广泛应用，需要解决数字鸿沟、信息安全等问题。智慧农业、精准农业等现代农业技术的发展，对技术推广、人才培养等提出了新要求。

最后，当前村民参与乡村公共事务治理的意愿有减弱的趋势。主要是随着现代经济社会运行方式对农村社会的渗透，村民更加关注自己经济利益，对村庄公共事务的关注有所减弱。广大村民是乡村治理的主体，必须发挥村民的主体性作用，才能有效推进农村公共事务治理，实现乡村治理体系现代化。因此，随着乡村经济社会的不断发展，如果无法促进村民积极参与乡村治理，形成符合乡村社会实际的自治机制，势必会影响现代乡村治理机制的建设和乡村振兴战略的实施。

总体来看，村庄治理结构高速变动给未来一个时期乡村治理带来新的挑战。随着城镇化水平的提高，村庄的开放性越来越强，在现代化的浪潮下，传统的乡村共同体被解构，乡村生产生活之间已经出现分离，大量的农民流入到城市打工谋生。一方面，传统乡村的"熟人社会"已经不复存在，村民之间传统紧密的社会关系越来越被各种经济利益关系所取代。人才外流、自然村落的解体及村庄边界的整合引发村庄内部结构变化，村民之间异质性增多、同质性减少，乡村内部的血缘、地缘、业缘联系弱化。另一方面，随着大量农民进入城市打工谋生，乡村治理的主体和对象变得更加具有变动性。农民进城务工造成乡村治理对象长期不在乡村，而农民的户籍又保留在农村，致使乡村治理主体和治理对象存在长期"缺位"的问题。在城市化进程中，不少农民进城工作和生活，农民的价值观念、家庭结构、生活方式、行动逻辑发生了巨大改变。这一系列转变，致使乡村治理主体和治理对象在乡村治理过程中出现更加复杂、多样与多变的状况，这给乡村治理能力现代化带来不小的压力。

三、政策建议

步入新时代新征程，推进农业农村现代化，加快建设农业强国，要起好步、开好局，瞄准"十五五"、2035年、2050年三个重要节点，认真谋篇布局，切实采取措施，解决重大问题，取得实质性进步。要加快农业农村发展动能转换，提升乡村公共服务供给效能，加快农业农村绿色发展转型，持续深化乡村治理体系建设，夯实乡村全面振兴的基础。

(一)加快农业农村发展动能转换

1. 探索农业增长与农村发展新方式

推动农业增长与农村发展方式转型升级要从主要依靠增加物质资源消耗的粗放型增长方式，转变为依靠技术进步和提高劳动者素质的高质量增长方式。加快推进农业产业体系和产业结构转型升级，从劳动密集型产业转向技术和知识密集型产业，提升产品服务的质量与附加值。持续做大做强产业链条，横纵拓展农业产业链。进一步创新抓手、平台和载体，推进农村三产融合，拓展创新与新技术应用场景，以创新成果提高生产质量、效率，改进业态模式。深入推进特色农业品牌建设，做好产业规划，引导产业集聚，提升特色产业竞争力。引导建立公共品牌与标准，提升产品质量与服务，提升产品辨识度。通过培育新型农业经营主体和服务主体、开发农村人力资源和吸引各类人才返乡下乡等政策措施，激活各类人才到农村创新创业，使之推动拓展提升农业农村发展新的增长点。

2. 深化农村要素市场化配置改革

要素市场是现代化经济体系的核心环节。要构建更加完善的要素市场化配置体制机制，深化农村要素市场化配置改革，促进城乡要素顺畅流动。需要政府从体制机制上破解和重构既有的要素配置体制和土地制度框架，改善资源配置方式，消除束缚市场主体活力、阻碍市场和价值规律充分发挥作用的弊端，其重点是持续做好资源要素盘活、流动与保护"三篇文章"。一是加快盘活农村闲置资产资源，促进要素市场充分发育。二是加快破除要素城乡、区域流动障碍，提升要素配置效率。三是完善农村要素市场环境，强化农村产权保护，着力做好产权权益保障与农村信用体系建设。以完善农村产权制度和推动资源要素更多向乡村流动为重点，推进城乡要素平等交换和公共资源均衡配置。

3. 建立健全高水平农村市场体系

高水平社会主义市场经济体制是中国式现代化的重要保障。在乡村振兴的广阔舞台上，市场经济体制建设同样至关重要。加快建立高水平农村市场体系，必须正确构建有效市场和有为政府的关系，实现市场的"有效性"和政府的"有为性"有机结合。"有效性"主要表现为农村各种资源能够实现最优配置和高效利用，农产品价格能够准确反映市场需求的变动，市场信息能够在各主体间高效自由流动。"有为性"主要表现为政府既要为市场机制在农村资源配置和利用方面发挥作用提供科学的制度保障，能够根据不同发展阶段的特征来调整决策目标和措施以支持和适应生产关系的转变。把握推动全国统一大市场建设机遇，探索完善适应全国统一大市场建设的高水平农村市场体系，加大农业农村投资促进和支持力度。完善农村流通体系，健全县乡村三级商业网络。加快发展农产品冷链物流，线上线下结合搭建产销对接平台，持续完善农产品流通骨干网络。通过深化农村产权制度改革，明确产权归属，保护农民合法权益，激发农村经济发展的内生动力。同时，要加快构建农村金融服务体系，引导社会力量助力乡村振兴，为乡村产业发展提供强有力的金融支持。

4. 加快完善工农城乡协调发展机制

一方面，农业农村现代化离不开城镇化的支持，要更好地借力新型城镇化，健全推进新型城镇化体制机制，形成乡村振兴与城镇化良性互促发展关系。一是优化城乡空间布局，提高城镇空间承载力，畅通以县域为"枢纽"的现代要素下乡渠道，加快形成"人""地""业"循环互动的发展格局。二是扎实提升农业转移人口市民化质量与服务，深化户籍制度改革，畅通转移人口落户渠道，扩大城镇基本公共服务与社会保障向非户籍常住人口覆盖范围和力度，确保农业转移人口在城镇安居乐业。三是完善县城就业服务保障体系，开拓县域就业新空间，立足县乡村本土优势，培育适合于县域发展的新产业新业态。

另一方面，农业农村现代化的关键在于提升内生发展动力，要强化乡村发展内核动力，让现代生产要素在市场配置和政府引导下更加有序流向乡村，让新型工业化、信息化更好地赋能乡村发展。鉴于发达与欠发达地区城乡间的巨大发展差距在短期内难以消除，要推动跨区域的城乡资源要素流动，建立持久稳定的常态化跨区域协作帮扶机制，让发达地区的先进生产要素在有为政府和有效市场的协同引导下持续向欠发达地区县域、乡村流动。

（二）提升乡村公共服务供给效能

如何办成、办好一批群众"可感可及"的实事，让广大农民群众在乡村振兴中有实实在在的获得感，是乡村建设的出发点和是否有效的根本标志①。

---

① 林万龙：《有效推进乡村全面振兴的几个问题》，《农业经济问题》2024年第7期，第13页。

要学习运用"千万工程"经验，坚持以人民为中心的发展思想，加快提升乡村公共服务供给效能。

1. 完善以公共需求为导向的决策机制

提高公共服务决策的质量应突出公共需求导向。政府是公共服务供给的最重要的主体，其服务理念和价值取向是制约其行为和公共服务创新的必要前提。应以人民利益和实际需求为中心，树立经济、政治、文化、社会、生态文明"五位一体"的发展理念，推动公共服务决策机制创新。

一方面，要推动村庄内部公共服务决策机制创新。在村庄内部建立和完善"农民需求（集体意志表达）—农民供给（自资源配置）—村集体决策（乡村民主）"的决策模式，即强调通过村级集体民主决策，着重解决"需要做什么""如何做"等问题。由于行政村是自治性治理单元，从长远看，应该倡导村庄自治，鼓励村庄尽可能在自身能力范围内解决公共服务供给问题。

另一方面，要推动政府决策与村集体决策融合机制创新。发挥政府与村集体决策的双重优势，形成"农民需求（集体意志表达）—政府供给（项目资源配置）—项目下乡（政府决策）"的决策模式。在实施过程中，既突出民主性导向，在村级自治组织内部实行民主决策，汇聚农民的意见，同时又突出科学性导向，作为项目发包方的政府对项目资金的使用方向、范围提出指导和规定，确保项目实施的规范性和有效性。

2. 建立健全政府主导的多元供给体制

党的十九届五中全会提出要"健全基本公共服务体系，完善共建共治共享的社会治理制度，扎实推动共同富裕，不断增强人民群众获得感、幸福感、安全感，促进人的全面发展和社会全面进步"。乡村公共服务复杂多样，完全由政府供给或完全由农民自我供给可能造成政府负担过重或农民负担过重，也会因为模式的固化造成供给效率的低下，因此，要建立健全构建政府主导的多元供给体制。

一是强化政府内部各层次、各部门之间的协同。政府要更新理念，树立新型城乡发展观，将城乡融合发展和公共服务均等化作为重要目标。按照权责对等的原则,合理配置各级政府的事权和财权,尤其要保证基层政府的财权与事权相统一。以整体型政府和服务型政府为指导,加强政府内部的协同管理。在政策实施中,坚持以县级政府为主体,全面统筹整合各级涉农资金,做到上下统筹、条块整合,同时,以财政资金统筹为主体,借助市场手段,带动金融资金和社会资金参与乡村振兴,发挥资金的整体效应,形成"多个渠道引水、一个龙头放水"的多元投入格局。

二是增强村级集体组织公共服务供给能力。需要发展形式多样的农民专业经济合作组织,为农户提供农业技术、种子、机械等产供销服务。深化农村股份制改革,通过集体经济组织成员身份认定、清产核资、折股量化等改革,推动农村集体经济组织增能提效。坚持以市场为导向,整合各农户或各村之间的分散资源,组建综合性集体经济发展有限公司。重视农村"三块地"改革,赋权扩能,推进产权制度和利益分配制度改革,积极发挥农村"三块地"改革在农村公共服务设施优化、环境整治、耕地保护、农民收入提升等方面的作用。

三是创新资金投入激励与保障机制。政府通过税收、贴息、补助等政策设计和资金激励,完善政府购买、公办民营、民办公助等各种具体合作方式。鼓励市场、社会组织等更多的主体参与农村公共服务供给过程,满足人们多层次多样化的需求。鼓励建立乡村振兴融资平台、乡村振兴基金,拓展包括股权、债券、基金、信托等多种形式在内的融资渠道,发展乡村数字普惠金融,创新产业链、供应链金融服务新模式,探索特色保险品种,鼓励地方发行"三农"专项金融债券,完善"三农"融资担保体系。

3. 持续优化乡村公共服务供需关系

首先,要适应人口变化趋势,合理配置公共服务资源。当前,我国农村地区人口老龄化日益加深,人口流动愈加频繁,养老、托幼、医保、教育等公共服务需求升高,公共资源投入应适当向这些方面倾斜。其次,以公共服务强点辐射带动弱点。有些公共服务基础较好、经济状况较好的农村,公共服务基础设施较为完善,可利用其较强的运营能力和成熟的服务经验，指导或扶持公共服务较为薄弱的村开展相关服务，或直接向其提供相关服务，尽可能缓解公共服务较为薄弱村的公共服务压力。最后，实现供需精准对接。供需信息的不对称以及自上而下的决策特点往往导致农村地区公共服务供给过剩和供给不足并存。应强化农村地区公共服务需求调查研究，以需求分类和需求分层调查研究为基础，与自上而下的决策机制有效融合，并建立相关的群众参与和反馈机制，提升群众的参与度和获得感，精细化推进公共服务供给，切实提升乡村治理水平。

（三）加快农业农村绿色发展转型

推动农业农村绿色发展，是习近平生态文明思想的重要体现，是农业强国建设的题中应有之义，是建设人与自然和谐共生现代化的内在要求。必须将绿色发展理念落到实处，将其贯穿农业农村现代化各环节全过程，把握好高质量发展和生态保护的辩证统一关系，坚持走生产发展、生活富裕、生态良好的现代化农业农村发展道路[①]。

1. 坚持生态环境一体化保护和系统治理

山水林田湖草沙是一个相互关联、相互依存、相互影响的完整生态系统，要一盘棋考虑，增强针对性、系统性、长效性。坚持统筹推进，兼顾农业和农村，统筹经济发展和环境保护，促进生产、生态、生活协同发展。一头抓农业生产方式绿色转型，把该减的减下来，该退的退出去，该治理的治理到位，推进农业提质增效；一头抓农村人居环境整治提升，让生态美起来、环境靓起来，打造农民安居乐业的美丽家园。要坚持节约优先、空间均衡、系统治理方针，强化"山水林田湖草沙"大生态综合治理。制度设计上，要加快健全与现代乡村发展需求相适应的乡村绿色发展制度体系，探索资源集约高效利用长效机制，强化生态环境保护监管力度，筑牢乡村绿色发展制度保障。乡村建设中，要把浙江"千万工程"的

---

① 温华军，张秋生：《中国式现代化道路的生态文明理念及其贡献》，《南京大学学报（哲学·人文科学·社会科学）》2022 年第 6 期，第 21 页。

理念精髓融入各地乡村建设实践，以改善农村人居环境、提升乡村生活品质为切口和导向，全力打造一批美丽宜居村庄示范样板，以高标准示范创建引领乡村风貌焕新颜。

2. 培育乡村绿色发展新产业新业态

全面绿色转型的过程，是创造更多发展机遇的过程。绿色转型必然带来新的市场需求，孕育新的发展机遇。要打好"特"字牌，育好新产业，让传统产业主动变"绿"，新兴产业争先造"绿"，探索培育生态旅游、森林康养、休闲露营等绿色新业态，把生态财富转化为经济财富。要在完善生态产品价值实现机制上下功夫，以推动产业生态化、生态产业化为方向，以做实做优经营平台为依托，以增强绿色金融赋能力度为支撑，挖掘蕴藏在绿水青山中的金山银山，让"含绿量"变"含金量"。

3. 加快推进农业绿色生产方式转型

农业绿色生产方式转型需要以科技创新赋能农业产业链升级。一是要健全农业产业绿色技术创新体系。优化农业科技资源布局，推动科技创新成果、人才等向农业绿色发展领域倾斜。加强农业绿色发展关键技术攻关，加快绿色适用技术推广应用，重点聚焦农业资源节约集约技术、化肥农药减量增效技术、农业废弃物资源化利用技术等技术研发和推广应用。同时，支持和推广使用清洁能源、发展光伏农业等低碳零碳生产模式。二是要加快发展绿色农业产业链。要加快构建农业绿色产业体系，探索形成农业上下游产业低碳循环发展完整路径，让绿色发展方式渗入到农业种植、加工、运输、销售等全领域各环节。推进农业绿色标准化生产，实施全过程质量监管。加快构建农业绿色供应链，统筹发展农产品初加工、精深加工和副产物加工利用，减少产后损失，加快绿色高效、节能低碳的农产品精深加工技术集成应用。建立健全绿色流通体系，促进绿色农产品消费。

（四）持续深化乡村治理体系建设

基层治理是乡村振兴的基石，只有不断加强基层治理，才能为乡村振兴提供坚实保障。围绕着乡村治理能力与治理体系现代化的要求以及当前乡村治理所面临的困境，未来，可以从以下几个方面入手，持续健全现代乡村治理体系。

1. 加强党对乡村治理的集中统一领导

农村基层党组织是党在农村全部工作和战斗力的基础，是乡村治理体系中的主心骨，是新时代加强和创新乡村治理、推动乡村治理现代化的核心和领导力量。完善乡村治理，需要始终将党管农村的工作原则贯穿于乡村治理体系建设、乡村治理效能提升的全过程，把农村基层党组织建设成为宣传党的主张、贯彻党的决定、领导基层治理、团结动员群众、推动改革发展的坚强战斗堡垒。要健全完善基层党建引领乡村治理体制机制。创新基层党组织工作机制，推进基层党组织标准化建设，强化基层党组织制度建设和网格化治理，提高精准化精细化服务水平。不断优化提升村党组织带头人能力，发挥广大党员、干部的先锋模范作用，健全激励村干部干事创业机制，加强基层党员干部党风廉政建设和绩效管理，推进党员教育常态化，不断提高乡村治理队伍的整体素质与能力。

2. 拓宽群众参与乡村治理制度化渠道

让农民真正成为乡村治理的主体、乡村振兴的受益者，不断提升农民的获得感、幸福感、安全感。要继续深化村民自治实践，推动治理重心下移，强化社会协同。村民会议、村民代表会议、村民小组会议以及村民理事会、村民监事会、村民议事会等，是实现村民自治的重要机制和重要平台。要推进村民自治机制的制度化、规范化、程序化，充分发挥村民自治民主管理、民主监督等作用。积极推动治理重心下移，把更多资源下沉到基层自治单位，实现资源管理的精准化和精细化。吸纳广大群众、社会组织和社会力量积极投身农村公共管理和服务，实现政府治理、社会调节、乡村居民自治的良性互动，构建共建共治共享的乡村治理格局，夯实基层社会治理基础。

3. 深化自治、法治、德治的有机结合

在乡村治理实践中，要不断促进自治、法治、德治有机结合并相互配合、相互促进、良性互动。坚持自治为基、法治为本、德治为先，健全和创新村党组织领导的充满活力的村民自治机制，强化法律权威地位，以德治滋养法治、涵养自治，让德治贯穿乡村治理全过程。深化村民自治实践，加强乡村社会内部各类自治组织的建设，推进村庄民主协商进程，规范各类自治组织的选举办法。建立健全村庄事务的监督机制，强化村务监督委员会的效用。发挥自治章程、村规民约在乡村基层治理中的重要功能，弘扬公序良俗，实现乡村善治。加强乡村法治建设，深入开展"送法下乡"宣传教育活动，利用各种数字化、智能化技术手段进行宣传，着力提高农民法治素养。健全农村法律服务体系，加强对农民的法律援助、司法救助和公益法律服务。提升乡村德治水平，充分发挥党员、致富带头人等在德治建设中的榜样作用，常态化开展学习优秀道德人物活动。弘扬"重孝""尚贤"等中华传统美德，注重发挥家庭家教家风在乡村治理中的重要作用。

4. 促进现代科技与乡村治理深度融合

加强新时代乡村治理体系和治理能力建设，必须充分发挥科技的支撑作用，不断提升乡村治理手段的数字化、智能化与信息化水平。在乡村电子政务、数字化乡村、人口管理、农村电商直播、"互联网＋"、智慧农业等建设中，完善信息收集、处置、反馈工作机制和联动机制，建设"县—乡—村"基层社会治理信息化平台，运用新技术促进流动村民对村庄公共事务的参与。与乡村社会发展实践相结合，强化乡村信息资源互联互通和信息安全，注意帮扶老年群体、留守儿童等跟上信息社会发展步伐，共享技术进步成果。积极推进乡村"雪亮工程"建设，并逐步推动在乡村社会治理、农村养老、生态保护、精准服务等领域的应用。不断提高村务管理透明度，推动村务、财务网上公开，打通政府密切联系群众的"最后一公里"。强化乡村资产管理数字化，推进乡村集体资产平台建设，建立健全乡村资产、宅基地、耕地等资源数据库。

图书在版编目（CIP）数据

2024 乡村振兴理论、政策与实践报告 / 全国乡村振兴宣传教育中心编著. -- 北京：中国农业出版社，2025. 7. -- ISBN 978-7-109-33484-7

Ⅰ. F320.3

中国国家版本馆 CIP 数据核字第 2025S4W672 号

中国农业出版社出版

地址：北京市朝阳区麦子店街 18 号楼

邮编：100125

责任编辑：闫保荣

版式设计：小荷博睿　　责任校对：吴丽婷

印刷：北京中兴印刷有限公司

版次：2025 年 7 月第 1 版

印次：2025 年 7 月北京第 1 次印刷

发行：新华书店北京发行所

开本：700mm×1000mm　1/16

印张：13.75

字数：197 千字

定价：58.00 元
